LE TOUT-EN-UN SÉSAME

Merci à toute l'équipe de Vuibert pour son travail de qualité et son investissement permanent.

Merci à tous les enseignants, auteurs de cet ouvrage pour leur professionnalisme.

Et merci à nos lecteurs et élèves sans qui le monde serait moins radieux.

Sophie Mattern

ADMIS → ÉCOLES DE MANAGEMENT

CONCOURS 2022

5e édition

LE TOUT-EN-UN
SÉSAME

Ouvrage coordonné par **Sophie Mattern**

Anne-Marie Bonnerot
Professeure certifiée d'anglais

Marie-Laure Boursat
Diplômée de l'ESCP Europe,
Responsable administrative et d'orientation de Prépa ECOpole

René Guimet
Professeur d'économie en classes préparatoires

Sophie Mattern
Professeure de philosophie et agrégée d'économie et de sciences sociales, Responsable pédagogique de Prépa ECOpole

Jean-Dominique Picchiottino
Professeur agrégé de mathématiques en CPGE

Benoît Thierry-Hildenbrand
Enseignant en mathématiques et sciences physiques en classes préparatoires

PRÉPA ECOpole
Engagement Compétences Orientation

Vuibert

Ressources numériques

Offert en ligne

+ Fil d'actu mois par mois
+ 20 tutos vidéos de raisonnement
+ 4 sujets corrigés

sur **www.vuibert.fr/site/209808**

ISBN : 978-2-311-20980-8

Conception de la couverture et de l'intérieur : Séverine Tanguy
Composition : Nord Compo

Site internet : http://www.vuibert.fr

Sommaire
pour se repérer

Votre concours, votre école en 15 questions-réponses ... 9 — Travail réalisé

- **Auto-évaluation** ... 47 ☐

PARTIE 1 Réussir les épreuves écrites

Raisonnement et compétences

- **Planning de révisions** ... 56 ☐
- **Méthodologie et conseils** ... 57 ☐
- **Tout le cours** ... 59 ☐
  1. Logique générale ... 59 ☐
  2. Logique numérique, arithmétique et mathématique ... 63 ☐
  3. Numération ... 67 ☐
  4. Calcul numérique ... 68 ☐
  5. Diviseurs d'un nombre entier ... 73 ☐
  6. Calcul littéral ... 76 ☐
  7. Équations du premier degré ... 80 ☐
  8. Probabilités ... 83 ☐
  9. Vitesse ... 87 ☐
  10. Pourcentages ... 90 ☐
  11. Résolution de problèmes de moyennes ... 94 ☐
  12. Équations et problèmes ... 96 ☐
  13. Géométrie ... 99 ☐
- **Sujets blancs corrigés** ... 101 ☐
  - Sujet 1 ... 101 ☐
  - Sujet 2 ... 110 ☐
  - Sujet 3 ... 119 ☐

Analyse documentaire et connaissance des enjeux contemporains

- **Planning de révisions** ... 132 ☐
- **Méthodologie et conseils** ... 133 ☐
  1. L'épreuve ... 133 ☐
  2. Les points à travailler ... 135 ☐

- **Sujets blancs corrigés** ... 138
  - Sujet 1 ... 138
  - Sujet 2 ... 162
  - Sujet 3 ... 181

Langues

- **Planning de révisions** ... 206
- **Méthodologie et conseils** ... 207
- **Anglais. Tout le cours** ... 208
  - 1. Grammaire ... 208
  - 2. Vocabulaire ... 247
- **Anglais. Entraînements** ... 273
  - Sujet 1 ... 273
  - Sujet 2 ... 277
  - Sujet 3 ... 281
- **Anglais. Sujets blancs corrigés** ... 286
  - Sujet 1 ... 286
  - Sujet 2 ... 291
  - Sujet 3 ... 298
  - Sujet 4 ... 305

PARTIE 2 Réussir les épreuves orales

Entretien individuel

- **Planning de révisions** ... 314
- **Méthodologie et conseils** ... 315
- **Questions fréquentes du jury** ... 326
- **Simulations d'entretien** ... 330

Anglais

- **Planning de révisions** ... 336
- **Méthodologie et conseils** ... 337
- **Tout le cours** ... 339
- **Sujets blancs corrigés** ... 345
  - Sujet 1 ... 345
  - Sujet 2 ... 348
  - Sujet 3 ... 352
  - Sujet 4 ... 357

Récapitulatif des épreuves et des coefficients de chaque programme ... 363

Votre concours, votre école

en 15 questions-réponses

1. Pourquoi intégrer une école de commerce ?

NOTE DU FORMATEUR

Nous dénommerons dans cet ouvrage « école de commerce » les écoles qui proposent une formation au monde de l'entreprise au sens large. Elles sont également appelées « école de management » ou « école de gestion ».

A. Quels sont les intérêts d'une école de commerce postbac ?

Si :

– vous ne vous sentez pas sûr(e) de réussir par la voie de la faculté, qui demande une très grande autonomie dans son travail ;

– vous n'êtes pas non plus prêt(e) à faire une CPGE, réservée aux meilleurs élèves, ayant une grosse capacité de travail personnel. On estime à 60 heures le temps de travail hebdomadaire d'un étudiant en CPGE, pendant au moins deux ans ;

– vous êtes attiré(e) par un enseignement concret, appliqué, en rupture avec votre année de terminale ;

– vous préférez vous engager dans une voie où la sélection est faite en début de parcours et non tout au long de la scolarité…

… une école de commerce postbac correspond peut-être à votre attente !

Néanmoins, avant de choisir la vôtre, vérifiez la reconnaissance de la formation de chaque école. De nombreuses petites écoles privées aux frais de scolarité élevés ne vous donneront ni une formation sérieuse ni un vrai diplôme visé par le ministère de l'Enseignement supérieur. Alors prenez le temps de bien choisir.

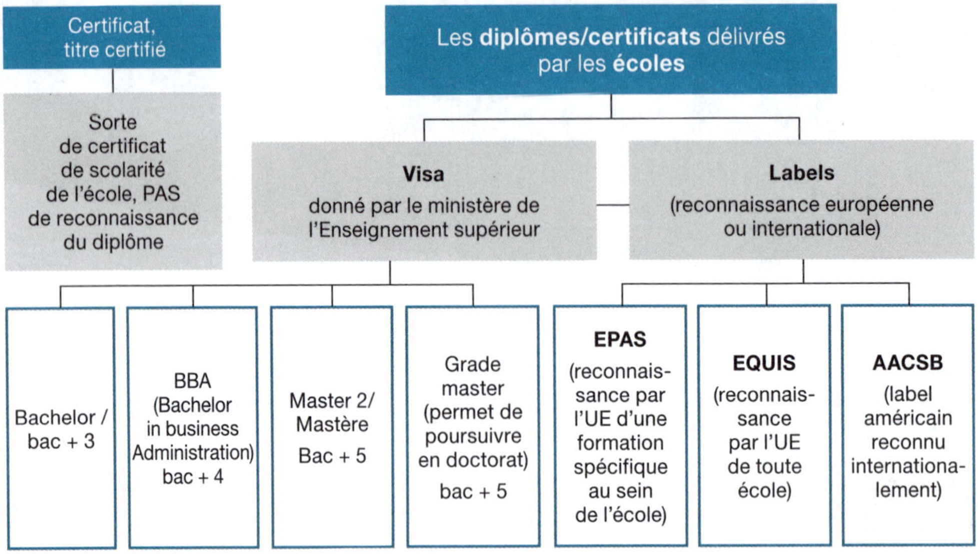

CERTIFICATS OU TITRES CERTIFIÉS ET DIPLÔMES : QUELLE DIFFÉRENCE ?

Le certificat ou titre certifié de niveau 1 ou 2 est le premier niveau de reconnaissance qu'une école de commerce peut obtenir mais ce n'est pas un vrai diplôme d'État. Les certificats et titres certifiés sont référencés dans le répertoire national des certifications professionnelles (RNCP). Les certificats ou titres certifiés de niveau 1 concernent les formations bac + 5, les certificats ou titres certifiés de niveau 2 concernent les formations bac + 3/4.

B. Qu'apprend-on dans une école de commerce ?

À la différence d'un enseignement en faculté d'économie ou d'une formation de type IEP, vous suivrez, dans une école de commerce, des enseignements très différents de ceux du lycée.

Finis ou quasi finis le français, l'histoire, la philosophie !

L'enseignement est appliqué au monde de l'entreprise et à son fonctionnement. La formation donnée par l'école est toujours complétée par des stages et des expériences à l'international, en entreprise et/ou en université.

Les matières enseignées en école de commerce

- Gestion – Finances – Audit comptabilité
- Marketing et ventes
- Entrepreneuriat – Management
- Économie – Droit commercial
- 2 langues étrangères au minimum

C. Quelles sont les voies possibles pour intégrer une école de commerce ?

3 moyens d'intégrer une école de commerce

Pour les plus prestigieuses : **2 ans de CPGE** puis des concours Ex : HEC, ESCP, ESSEC	Concours durant l'année de terminale : **ACCÈS**, **SÉSAME**, **ECRICOME BACHELOR**, **PASS**, etc.	**Passerelle après bac + 2 ou bac + 3 :** concours ou AST admission sur titre (même dans les écoles prestigieuses)
Formation de 3 ans en école après prépa et obtenir un bac + 5	Formation en 3, 4 ou 5 ans et obtenir un diplôme reconnu de type bac + 3 à bac + 5	Formation post-licence en 2 ans et obtenir un bac + 5

Avantages et inconvénients de chacune des voies d'intégration en école de commerce

	Avantages	Inconvénients
Voie post-bac	Fini le stress après le bac : votre parcours est tracé	Études coûteuses plus longtemps
Voie en 2 ans : CGPE puis école en 3 ans	Accès aux écoles prestigieuses La CPGE reste la voie de l'excellence	Beaucoup de travail et même de stress pour certains Pas de certitude de parvenir à intégrer une école prestigieuse
Admission à bac +2 (BTS, IUT, L2) ou à bac +3 autre que par la CPGE	Pas le stress de la CPGE Pas de coût élevé à payer dès le post-bac	Vous devez être certain de votre capacité à travailler seul à l'université (taux d'échec important en 1re année) Pas de certitude d'intégrer une école

D. Comment financer ses études en école de commerce ?

Contrairement à d'autres domaines, l'État ne finance pas les études en école de commerce, dont les frais de scolarité sont élevés.
Comptez en moyenne 10 000 € par année d'étude, sans les frais de logement et de vie au quotidien et encore plus cher pour les prestigieuses (le plus cher est le BBA de l'ESSEC à 13 700 € l'année.

Les pistes de financement, qui peuvent se cumuler, sont les suivantes :
- **souscrire un prêt étudiant** : les banques prêtent assez facilement aux étudiants de cette filière. Mais attention, même si les intérêts du prêt sont peu élevés, il faudra rembourser chaque mois votre prêt pendant les premières années de votre vie professionnelle (de l'ordre de 600 euros par mois pendant 5 ans pour un emprunt de 30 000 euros). Ces traites de remboursement ne sont pas négligeables au regard d'un salaire de début de carrière ;
- **obtenir des bourses** de la part des écoles mais aussi de certaines fondations au service de l'égalité des chances et de l'éducation, si la situation familiale le justifie (il existe aussi la bourse au mérite qui peut être perçue grâce à la mention très bien au baccalauréat) ;
- **effectuer des stages** : ceux-ci sont obligatoires et rémunérés (environ 500 euros par mois les premières années, parfois 1 000 euros ou plus en 5e année) ;
- **choisir de faire ses études en alternance**. Véritable opportunité de financement, l'alternance est souvent proposée dans les années de master et parfois dès la troisième année : l'étudiant partage ainsi son temps entre l'entreprise et l'école. **L'entreprise paie les frais de scolarité et rémunère l'étudiant au SMIC**. En outre, l'alternance est un véritable moyen d'acquérir de l'expérience et ainsi de trouver plus rapidement un emploi à la sortie de l'école.

2. Pourquoi intégrer une école de commerce du concours Sésame ?

A. Un concours commun pour intégrer 17 programmes

Le concours Sésame est un concours commun permettant d'intégrer **17 programmes** délivrant des **diplômes visés par le ministère de l'Enseignement, de la Recherche et de l'Innovation**. Les **14 écoles de commerce** qui proposent ces programmes possèdent une **forte dimension internationale**.

NOTE DU FORMATEUR

Depuis 2020, le concours Sésame donne accès à 7 nouveaux programmes :
- les programmes Grande École de EBS Paris, EDC Paris BS, EMLV École de Management Léonard de Vinci et PSB Paris School of Business, jusqu'à présent accessibles par le concours LINK ;
- le BBA de l'EM Lyon et le BBA de SKEMA, qui avaient jusqu'alors leur sélection propre ;
- le programme TEMA du groupe NEOMA.

Voici la liste des 17 programmes et des 14 écoles :

- **Programmes bac + 4**

1. BBA in Global Management
   SKEMA Business School
2. BBA International
   La Rochelle Business School
3. CESEM
   NEOMA Business School
4. ESSEC Global BBA
   ESSEC Business School
5. Global BBA
   emlyon business school
6. Global BBA
   NEOMA Business School
7. International BBA
   KEDGE Business School
8. International BBA
   SCBS South Champagne Business School

■ **Programmes bac + 5**

9. EBP International
   KEDGE Business School
10. Programme Grande École
    EBS Paris - European Business School
11. Programme Grande École
    EDC Paris Business School
12. Programme Grande École
    EMLV - Pôle Léonard de Vinci
13. Programme Grande École
    EM Normandie
14. Programme Grande École
    ESCE International Business School
15. Programme Grande École
    IPAG Business School
16. Programme Grande École
    PSB Paris School of Business
17. TEMA
    NEOMA Business School

Le concours Sésame est très attractif du fait du nombre de programmes concernés, et d'une épreuve de logique mathématique accessible (à condition de bien se préparer) aux élèves qui n'ont pas choisi cette spécialité.

En 2021, environ 10 000 candidats s'étaient présentés au concours Sésame pour 5 900 places disponibles dans l'ensemble des 17 programmes.

Tout le monde n'aura pas la possibilité d'intégrer une de ces écoles. **Une bonne préparation est donc un atout** car c'est en s'entraînant que l'on devient performant ! D'autant plus que les épreuves sont bien différentes de celles du baccalauréat.

Avant tout, **soyez confiant** ! Les statistiques d'admission font, à tort, souvent peur.

Il faut noter que le **désistement** de certains admis peut vous donner la chance d'intégrer finalement une école.

Le taux d'admission ne correspond pas au nombre de candidats rapporté au nombre de places mais au rang du dernier admis, après désistement de certains candidats, rapporté au nombre de places.

Exemple : Kedge EBP International à Bordeaux propose 280 places en première année mais un certain nombre de candidats, inscrits au concours Sésame à Kedge EBP International et à d'autres écoles, seront admis dans plusieurs écoles. Très souvent, ils choisiront d'intégrer par exemple le BBA de l'ESSEC qui bénéficie d'une renommée plus grande. Ils se désisteront donc de la liste des admis à Kedge EBP International et libéreront des places bénéficiant aux candidats sur liste d'attente. Si l'école Kedge EBP International offre 280 places, le rang du dernier étudiant admis dans cette école sera autour de la 700e place.

B. Quel est le profil géographique des candidats au concours Sésame ?

Profil géographique : une sur-représentation de l'Île-de-France. Pour la session 2019, la provenance géographique des candidats était la suivante :

- 56 % d'Île-de-France ;
- 7 % de la région PACA ;
- 6 % de Normandie ;
- 6 % d'Auvergne-Rhônes-Alpes ;
- 5 % du Grand-Est ;
- 15 % des autres régions.

C. Descriptif des 17 programmes

a. Les formations à bac + 4

BBA in Global Management SKEMA
SKEMA Business School

skema
BUSINESS SCHOOL

Siège du groupe :
Campus Sophia –Antipolis
60 Rue Dostoievski
06902 SOPHIA ANTIPOLIS Cedex
Tél. : 04 93 95 44 51
E-mail : info-bba@skema.edu
https://www.skema-bs.fr/programmes/bachelors/programme

350 places proposées.

L'école de management SKEMA est née en 2009 de la fusion entre l'École supérieure de commerce de Lille et le CERAM Business School de Sophia Antipolis.
Cette école propose plusieurs programmes, dont ce programme en 4 ans accessible par le concours Sésame.

Environnement très international, avec possibilité d'obtenir des doubles diplômes.
Tous les cours sont donnés en anglais dès la première année.
En plus du campus français de Sophia Antipolis, le programme propose trois autres **campus à l'étranger** : États-Unis (Raleigh), Chine (Suzhou) et Brésil (Belo Horizonte).

Triple Accréditation : AACSB, EQUIS & AMBA, soit tous les bons labels internationaux ! Seules 1 % des écoles dans le monde ont cette triple accréditation, signe de sérieux.

Frais de scolarité : 10 500 € par an.

■ BBA International La Rochelle Business School

La Rochelle BUSINESS SCHOOL excelia GROUP

Siège du groupe :
Groupe Excelia
102 rue de Coureilles
Les Minimes
17024 LA ROCHELLE Cedex 1
Tél. : 05 46 51 77 00
E-mail : www.esc-larochelle.fr

120 places proposées.

Formation bac + 4 visé, qui bénéficie des accréditations EPAS, AACSB, EQUIS et RNCP niveau 6.
Ce BBA International Bachelor a un cursus proche des deux BBA du groupe Neoma et du groupe Kedge à Marseille. Il est un peu moins coté dans les palmarès des BBA, ce qui est probablement dû au fait que le programme Grande École d'Excelia Group est lui-même moins prisé que celui de Neoma et Kedge.

Une dimension internationale privilégiée

■ Le volet international est similaire : près de la moitié de la scolarité à l'étranger en stage et/ou en université, des possibilités (mais réduites) de doubles diplômes et également la possibilité d'intégrer un programme tout en anglais dès la première année.
■ De même, il y a possibilité de démarrer une spécialisation en 4e année afin de poursuivre un master 2 après le diplôme pour ceux qui veulent aller jusqu'au master à bac + 5.

Frais de scolarité : 9 500 € par an.

■ CESEM
NEOMA Business School

NEOMA BUSINESS SCHOOL

De même que Kedge, Neoma Business School est née en avril 2013 de la fusion de deux bonnes écoles de management, Rouen Business School (ex-ESC Rouen) et Reims Management School (ex-ESC Reims), avec pour objectif le fait de devenir un acteur à taille européenne parmi les meilleures écoles.
Le groupe Neoma a également les trois accréditations internationales EQUIS, AMBA et AACSB, signe de bonne qualité, voire très bonne !

Neoma propose une formation en 4 ans accessible par le concours Sésame,la plus ancienne sur son campus de Reims (CESEM) et l'autre sur le campus de Rouen (BSc in International Business).

Campus de Reims :
59 rue Pierre Taittinger
BP 302
51061 REIMS Cedex
Tél. : 03 26 77 56 76
www.neoma-bs.fr

260 places proposées.
Ce BBA a la force d'exister depuis de nombreuses années, ce qui lui donne une très bonne notoriété auprès des entreprises, un bon réseau d'anciens élèves utile pour trouver un travail à la sortie et une bonne notation dans les palmarès des bachelors.

Unique et prisé, un double diplôme binational pour tous les élèves

■ Un double diplôme Bachelor binational et une double culture. Dès l'inscription au concours Sésame, vous aurez à choisir parmi une dizaine de cycles binationaux en Europe et sur d'autres continents.
■ 4 ans d'études dont 2 dans le pays choisi pour le double diplôme et 2 sur le campus de Reims, donc la maîtrise totale d'une deuxième langue.

Frais de scolarité un peu élevés du fait de l'international : 9 950 € par an.
L'école propose son propre système d'aide au financement des études allant jusqu'à une réduction de 55 % sur le prix normal (Échelon 7 des bourses CROUS), en fonction de la situation de l'étudiant et de sa famille. 24 % des élèves de Neoma bénéficient d'une aide pour le financement des études, ce qui est un taux élevé.

ESSEC Global BBA
ESSEC Business School

ESSEC
BUSINESS SCHOOL

École créée en 1907 par l'université catholique de **Lille**.
Trois campus pour le BBA : Cergy-Pontoise en région parisienne, Singapour et Rabat.

Siège du groupe :
3, avenue Bernard Hirsch
CS 50105 Cergy
95021 CERGY-PONTOISE Cedex
Informations école : 01 34 43 30 00
www.essec.fr

450 places sont proposées au total en première année, avec un taux d'admission de 15 % environ. Il y a très peu de désistement parmi les candidats admis en première liste.

L'ESSEC Business School est une excellente école de commerce française, considérée comme la deuxième meilleure en France derrière HEC. Au sein de cette prestigieuse école, existent plusieurs programmes de formation qui ont tous la marque ESSEC :
- de la formation initiale pour les étudiants : BBA, programme Grande École, nombreux masters spécialisés ;
- de la formation continue pour des managers en entreprise.

NOTE DU FORMATEUR

Ne confondez pas le programme Grande École de l'ESSEC et le programme ESSEC GLOBAL BBA.
Parmi tous les diplômes délivrés par l'ESSEC, la voie royale et la plus sélective reste le programme Grande École par la voie du cursus CPGE (diplôme visé bac + 5). Néanmoins, la formation ESSEC GLOBAL BBA est également un autre très beau diplôme qui bénéficie de toute l'aura de cette institution, de son enseignement de grande qualité, de ses locaux, etc., en évitant les dures années de CPGE.

Une formation très prisée et sélective de niveau bac + 4 : ESSEC GLOBAL BBA
Les différents palmarès des écoles postbac (*L'Étudiant*, *Challenge*, *Le Point*) classent ce BBA en n° 1 des formations françaises postbac en 4 ans !
Parmi l'ensemble des écoles du concours Sésame, c'est LA plus prisée et de fait LA plus difficile à intégrer ! C'est aussi celle qui attire le plus de candidats. Tentez votre chance !
Ayez en tête que cette école attribue des coefficients plus importants que d'autres écoles du concours Sésame aux épreuves de mathématiques.

Une dimension internationale très forte

- Possibilité de suivre l'intégralité du cursus en anglais sur les campus de Cergy-Pontoise et de Singapour pour les élèves ayant un très bon niveau d'anglais. Ils seront contactés par le service des admissions après les résultats pour être sélectionnés.
- Stages obligatoires à l'étranger (monde).
- La maîtrise de 4 langues à la fin du programme.
- 1 semestre sur le campus de Singapour et 1 semestre dans une université partenaire de l'école sont obligatoires pour tous les élèves du BBA.
- De très nombreux étudiants étrangers (400 étudiants chaque année accueillis issus de 170 universités partenaires) sont élèves à l'ESSEC et permettent un enrichissement et une sensibilisation à l'international à leur contact.

Une formation généraliste, reconnue sur le marché du travail

- 88 % des étudiants sortis du BBA ESSEC GLOBAL ont trouvé du travail dès la sortie ou dans les 4 mois suivants, dans tous les domaines d'activités. **Le réseau ESSEC, fort de 50 000 diplômés à travers le monde, est un gros atout** pour trouver du travail à la sortie.
- 70 % des jeunes diplômés démarrent leur carrière à l'étranger ou occupent des fonctions intégrant des missions très fréquentes à l'international.
- 44 % des jeunes diplômés entrent dans la vie professionnelle à la sortie et 52 % poursuivent leurs études jusqu'au niveau bac + 5, soit dans le programme Grande École de l'ESSEC soit dans d'autres masters d'autres écoles de commerce ou d'ingénieur.

Frais de scolarité : 13 750 € par an pour le programme à Cergy, 22 600 $ SGD pour le programme à Singapour (en plus des frais liés au voyage et à la vie sur place). **Apprentissage possible pour financer en partie ses études.**

Les frais de scolarité sont très élevés et se situent dans le haut de la fourchette des tarifs habituellement pratiqués, mais représentent l'excellence de l'école.

Par ailleurs, en fonction des revenus du foyer fiscal dont vous dépendez, vous pouvez prétendre à une bourse de l'école qui peut couvrir jusqu'à 90 % de vos frais de scolarité ainsi qu'à une bourse du CROUS de 550 euros par mois. Enfin, il existe une bourse de mobilité internationale qui vous permettra de financer un stage ou un semestre de cours à l'étranger via le programme Erasmus.

CONSEIL DU FORMATEUR

Astuce largement répandue : **l'apprentissage.**

Pour atténuer le coût élevé de cette formation, un cursus en apprentissage est possible en 3e et 4e années. Cela concerne environ 50 % des élèves des 3e et 4e années du programme. Vous serez rémunéré en moyenne à 70 % du SMIC et les frais de scolarité seront pris en charge par l'entreprise dans laquelle vous travaillerez pendant 24 mois à mi-temps (et mi-temps en formation théorique à l'école).

Global BBA
EM Lyon business school

L'EM Lyon est l'une des meilleures écoles de management après les trois écoles de management « parisiennes » (HEC, ESSEC et ESCP-Europe).

Campus : Casablanca, Paris (cursus en anglais), Shanghai et Saint-Étienne mais pas Lyon comme pour le cursus Grande École en 5 ans.

452 places proposées réparties sur trois campus Casablanca (Maroc), Paris et Saint-Étienne.

Tout comme pour le BBA de l'ESSEC, le Global BBA de l'EM Lyon est le cursus en 4 ans d'une école de grand renom, mais à ne pas confondre avec le programme Grande École en 5 ans, plus connu, plus prestigieux et plus sélectif que l'on intègre après deux ans de CPGE *via* le concours BCE.
Du fait de son existence relativement récente, ce BBA n'apparaît pas forcément bien classé dans les classements/palmarès des écoles de commerce, mais c'est très certainement une valeur sûre à l'avenir !

Il existe un parcours sportif de haut niveau.

Frais de scolarité : 11 500 € par an. Possibilité de faire les 4e et 5e années en alternance, avec possibilité de faire la 4e année en alternance sur le campus de Saint-Étienne uniquement.

■ Global BBA
NEOMA Business School

NEOMA BUSINESS SCHOOL

Campus de Rouen :
1, rue du Maréchal Juin
BP 215
76130 MONT-SAINT-AIGNAN

Campus de Reims :
59 rue Pierre Taittinger
BP 302
51061 REIMS Cedex

La sélectivité de ce BBA est un peu moins élevée que celle du CESEM, parce qu'il est plus récent et pour l'instant moins coté. Il est donc un peu plus facile à intégrer.

Une dimension internationale privilégiée

La formation est dispensée soit 100 % en anglais, soit en mixte français et anglais (1re année uniquement).
Campus au choix : Paris (seulement ouvert en 1re année), Rouen ou Reims.
Vous aurez la possibilité en année 2 d'étudier 6 mois ou 1 an dans des universités à l'étranger, sans toutefois le double diplôme systématique proposé par le CESEM (Neoma Reims).

Frais de scolarité : 9 950 € par an.

L'école propose son propre système d'aide au financement des études allant jusqu'à une réduction de 30 % sur le prix normal, en fonction de la situation de l'étudiant et de sa famille.
Il est possible de suivre le cursus en apprentissage en 3e et en 4e années.

International BBA KEDGE Business School

KEDGE BUSINESS SCHOOL

Siège du groupe :
680 cours de la Libération
33405 TALENCE CEDEX
Tél. : 05 56 84 55 55
Fax : 05 56 84 55 00
www.kedgebs.com

International BBA :
Domaine de Luminy
BP 921 – 13288 Marseille Cedex 09
Tél. : 04 91 82 78 09

310 places proposées.

Le 1er juillet 2013, Kedge Business School est née de la fusion des deux grandes écoles de management de Bordeaux et Marseille-Provence (BEM et Euromed Management).
Cette école a la triple accréditation EQUIS, AMBA et AACSB, preuve de la qualité de ses enseignements et des diplômes délivrés. Elle fait également partie de la Conférence des Grandes Écoles.

Formation en 4 ans : les 18 premiers mois s'effectuent sur le campus de Marseille, puis 6 mois se font en stage, et les deux années suivantes à l'étranger

180 places proposées.
Environ 1 200 candidats.

On peut néanmoins l'intégrer en étant classé au-delà de la 200e place, du fait des désistements des candidats admis dans plusieurs écoles.

Le campus de l'International BBA à Marseille est à 20 minutes du centre-ville, dans la nature, au cœur du parc national des Calanques. Moderne, il propose toutes les fonctionnalités nécessaires aux étudiants sur place (restaurants, activités sportives, salles de travail…).

L'ouverture internationale et les doubles diplômes sont très reconnus

Depuis 2016, un parcours entièrement en anglais est accessible dès la 1re année pour les meilleurs anglophones, après une évaluation dans la phase d'admission à l'oral. Pour tous les étudiants, il est obligatoire d'effectuer 2 ans sur les 4 années d'études à l'international, en comptant une expérience en université et une expérience en entreprise.

Ce BBA est très bien coté dans les palmarès des BBA (*L'Étudiant*, 2015). Un grand nombre d'universités partenaires (120 environ) dans tous les pays permettent aux étudiants de se former à l'étranger.

Il y a également des possibilités nombreuses de doubles diplômes (au moins 11) avec des universités partenaires. Le groupe Kedge possède par ailleurs 2 campus à l'étranger (Suzhou en Chine et Dakar au Sénégal).

L'ouverture internationale vient également de la rencontre avec les étudiants étrangers, qui représentent un tiers des étudiants.

Après l'International BBA

50 % des diplômés intègrent le monde de l'entreprise

50 % poursuivent leurs études à bac +5 : concours grande école, master 2 de spécialisation à Kedge ou dans une autre école en France ou à l'étranger.

Frais de scolarité : 9 900 € par an.

NOTE DU FORMATEUR

Il existe un deuxième bachelor post-bac proposé par le groupe Kedge, en 3 ans, sur le site de Bordeaux : Kedge Bachelor.

La formation en 3 ans est plus classique (moins de temps passé à l'international, d'où la durée classique d'un bachelor sur 3 ans et un tarif un peu inférieur). Cette formation est accessible *via* un autre concours post-bac Ecricome Bachelor, pour lequel l'inscription se fait *via* la plateforme Parcoursup.

■ International BBA SCBS South Champagne Business School

Siège :
Campus Brossolette
217 avenue Pierre Brossolette
CS 20710 – 10002 TROYES Cedex
Tél. : 03 25 71 22 22
www.bba-esc-troyes.fr

60 places proposées.
Formation bac + 4 visé.
Ce BBA International Bachelor a un cursus proche des précédents.
En termes de sélectivité, ce programme est l'un des moins sélectifs du concours Sésame, ce qui ne veut pas dire pour autant que tout candidat l'intègre !
La promotion de 60 élèves rend peut-être l'ambiance plus conviviale que dans les écoles avec des promotions de 500 ou 600 élèves.

Une journée de préparation aux oraux est proposée aux candidats sur le campus fin avril. Inscrivez-vous sur le site de l'école et profitez-en pour découvrir l'école !

Une dimension internationale très présente

Le volet international est similaire aux autres formations :
– des cours tout en anglais dès la 1re année pour les meilleurs et pour les autres de 35 % à 50 % des cours les 2 premières années ;
– près de la moitié de la scolarité à l'étranger en stage et/ou en université ;
– un double diplôme ouvert avec l'un des 129 pour l'école partenaires internationaux.

Les spécialisations proposées en 3e et 4e années

■ En 3e année, vous pouvez choisir de privilégier une langue aux autres... Ainsi, 4 parcours mettant en valeur une langue et un pays sont proposés : le parcours anglophone, le parcours germanophone, le parcours italophone et le parcours hispanophone.
■ En 4e année, après une formation généraliste, il est proposé 4 majeures de spécialisation qui sont : finance – marketing – achat – ressources humaines.

Frais de scolarité : 8 000 € par an.

b. Les formations à bac + 5

■ EBP International
KEDGE Business School

KEDGE BUSINESS SCHOOL

Campus de Bordeaux :
680 cours de la Libération
33405 TALENCE
Tél. : 04 91 82 78 09 / 05 56 84 55 78
www.kedgebs.com/fr/ebp-international
E-mail : postbac.int@kedgebs.com

240 places proposées.
Rang du dernier candidat admis : environ 700e / 800e place.
Nombre de candidats : environ 2 200.

Le campus de l'école est installé sur le domaine universitaire de Talence Pessac Gradignan, le second campus de France par sa superficie. Le centre de Bordeaux, la gare Saint-Jean se situent à moins d'une demi-heure de tramway ou de bus.

Une valeur sûre
Diplôme bac + 5 visé (durée totale = 5 ans et demi).
Triple label EQUIS, AACSB et AMBA.

Une formation très internationale avec 3 pays, 3 langues, 3 diplômes
- 3 pays : expatriation académique obligatoire dans 2 pays en plus de la France.
- 3 langues.
- 3 diplômes : 2 doubles diplômes obligatoires en plus du diplôme EBP, 1 Bachelor International en 4e année dans une université partenaire puis 1 master international en 5e année dans une deuxième université partenaire.

Au total, plus de la moitié du cursus de 5 ans et demi est fait à l'étranger.

JOB

La durée cumulée des stages en entreprise est de 15 à 18 mois, dont la totalité de la 3e année.

Frais de scolarité : 10 900 € par an.

Programme Grand École EBS Paris – European Business School

Siège de l'école :
Groupe Inseec U
EBS : European Business School
10, rue Sextius Michel
75015 PARIS
E-mail : www.ebs-paris.fr
Dans les mêmes bâtiments que l'école ESCE.

Contact amissions : contact@ebs-paris.com
Tél. : 01 84 14 02 15

220 places proposées en première année.

Diplôme bac+ 5 visé, grade de master.
Label EPAS uniquement.
Cette école existe depuis longtemps. Elle met l'accent sur l'entreprenariat et le digital. La sélectivité de cette école est moyenne. Un bon élève préparé au concours a de fortes chances d'intégrer cette école tout comme les trois autres ex-écoles du concours LINK.

Frais de scolarité : 9 950 € par an.
Formation en alternance possible en 4e et 5e années dans certaines spécialisations.

Programme Grande École EDC Paris Business School

Siège de l'école :
EDC (École des cadres)
70, galerie des Damiers
92400 CORBEVOIE
E-mail : www.edcparis.edu

Contact amissions : admissions@edcparis.edu
Tél. : 01 46 93 02 70

250 places proposées en première année.

Diplôme bac+ 5 visé, grade de master et école membre de la Conférence des grandes écoles.
Label EPAS uniquement.
Cette école existe depuis longtemps. Elle met l'accent sur l'esprit entrepreneurial.

Frais de scolarité : 9 660 € par an.
Formation en alternance possible à partir de la 4e année

■ Programme Grand École EMLV – Pôle Léonard de Vinci

Siège de l'école :
EMLV : École de management Léonard de Vinci
12 avenue Leonard de Vinci
92 400 Courbevoie
www.emlv.fr

Contact amissions : Cécile Parnet
E-mail : admissions@emlv.fr
Tél. : 01 41 16 70 30

350 places proposées en première année.

Diplôme bac+ 5 visé, grade de master.
Label EPAS uniquement.
Cette école est la plus récente mais elle se montre dynamique et apparaît relativement bien classée dans les palmarès des écoles de commerce post-bac en 5 ans. Elle est installée sur un campus moderne dans le quartier d'affaires de La Défense. Elle met elle aussi l'accent sur l'international avec en particulier toute la 3e année d'études à l'étranger. Il est possible de suivre sa scolarité tout en anglais. Enfin, les opportunités de doubles diplômes et d'échanges universitaires à l'étranger sont bien développées. Il y a sur le même campus une école d'ingénieur ESILV (École supérieure d'ingénieurs Léonard de Vinci), qui donne des opportunités de cours plus scientifiques.

Frais de scolarité : 9 400 € par an.
Alternance possible à partir de la 4e année.

■ Programme Grande École EM Normandie

Siège de l'école :
9 rue Claude Bloch
14052 CAEN Cedex 4
Tél. : 02 31 46 78 94
www.normandie.com

770 places proposées :
- à Paris, dont un programme 100 % en anglais sur 5 ans ;
- à Caen (puis possibilité d'étudier sur le campus du Havre à partir de la 3e année) ;
- à Oxford.

Une valeur sûre de qualité et de sérieux

Diplôme bac + 5 visé, grade de master et école membre de la Conférence des grandes écoles.
Labels EQUIS et AACSB.

Un accompagnement des étudiants vers l'emploi

L'école organise un parcours carrière individualisé pour vous aider à trouver vos stages durant vos études puis votre premier emploi, avec un dispositif varié et des coachs experts en RH.

Frais de scolarité : 11 000 € par an.

Pour réduire le coût total de scolarité, il est possible d'effectuer les 2 dernières années de master 1 et 2 en alternance (1 semaine à l'école et 3 semaines en entreprise) : vous ne paierez pas (ou que partiellement) de frais de scolarité et toucherez un salaire moyen de 1 000 € net par mois. C'est souvent l'opportunité d'une embauche à la sortie en plus !

Programme Grande École
ESCE International Business School

ESCE INTERNATIONAL BUSINESS SCHOOL

École supérieure du commerce extérieur

Siège du groupe :
Groupe Inseec U
10 rue Sextius Michel
75015 PARIS
Tél. : 01 84 14 02 98
www.esce.fr
Contact admissions : Nadjet Mennequin
E-mail : nadjet.mennequin@esce.fr

528 places proposées en première année : 428 à Paris et 100 à Lyon.

Deux campus : Paris et Lyon.

L'ESCE offre une grosse promotion d'étudiants, qui est un des critères avec la notoriété qui rend l'intégration plus facile. Le taux de sélectivité est de 50 % environ entre le nombre de candidats acceptés et le nombre de candidats présentés (1 candidat sur 2 intègre, contre 1 sur 7 au BBA de l'ESSEC reconnu le plus sélectif du concours Sésame).

Diplôme bac + 5 visé, grade de master et école membre de la Conférence des grandes écoles.
Label EPAS uniquement.
L'ESCE est une école bien installée, qui a 50 ans d'existence. Sans être dans les meilleures, c'est une école d'un bon rapport capacité à y entrer versus qualité du diplôme obtenu en 5 ans.

10 spécialisations de master proposées à l'ESCE et 1 tronc commun :

- Un tronc commun : affaires internationales. La spécialité de l'ESCE est le commerce international, d'où cette formation obligatoire pour tous en 3e et 4e années.
- Les 10 spécialisations au choix :

Les deux dernières années permettent aux étudiants de se spécialiser dans un des 10 domaines suivants au choix :
– Marketing : International & Digital Marketing (commercialisation des produits de Grande consommation) ; Marketing International & Digital (communication, luxe et Produits de prestige) ; Product Management.
– Finance et contrôle : Finance, Investment of Banking ; Controlling, Finance & organization.
– Développement international : Green Digital Purchasing & Supply Chain Export Management.

– Stratégies, management, entreprenariat : Sustainable Human Developpement, Entreprenariat & Innovation.

Une dimension internationale très présente depuis 50 ans

Cette école a une vocation internationale affirmée dans son nom (École supérieure du commerce extérieur). Elle existe depuis 50 ans, ce qui lui donne une assise et un gros réseau d'anciens élèves.

- 2 à 4 semestres d'études à l'étranger ;
- 15 stages à l'étranger (et 15 en France) durant les 5 ans de scolarité ;
- de nombreux accords de doubles diplômes avec des universités étrangères.

Il faut intégrer que ces études à l'étranger renchérissent le coût global des études (logement à l'étranger, billets d'avion…).

La filière Sciences politiques internationales

Inédite dans l'univers des business schools, la filière Sciences politiques internationales du programme Grande École permet d'adopter, aux côtés des traditionnels cours de management et de gestion, une approche multidisciplinaire, autour des sciences politiques, des relations internationales.

La filière ingénieur

Autre double diplôme Manager-Ingénieur : double formation ingénieur de l'école d'ingénieur ECE du même groupe.

Formation ouverte à des élèves qui ont obtenu un baccalauréat avec des spécialités scientifiques, avec possibilité d'une formation sur 3 différentes spécialisations :

- Finance et ingénierie quantative ;
- Systèmes d'information & Big Data ;
- Nouvelles énergies et environnement.

Frais de scolarité : 10 900 € par an, dans la fourchette haute des prix.

Apprentissage possible en 4e et 5e années pour environ 60 (bons) élèves par an.

■ **Programme Grand École IPAG Business School**

IPAG Paris :
184 boulevard Saint-Germain
75006 PARIS
Contact Admissions : Alice Bouvet
Tél. : 01 53 63 89 88
E-mail : admissions@ipag.edu
www.ipag.edu

Deux campus en France : Paris ou Nice.
Deux campus à l'étranger : Chine (Kunming) et États-Unis (Los Angeles).

480 places proposées : 350 sur Paris et 100 sur Nice.

Diplôme bac + 5 visé, grade de master. Membre de la Conférence des grandes écoles depuis mars 2016. Accréditation EPAS uniquement.

L'école existe depuis 50 ans et cela lui donne une bonne notoriété dans le monde de l'entreprise.
Les palmarès des écoles postbac à bac + 5 montrent de bons scores pour l'IPAG, en particulier sur le critère de proximité avec les entreprises (*Challenge*, *L'Étudiant*).
Le réseau des anciens élèves (11 000 diplômés) est une force pour cette école au service des jeunes diplômés en recherche de stage ou d'emploi.

■ **Possibilité d'un parcours d'excellence English Track 100 % en anglais** pour les meilleurs en anglais et motivés. Une note de 16/20 au concours est requise. Il existe également 3 autres parcours en langue étrangère : Track Brésil, Amérique latine/Espagne, Allemagne et Chine réservés aux candidats qui ont passé la langue au concours d'admission.

■ **Une 3e année tout en anglais pour tous les étudiants :**
Un semestre en université étrangère ou sur l'un des 2 campus étrangers de l'IPAG et un semestre de stage en entreprise ou une mission de volontariat à l'étranger.

■ **En 5e année, 5 doubles diplômes proposés aux candidats motivés et performants :**
Dans différentes spécialisations, des doubles diplômes sont ouverts avec des universités étrangères.
L'inscription à l'un de ces doubles diplômes requiert l'obtention d'un minimum de 550 points au TOEFL.

Frais de scolarité : 9 900 à 10 100 € par an.
Les cursus de doubles diplômes peuvent induire des frais de scolarité plus élevés en 5e année, en fonction des frais demandés par l'université partenaire délivrant le diplôme. Se renseigner au cas par cas.
Possibilité d'alternance en 4e et 5e années. Par ailleurs, des bourses de l'école peuvent financer en partie les études.

Programme Grande École PSB Paris School of Business

PSB PARIS SCHOOL OF BUSINESS

Siège de l'école :
PSB (Paris School of Business)
59 rue Nationale
75013 Paris
www.psbedu.paris

Contact amissions : Céline Renault
E-mail : c.renault@psbedu.paris
Tél. : 01 53 36 44 10

450 places proposées en première année.

Diplôme bac+ 5 visé, grade de master.
Label EPAS et label AMBA (depuis 2014).
Cette école existe depuis longtemps, elle s'appelait avant 2014 l'ESG (École supérieure de gestion). Elle met l'accent sur l'international avec en particulier toute la 3e année d'études à l'étranger. Il est possible de suivre sa scolarité tout en anglais. Enfin, les opportunités de doubles diplômes et d'échanges universitaires à l'étranger sont bien développées.

Frais de scolarité : 10 000 € par an.
Alternance possible à partir de la 4e année.

TEMA
NEOMA Business School

NEOMA
BUSINESS SCHOOL

TEMA, Innovation & Digital Management

Campus de Reims :
59 rue Pierre Taittinger
BP 302
51061 REIMS Cedex
Contact : Rodolphe MOREAU
E-mail : rodolphe.moreau@neoma-bs.fr
Tél. : 01 73 06 98 24

Campus Paris :
9 rue d'Athènes
75009 PARIS
http://www.neoma-bs.fr/
Contact : Anaïs ALIJANI
E-mail : anais.alijani@neoma-bs.fr
Tél. : 03 26 77 47 43

84 places proposées.

Ce programme original en 5 ans du groupe NEOMA intègre en 2020 le concours Sésame pour le recrutement de ses élèves. Il existait auparavant avec un recrutement autonome.
Ce programme propose une formation sur trois axes : management, digital et créativité, avec une forte dimension entrepreneuriale. L'effectif des promotions est petit (84), réparti sur deux campus, Reims et Paris.

Une valeur sûre : triple label EQUIS, AACSB et AMBA.
Ce programme a des atouts par sa combinaison du management et du digital, fortement demandés sur le marché du travail, dans une école à petit effectif.
Une pédagogie innovante en mode projet et learning *by doing* pour apprendre autrement.
Une immersion internationale longue jusqu'à 33 mois (stages et universités partenaires - 6 mois minimum) et un cursus 100 % en anglais en 4e et 5e années.
En 5e année, des possibilités de doubles diplômes, en école d'ingénieur ou business school, en France ou à l'international.

Frais de scolarité : 9 000 € par an.
Alternance possible en 4e et 5e années.

COMMENT CHOISIR PARMI TOUTES CES FORMATIONS ?

■ **Quand choisir ?** Au moment de votre inscription au concours vous devez avoir choisi les écoles auxquelles vous vous portez candidat. Donc il faut avoir pris connaissance et décider avant fin mars.

■ **Combien d'écoles choisir ?** Ne postulez surtout pas à toutes les écoles proposées, pour des questions de coût puisque vous payez en fonction du nombre d'écoles sélectionnées (voir plus loin « Combien ça coûte »). Réalisez également que vous devrez vous déplacer dans chaque école pour passer les épreuves orales et cela vous mobilisera à chaque fois une journée, prise sur vos cours de terminale en mai/juin à l'approche du bac, et à vos frais pour aller aux oraux. De ce fait, un choix de trois écoles est un bon compromis.

■ **Quelles écoles choisir ?** Cela dépend de chacun, en fonction des critères suivants : renommée de l'école, durée et coût de la scolarité, lieu d'études et niveau personnel.

- Si vous êtes un(e) candidat(e) très motivé(e) par des études au sein d'une école de commerce, que le choix de la ville vous convient et que vous n'avez pas tous les atouts pour être classés dans les meilleurs, alors pensez à mettre dans votre sélection, parmi les différentes formations proposées au concours Sésame, une école pas trop difficile à intégrer.

- À l'inverse certains candidats solides et décidés ne choisiront qu'une ou deux écoles (« Je veux intégrer le BBA de l'ESSEC ou sinon faire une CPGE »).

- Dans le cas plus général, il est conseillé de tenter au moins une école parmi les meilleures et ensuite d'en sélectionner une ou deux autres qui seront votre « plan B ou C » par sécurité.

En lisant le paragraphe suivant, vous allez trouver d'autres critères de choix d'écoles que la renommée, le lieu d'études et les frais de scolarité : les épreuves et leur coefficient par école.

3. Quelles sont les compétences exigées pour intégrer l'un des programmes du concours Sésame ?

A. Comment se déroule le concours ?

Le concours se déroule en trois temps :

Tous les canditats passent les épreuves écrites	**Des épreuves orales pour les admissibles**	**L'admission par école tenant compte des désistements**

■ **Temps 1 : Tous les candidats passent les épreuves écrites sur 1 journée**

Seront ensuite déclarés admissibles pour passer la deuxième série d'épreuves orales les candidats qui ont les meilleures notes aux épreuves écrites. Les autres candidats non admissibles sont éliminés du concours.

NOUVEAU pour le concours 2021 :

Prise en compte du dossier scolaire, en complément des notes aux épreuves écrites. Il n'est pas précisé dans quelle proportion cette note de dossier est prise en compte.
Cette note de dossier scolaire est calculée avec les :

- notes du bac français ;
- notes de première et terminale ;
- notes des 3 enseignements de spécialité ;
- évaluations communes (EC) ;
- appréciations de la fiche Avenir.

Selon les écoles, le dossier scolaire compte très peu ou beaucoup, avec un coefficient compris entre 1 et 10 (voir tableau p. 364). C'est le BBA de l'Essec qui accorde le plus d'importance au dossier avec un coefficient de 10. À l'opposé, TEMA et le BBA de La Rochelle ne lui accordent qu'un coefficient de 1.

■ **Temps 2 : L'admissibilité et les épreuves orales**

Les candidats sont déclarés admissibles ou pas, séparément par chacune des écoles en fonction :

- de leur inscription à cette école ;
- de leur rang obtenu, calculé à partir des notes obtenues aux épreuves écrites pondérées des coefficients décidés par chaque école pour chaque épreuve et de la note de dossier pondérée.

Exemple : Un candidat peut être admissible à l'IPAG et non admissible au BBA de l'ESSEC en étant inscrit aux deux écoles ou inversement.

Environ 30 % des élèves ne sont admissibles à aucune école.

Temps 3 : L'admission par école

Sont déclarés admis dans chaque école les meilleurs candidats après les épreuves orales.

Si l'école a 500 places, les 500 premiers candidats sont déclarés admis. Mais rien n'est encore perdu pour les autres candidats.

Une liste d'attente est constituée par l'école en classant les candidats suivants car certains élus de la première liste sont admis simultanément à plusieurs écoles ou à d'autres choix qu'ils ont faits (une CPGE, une faculté) et ils libèrent une place en se désistant. Ne désespérez surtout pas et renseignez-vous sur le rang du dernier admis de l'école les années précédentes pour vous donner une estimation de votre chance d'intégrer.

Si vous êtes admis ou sur liste d'attente, sachez que vous devrez verser à Sésame un acompte de 1 300 € sur les frais de scolarité de la 1re année. Cet acompte n'est encaissé que si vous intégrez une école.

CONSEILS DU FORMATEUR

Il est très important, avant de vous inscrire au concours Sésame, de savoir quelle(s) école(s) vous intéresse(nt). Pensez à tous les critères : l'école, le lieu d'études et les frais d'études (scolarité et hébergement si vous quittez le foyer familial), mais aussi les coefficients appliqués sur chaque épreuve du concours (voir le tableau plus bas) : certaines écoles accordent de gros coefficients aux épreuves de langues, d'autres aux maths ou à la synthèse. Vous pouvez donc choisir des écoles qui privilégient les gros coefficients sur vos matières fortes.

B. Quelles sont les épreuves écrites ?

Toutes les épreuves du concours Sésame reposent sur les bases des programmes de lycée. Les épreuves écrites n'impliquent donc aucune révision particulière.

Matières	Épreuves écrites sur 1re journée	Durée
Raisonnement et compétences	• Logique générale (15 QCM : problèmes avec raisonnement spatial et temporel) • Mathématique (15 QCM : numérique, arithmétique, géométrie) • Logique verbale (15 QCM : orthographe, grammaire, culture générale)	1 h
Analyse documentaire et connaissance des enjeux contemporains	• Analyse documentaire : 20 QCM à partir d'un dossier d'une quinzaine de documents sur un thème d'« actualité ou d'intérêt général » (2 heures) • Questions de connaissance des enjeux contemporains : 40 QCM de culture générale sans lien avec les textes (1 heure)	3 h
Langues	• Anglais : 40 QCM de grammaire, conjugaison, vocabulaire, compréhension et culture de la langue. • LV2 : 40 QCM de grammaire, conjugaison, vocabulaire, compréhension et culture de la langue.	1 h 1 h

CONSEIL DU FORMATEUR

Pour les QCM en raisonnement et langues, seules les bonnes réponses sont prises en compte. Donc pas de point négatif pour une réponse fausse. **Tentez une réponse !**

C. Quelles sont les épreuves orales ?

Seuls les candidats qui ont obtenu les résultats suffisants aux épreuves écrites et à la note de dossier sont invités à passer les oraux. La note de dossier est obtenue à partir :
- des notes du bac de Français ;
- des notes de première et de terminale ;
- des appréciations sur le candidat.

Matières	Épreuves orales
Entretien individuel	Conversation informelle avec un jury de 2 ou 3 personnes. Le candidat doit montrer sa capacité à communiquer, son ouverture au monde et sa motivation pour faire des études de gestion longues.
Entretien collectif	Pour le programme TEMA – NEOMA Business School.
Entretien en langues vivantes (LV1 et/ou LV2)	Il y a au moins un oral d'anglais et parfois un oral dans votre deuxième langue.

ATTENTION

Contrairement aux épreuves écrites communes à toutes les écoles membres de Sésame, les oraux sont spécifiques à chaque école. Les candidats doivent se tenir informés des modalités propres à chaque école.

La prise de rendez-vous pour les oraux s'effectue en ligne via votre espace réservé mySESAME. Chaque école organise dans ses locaux ou à distance l'évaluation des candidats. Vous pouvez être convoqué très rapidement après la publication des résultats d'admissibilité de chaque école, donc démarrez votre préparation à l'oral après les épreuves écrites, voire avant !

ÉPREUVES ET COEFFICIENTS

Retrouvez en fin de livre le récapitulatif des épreuves et des coefficients de chaque programme.

Témoignage d'un candidat

« Quand je suis arrivé en train pour prendre le bus et rejoindre l'école où je devais passer mes oraux, j'étais vraiment stressé. J'avais envie de faire demi-tour en me disant que c'était super d'aller à la fac, que je m'épargnerais des oraux difficiles.

Je ne dirai pas que je suis timide car j'ai des potes, j'arrive à participer en classe et même parfois à sortir une vanne, mais je ne suis pas non plus le beau gosse qui va enchaîner les pures répliques qui rendent la classe hilare. Je suis d'un niveau moyen + scolairement mais je sais m'exprimer poliment, me tenir comme il faut. Les remarques des parents du genre « se tenir à table, faire attention à son langage, regarder les autres quand on dit bonjour » et toutes ces remarques qui nous saoulent depuis notre enfance prenaient enfin un sens dans le bus !

En arrivant dans le campus de l'école, j'avais le cœur qui s'emballait encore plus ! Il y avait du monde partout, et surtout une ambiance étudiante. Le genre de lieu qu'on voit dans les films depuis que l'on regarde des séries idiotes après les cours. Ça me donnait trop envie, alors j'avais encore plus le trac. Je vous passe la case obligatoire vers les toilettes, l'attente dans les couloirs et enfin, l'entrée dans la salle !

C'est un des trois membres du jury, une femme, qui est venu me chercher à la porte. J'ai bien pensé à lui serrer la main, à lui sourire en disant bonjour et en la regardant droit dans les yeux. Et puis tout s'est enchaîné. Les questions sur pourquoi je voulais être dans cette école, ma motivation, mes projets, mes atouts et défauts. Bref, tout ce que l'on lit dans les conseils des bouquins (j'avais dans mon sac à dos l'ancienne édition du bouquin que vous êtes précisément en train de lire :-). Rien de très déroutant, en fait. Le plus dur, c'est avant. Une fois que l'on est devant le jury, ça passe ! Je pensais surtout à sourire un peu, à parler distinctement, à ne pas trop bouger les jambes avec le stress. Ce qui m'a le plus surpris, c'est finalement la sympathie du jury. Ils ne sont pas là pour casser les candidats mais pour mieux les connaître. C'est une discussion d'adulte à adulte, et c'est très agréable. On sent déjà qu'on est dans la cour des grands.

J'ai eu les résultats de mon admission par internet, sur mon téléphone, pendant un cours d'histoire. Wahoooo ! J'ai été reçu avec 14/20 à l'oral. Je vous souhaite la même aventure ! Et surtout, que la force soit avec vous pour ne pas renoncer, comme j'ai failli le faire en arrivant à l'école ! Le plus dur est d'y aller, pas de rencontrer le jury !

Good luck et peut-être à bientôt dans le campus ! »

Kevin Côme, BBA de l'ESSEC

Témoignage d'un membre de jury

❝ Je suis jury à l'EM Normandie depuis 5 ans. En général, on est trois membres dans le jury, parfois deux, si un confrère n'a finalement pu se libérer. Moi, je suis diplômé de l'école, c'est donc le réseau des anciens qui m'a conduit jusqu'ici. Je travaille dans le marketing au sein d'un groupe de presse dont je tairai le nom pour ne pas faire de pub. Mais si vous avez lu des Tom-Tom et Nana, fait de superbes bricolages prédécoupés dans de beaux magazines, vous le reconnaîtrez peut-être ! Mes deux autres collègues jury sont souvent un membre de l'école (enseignant ou personnel encadrant), un autre professionnel ou un étudiant de l'école en dernière année.

C'est toujours un plaisir de faire passer les oraux. La preuve en est : on est bénévole. On le fait donc par envie et non par obligation financière ou professionnelle. Les candidats ne le savent pas souvent et ont une vision de nous chargée d'inquiétude et d'*a priori* négatifs. Qu'ils le sachent : nous ne sommes pas « des méchants », avides de faire souffrir les jeunes. Nous avons été à leur place et sommes heureux de rencontrer les nouvelles générations de diplômés de notre école ! Notre objectif est de cerner le mieux possible, en peu de temps, la personnalité des candidats. Sera-t-il capable de suivre les enseignements ? Aura-t-il un bon état d'esprit en cours et dans le campus ? Pourra-t-il facilement s'intégrer dans une équipe lors des immersions en entreprise ? Est-il capable de partir à l'étranger dans un contexte dépaysant, voire déstabilisant, loin de sa famille et de ses proches ?

Il est donc important que le candidat puisque communiquer en nous regardant, en se montrant convaincant et déterminé. Sans être prétentieux. C'est le risque. Au-delà des candidats que l'on élimine parce qu'ils ne savent pas aligner trois mots sans pleurer ou presque, ou sans détacher les yeux de leur table, nous déplorons les candidats qui pensent tout savoir, tout pouvoir, mieux que tout le monde. Il faut être réaliste. À 18 ans, on ne connaît pas encore grand-chose. Il ne s'agit donc pas de jouer un rôle qui n'est pas le bon. Il s'agit encore une fois de prouver que l'on se sent capable et que l'on a soif d'apprendre en cours et dans le monde environnant !

Alors, bonne chance à chaque candidat et peut-être à bientôt ! ❞

Aïcha Aprile, Responsable marketing,
jury à l'EM Normandie

4. Quelles sont les démarches à suivre pour s'inscrire au concours Sésame ?

A. L'inscription : quand et où ?

a. Quand ?

Ce concours est ouvert aux élèves de terminale et de bac + 1 et ceux titulaires d'un diplôme étranger reconnu équivalent au baccalauréat.

L'inscription se fait **uniquement** en ligne sur le site Parcoursup.

Si Parcoursup impressionne les élèves, la procédure est pourtant bien encadrée. Il suffit de suivre les recommandations indiquées sur le site Internet du ministère de l'Éducation nationale : www.parcoursup.fr.

Par ailleurs, vous serez accompagné toute l'année par le responsable du centre de documentation d'information et d'orientation (CDIO) et par l'équipe enseignante.

Des milliers d'autres élèves sont passés par la procédure avant vous et tout s'est bien fini. Les rares élèves déçus par la procédure, souvent médiatisés pour faire sensation, sont souvent ceux qui n'ont pas suivi les conseils suivants :

Conseil 1 Respectez bien les dates, sinon, aucun recours n'est possible.
Conseil 2 Choisissez ce qui vous donne envie de poursuivre vos études en cohérence avec vos compétences (n'allez pas en médecine si vous avez renoncé aux maths en classe de première).
Conseil 3 Écoutez votre cœur plutôt que les statistiques de réussite (ou vos parents).
Conseil 4 Ne choisissez que des filières sélectives mais également ouvrir le champ des possibles à des formations plus accessibles.
Conseil 5 Soignez la présentation de votre motivation lorsqu'il vous est demandé d'en écrire une. Faites attention aux fautes d'orthographe et faites un effort de structure de l'argumentation.

Voici cinq conseils supplémentaires sous la forme de pièges à éviter :
Piège 1 Ne choisir que des filières sélectives.
Piège 2 Ne pas répondre à temps aux propositions de vœux (tout est bien indiqué sur le site au fur et à mesure, vous ne pouvez pas vous tromper).
Piège 3 Ne pas suivre les conseils de vos enseignants qui ont l'habitude de Parcoursup.
Piège 4 Choisir « ce qui fait bien » plutôt que « ce qui vous va bien ».
Piège 5 Se précipiter sur la première proposition si d'autres vœux en attente vous plaisent davantage.

b. Où ?

Les épreuves écrites sont organisées en France métropolitaine dans les villes suivantes et dans les départements d'outre-mer suivants : Angers, Bordeaux, Caen, Guadeloupe, Guyane, La Réunion, La Rochelle, Lille, Lyon, Marseille, Martinique, Nancy, Nice, Paris et région parisienne, Reims, Rennes, Rouen, Strasbourg, Toulouse, Tours, Troyes.

Lors de votre inscription, vous devez choisir **par ordre de préférence trois centres d'écrits** (sauf pour Paris/Région parisienne et l'international).

Pour les résidents étrangers : Sésame ouvre chaque année des centres d'épreuves écrites à l'étranger si le nombre de candidats le justifie.
Prendre contact avec Cédric Moignot, responsable administratif du concours, Tél. : 05 56 52 56 41 / e-mail : info@concours-sesame.net

Vos choix de centres d'écrits sont indépendants de vos choix d'école.
Le centre d'écrits dans lequel vous serez affecté dépend :
- du nombre de places disponibles dans chaque centre ;
- de votre date d'inscription ;
- de votre lieu de résidence ;
- des langues choisies.

En aucun cas, le lieu où vous passerez vos épreuves ne vous sera communiqué avant la clôture des inscriptions. Celui-ci sera mentionné sur votre convocation, téléchargeable sur votre espace réservé MySesame.

RAPPELS DU FORMATEUR

- Précaution : plus vous vous inscrivez tôt, plus vous aurez de chance d'avoir de la place dans votre premier choix de centre d'écrits.
- Boursiers : les boursiers d'État ne paient que 50 % des droits d'inscription, sur présentation de leur attestation d'allocation de bourses pour l'année en cours.

B. Combien ça coûte ?

L'inscription au concours a un prix de base de 150 €.
S'y ajoutent 30 € par programme présenté par le candidat. Cela comprend l'écrit et l'oral.

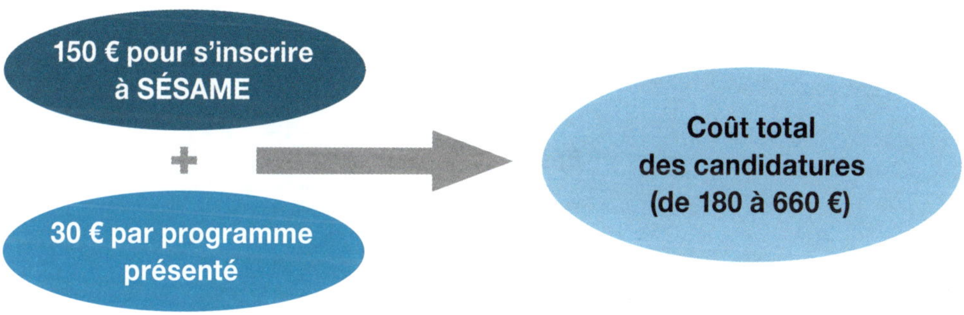

Exemple : Vous paierez 180 € si vous vous inscrivez à 1 école, 240 € si vous vous inscrivez à 3 écoles.

NOTE DU FORMATEUR

Les candidats boursiers d'État bénéficient d'une réduction de 50 % sur les frais d'inscription au concours Sésame et du remboursement des frais d'inscription en cas d'intégration dans une des écoles du concours, sur présentation d'un justificatif.

ATTENTION

- **Les frais de déplacement** pour aller passer les épreuves orales dans chaque école où le candidat est admissible **sont à la charge du candidat.**
- **Le report de votre admission d'un an dans une école est impossible!** Si vous avez la chance d'être admis dans une école, vous n'aurez pas la possibilité de retarder d'un an votre admission dans l'école pour, par exemple, faire une année de césure, partir à l'étranger. Vous êtes obligatoirement admis pour l'année en cours, à la rentrée de septembre.

C. Quel est le calendrier du concours, depuis l'inscription jusqu'aux résultats d'admission ?

Les différentes dates sont publiées sur le site du concours Sésame fin octobre de chaque année: www.concours-sesame.net. À titre indicatif, le calendrier 2021 était le suivant :

Inscription au concours sur Parcoursup
du 20 janvier au 11 mars 2021

↓

Épreuves écrites
7 avril 2021

↓

Résultats d'admissibilité:
16 avril 2021

↓

Épreuves orales dans chaque école
du 17 avril au 6 mai 2021

↓

Résultats d'admission
27 mai 2021

↓

Choix final
du 27 mai au 16 juillet 2021

Á l'heure où nous mettons un point final à cette nouvelle édition, Parcoursup n'a pas encore publié son calendrier 2021-2022. Ces informations seront disponibles sur notre site dès qu'elles seront connues. Elles le seront par le même biais que nos ressources numériques en ligne.

Auto-évaluation

Questions

Raisonnement et compétences

1 Complétez la série suivante : 117 - 711 - 83 - 38 - 900 - ?

A. 30
B. 389
C. 845
D. 009

2 Un loyer action augmente, pendant quatre années consécutives, de 5 % par an. De combien a-t-il augmenté après ces quatre années ?

A. ≅ 20 %
B. ≅ 22 %
C. ≅ 1,21%
D. ≅ 1,56 %

3 Que vaut $\frac{6^6 - 2^5}{(2^{\frac{1}{6}} \times 3)^6 - 1}$ **?**

A. $\frac{1}{3^6 - 1}$
B. 25
C. $2^{6/5}$
D. $2^5 - 3^2$

4 Quelle phrase est mal orthographiée ?

A. Les enfants jouent dans le jardin publique.
B. Il a peur de s'adresser en public.
C. Il n'y a qu'une école publique dans ma commune.
D. Je travaille pour les services publics.

5 Quelle figure complète cette suite ?

I	L	U	W

M	N	5	F
A	B	C	D

A. Figure A.
B. Figure B.
C. Figure C.
D. Figure D.

Connaissance des enjeux contemporains

6 Quelle journaliste française a été à l'origine du hashtag #BalanceTonPorc ?
A. Sandra Muller
B. Élisabeth Lévy
C. Ruth Elkrief
D. Claire Chazal

7 Chaque année, la dépense moyenne approximative du reste à charge d'un Français pour sa santé s'élève à environ :
A. 500 €
B. 1 000 €
C. 2 000 €
D. 2 500 €

8 Le taux de natalité en France est de :
A. 8 ‰
B. 12 ‰
C. 0,9 ‰
D. 3 ‰

9 Chaque année, un Français produit :
A. 100 kg de déchets
B. 200 kg de déchets
C. 400 kg de déchets
D. 800 kg de déchets

10 Elena Ferrante est une auteure italienne qui a écrit la très populaire saga familiale :
A. *L'amour perdu*
B. *L'amour harcelant*
C. *L'énigme*
D. *L'amie prodigieuse*

Anglais

11 Was the man you saw ... me?
A. taller than
B. tallest than
C. more tallest than
D. more tall than

12 Where did the scene ...?
A. took place
B. take place
C. taking place
D. takes place

13 Were you ... when it happened?
A. lonely
B. only
C. alone
D. only one

⓮ **What was the colour of the woman ... eyes?**
A. 's
B. s
C. 0

⓯ **Be ... . It can be dangerous.**
A. caution
B. attention
C. cautious

■ Entretien

⓰ **L'épreuve d'entretien individuel a lieu :**
A. dans un centre d'examen
B. dans l'école où le/la candidat(e) est admissible
C. dans le lycée du candidat

⓱ **Lors de l'entretien, les candidats doivent être vêtus :**
A. en costume-cravate ou tailleur obligatoirement
B. en tenue habituelle pour révéler leur personnalité
C. en tenue correcte, de préférence sans baskets ou grand décolleté

⓲ **L'entretien individuel se déroule :**
A. en français exclusivement
B. en français très majoritairement, éventuellement avec quelques questions en langue étrangère
C. en anglais uniquement

⓳ **Le jury lors de l'entretien individuel est généralement composé :**
A. de deux ou trois membres, professionnels ou travaillant dans l'école
B. du directeur de l'école
C. du comité des anciens élèves

⓴ **La note de l'entretien individuel est donnée :**
A. immédiatement après l'entretien
B. en fin de journée, après délibération des jurys
C. avec l'ensemble des résultats, ultérieurement, sur Internet

Corrigé

❶ D ; ❷ B ; ❸ B ; ❹ A ; ❺ C ; ❻ A ; ❼ A ; ❽ B ; ❾ C ; ❿ D ; ⓫ A ; ⓬ B ; ⓭ C (*alone* : seul ; *lonely* : esseulé) ; ⓮ A ; ⓯ C (*to be cautious* : faire attention, être prudent) ; ⓰ B ; ⓱ C ; ⓲ B ; ⓳ A ; ⓴ C.

Pour mieux comprendre

❶ D. Il s'agit de nombres miroirs. En effet, 117 devient 711 et 83 devient 38 ; 900 devient donc 009.

❷ B. Le coefficient multiplicateur est identique pour ces évolutions : $c = 1 + 0{,}05 = 1{,}05$. Le coefficient global est donc : $1{,}05^4 = 1{,}05 \times 1{,}05 \times 1{,}05 \times 1{,}05 \cong 1{,}2155$. Le taux d'évolution est donc de $1{,}2155 - 1 = 0{,}2155 = 21{,}55\ \% \cong 22\ \%$.

❸ B. $\dfrac{6^6 - 2^5}{(2^{\frac{1}{6}} \times 3)^6 - 1} = \dfrac{(2 \times 3)^6 - 2^5}{(2^{\frac{1}{6}})^6 \times 3^6 - 1} = \dfrac{2^6 \times 3^6 - 2^5}{2^{\frac{1}{6} \times 6} \times 3^6 - 1} = \dfrac{2^5(2 \times 3^6 - 1)}{2 \times 3^6 - 1} = 2^5.$

❹ A. « Public » est un nom ou un adjectif masculin et « publique » est un adjectif féminin.

❺ C. La 1re figure comporte un trait, la 2e figure en comporte deux, et ainsi de suite. La figure recherchée doit en posséder cinq.

Analyse du score

	Réponses correctes	Vous avez entre 0 et 3 réponses correctes	Vous avez entre 4 et 5 réponses correctes
Raisonnement et compétences	_/5	Il vous faut acquérir des connaissances : lisez le cours et faites les exercices. Rendez-vous à la page 57.	Votre score est prometteur ! Entraînez-vous avec les sujets corrigés, p. 99.
Analyse documentaire et connaissance des enjeux contemporains	_/5	Il vous faut progresser : découvrez la méthodologie à suivre et nos conseils page 131.	Votre score est prometteur ! Entraînez-vous avec les sujets corrigés, p. 136.
Anglais	_/5	Il vous faut acquérir des connaissances : lisez le cours d'anglais et faites ses exercices. Rendez-vous à la page 214.	Votre score est prometteur ! Entraînez-vous avec les sujets corrigés, p. 292.
Entretien	_/5	Il vous faut acquérir progresser : découvrez la méthodologie à suivre et nos conseils page 317.	Votre score est prometteur ! Consolidez votre savoir-faire en découvrant nos simulations d'entretien, p. 332.

PARTIE 1

Réussir **les épreuves écrites**

- Raisonnement et compétences 55
- Analyse documentaire et connaissance des enjeux contemporains 131
- Langue 205

Raisonnement et compétences

DURÉE 1 HEURE

1. Planning de révisions 56

2. Méthodologie et conseils 57

3. Tout le cours 59

4. Sujets blancs corrigés 101

Planning de révisions

Ce chapitre aborde les notions incontournables de logique et de mathématiques que vous devez maîtriser en vue de l'épreuve de logique du concours Sésame.

Commencez par revoir les notions que vous maîtrisez le moins et terminez par celles avec lesquelles vous êtes le plus à l'aise. Dans le tableau de révision suivant, classez ainsi les notions de 1 à 13.

Le temps que vous consacrez à chaque notion dépend de la date de début de vos révisions, de votre emploi du temps et de vos motivations. Renseignez-le dans le tableau. Vous obtiendrez ainsi un planning de révision.

ORDRE	DURÉE	NOTIONS À ABORDER	NOS OUTILS
		Logique générale	**Tout le cours :** p. 57
		Logique numérique, arithmétique et mathématique	**Tout le cours :** p. 63
		Numération	**Tout le cours :** p. 67
		Calcul numérique	**Tout le cours :** p. 68
		Diviseurs d'un nombre entier	**Tout le cours :** p. 73
		Calcul littéral	**Tout le cours :** p. 76
		Équations du premier degré	**Tout le cours :** p. 80
		Probabilités	**Tout le cours :** p. 83
		Vitesse	**Tout le cours :** p. 87
		Pourcentages	**Tout le cours :** p. 90
		Résolution de problèmes de moyennes	**Tout le cours :** p. 94
		Équations et problèmes	**Tout le cours :** p. 96
		Géométrie	**Tout le cours :** p. 99
		Sujet blanc n° 1	**Sujet 1 :** p. 101
		Sujet blanc n° 2	**Sujet 2 :** p. 110
		Sujet blanc n° 3	**Sujet 3 :** p. 119

Méthodologie et conseils

1. L'organisation et la nature de l'épreuve

A. L'organisation de l'épreuve

L'épreuve dure une heure et comporte trois parties. Pour chacune, vous devez répondre à 15 QCM. Pour chaque question, vous disposez de quatre choix dont un seul comporte la bonne réponse.

La première partie est une épreuve de logique générale.

La seconde partie est une épreuve de logique verbale, et la troisième de logique mathématiques.

Seules les bonnes réponses sont prises en compte. Autrement dit, il n'y a pas de pénalité pour les réponses fausses.

Les calculatrices sont interdites. Les feuilles de réponses vous sont fournies et vous rendez les sujets en fin d'épreuve.

B. La nature de l'épreuve

La première partie (logique générale) est une série de questions sur des suites de nombres, de lettres, de formes. Il est bon de connaître quelques concepts clés, développés dans le chapitre 1.

La seconde partie nécessite un minimum de bases en algèbre et en géométrie.

Quant à la troisième, elle fait autant appel à vos connaissances grammaticales et orthographiques qu'à votre culture générale.

2. Que faire pour préparer au mieux l'épreuve ?

Il y a autant de profils que de candidats. En clair, il faut adapter les conseils qui suivent à vos connaissances mathématiques, votre emploi du temps et votre motivation.

A. La stratégie

Prenez connaissance des annales du concours, que vous trouverez sur Internet, partiellement. Dans un premier temps, lisez les annales nues (c'est-à-dire sans corrigés !) depuis 2010. Lisez-les attentivement, en prenant des notes : suites avec des formes, des lettres et des nombres, périmètres, etc. Vous constituerez ainsi un index des notions que vous devrez apprendre ou revoir.

Classez ensuite grossièrement ces notes : logique de formes, logique de lettres, logique alphanumérique, équations, etc. Cela vous permettra d'orienter le choix de vos lectures mathématiques ultérieures qui viendront compléter cet ouvrage.

Enfin, mettez-vous au travail !

B. La tactique

Si votre niveau est faible en mathématiques, concentrez vos efforts sur la logique. Les experts du Cluedo, MasterMind ou Sodoku sont incontestablement avantagés. Il n'y a rien de bien compliqué et les allergiques au calcul numérique et littéral peuvent espérer obtenir une note strictement positive à l'épreuve en s'entraînant un minimum à cette partie.

La seconde partie est celle qui demande les connaissances mathématiques les plus approfondies. Le minimum vital est ici la connaissance des tables de multiplication, les carrés, les cubes et les opérations faciles.

3. Le jour J

Vous avez étudié, travaillé. LE conseil qui doit vous guider : ne cherchez pas à répondre parfaitement à tous les QCM. Tant mieux si vous y parvenez, bien sûr, mais ne rêvez pas : obtenir un 100 % de réussite est quasiment impossible pour le candidat ordinaire. Concentrez-vous sur ce que vous savez faire et assurez vos points. Ensuite, consacrez les dernières secondes à répondre au hasard à toutes les autres questions. Vous avez à chaque fois une chance sur quatre de tomber juste : c'est mieux que d'avoir 0 % de chance si on n'y répond pas ! En effet, rappelez-vous que les réponses fausses ne sont pas pénalisées.

Il y a au total 45 items et vous avez 1 heure. Pour réussir à tout faire, vous devriez donc répondre à chaque item en 1 minute et 33 secondes (vérifiez !). Alors, préférez passer un peu plus de temps sur ce que vous aimez, quitte à négliger ce que vous êtes sûr de ne pas réussir.

1. Logique générale

1. Les lettres et les nombres

Dans les tests regroupant lettres et nombres, il est fréquent que la clé de résolution se trouve dans le codage A = 1, B = 2, …, Y = 25, Z = 26.

Voici ce codage :

A	B	C	D	E	F	G	H	I	J	K	L	M
1	2	3	4	5	6	7	8	9	10	11	12	13

N	O	P	Q	R	S	T	U	V	W	X	Y	Z
14	15	16	17	18	19	20	21	22	23	24	25	26

Exemple 1 : Si JEAN = 24 et ANNE = 6, alors MARION = 27. On observe en effet que le codage s'effectue en additionnant les rangs de la première et de la dernière lettre : J + N = 10 + 14 = 24 ; A + E = 1 + 5 = 6 ; donc M + N = 13 + 14 = 27.

Exemple 2 : Si WN = I, XT = D et YA = X, alors QC = N. Il suffit alors d'effectuer la soustraction Première lettre – Deuxième lettre en employant le codage : WN = 23 – 14 = 9 = I, etc.

2. Le repérage des lettres clés

Lorsque l'on observe une suite de mots qui n'ont *a priori* aucun point en commun, il faut chercher à repérer le nombre de lettres qu'ils comportent, les voyelles, les consonnes, leurs positions respectives, les initiales, les régularités des voyelles à l'intérieur des mots.

Exemple 1 : La suite ALBANIE, CUBA, EIRE, GHANA est-elle suivie de ESPAGNE, FRANCE, GÉORGIE, IRLANDE ou PORTUGAL ? La bonne réponse est IRLANDE car on remarque que l'initiale de chaque pays suit dans l'alphabet l'initiale du précédent en omettant une lettre sur deux : A, C, E, G et donc I.

Exemple 2 : La suite UN (2), DEUX (4), TROIS (5), QUATRE (6) est suivie de CINQ (4) car le chiffre entre parenthèses compte le nombre de lettres qui composent le mot. On aurait aussi pu développer la logique UN (21), DEUX (4), TROIS (20), QUATRE (17) qui aurait alors été suivie de CINQ (3) car le chiffre marque ici le rang de l'initiale (U = 21, D = 4…). Bien d'autres logiques sont encore possibles.

Exemple 3 : Dans la suite suivante, PLUME QF, DINDE EF, COQ DR et COLONEL DK, le dernier couple de lettres est incorrect. En effet, ce dernier couple est fabriqué en prenant le successeur de la première lettre du mot et le successeur de la dernière. P → Q et E → F ; D → E et E → F… donc COLONEL aurait dû fournir DM et non DK.

Exercices

1 Quel groupe de lettres complète la série ?

C	L	G	J	?
M	E	K	I	?

A.

K
I

B.

S
N

C.

L
D

D.

O
I

E.

K
D

2 Compléter la série :

1A 3C 6F 10J 15O ??

3 Trouver le domino manquant :

N	D	S	A	?
L	V	G	Y	?

A.

T
W

B.

H
K

C.

R
E

D.

J
P

E.

Z
B

4 Quel mot complète la série :

suc sur sac sens son ses slip ?

A. sale **B.** sole **C.** sol **D.** soupe

5 Compléter la série suivante :

E1 K7 S15 X20 P?

A. 12 **B.** 13 **C.** 14 **D.** 15

❻ Compléter la série suivante :

AC	BD	CE	DF	?
Z	X	U	Q	?

A.	B.	C.	D.
EG	EG	EG	EG
F	L	M	P

Corrigé

❶ **A.** En partant de M et en zigzagant, on trouve MLKJ et on s'attend donc à avoir I en bas à droite (en avançant à rebours dans l'alphabet). En commençant par C et en zigzagant, on trouve CEGI ; en omettant une lettre sur deux, on obtient K en haut à droite.

❷ On remarque que les nombres augmentent de 2, puis de 3, puis de 4, de 5 et donc de 6. Le prochain nombre doit être 21. De plus, les lettres correspondent au rang dans l'alphabet donné par le nombre : A = 1, C = 3... La série est donc complétée par 21U.

❸ **D.** En considérant le code A = 1, B = 2, ..., Z = 26, on remarque que le total des lettres d'un domino est égal à 26. La seule possibilité offerte est J + P.

❹ **C.** Comme il n'y a qu'une seule voyelle dans chaque mot, la seule possibilité est la réponse C.

❺ **A.** Le nombre est le rang de la lettre auquel on a ôté 4. Comme P = 16, on trouve 12 c'est-à-dire la réponse A.

❻ **B.** Observons les cases du bas des dominos. On commence par Z. L'écart Z - X est de 2 car 26 (rang de Z) - 24 (rang de X) = 2 (rang de B), puis l'écart augmente de 1 à chaque étape : 24 - 3 = 21 (U) ; 21 - 4 = 17 (Q) ; donc 17 - 5 = 12 (L).

3. Les formes

Une suite de formes respecte bien sûr une certaine logique. Il faut observer la suite donnée en faisant tourner pas à pas les figures, en observant ce qui est ajouté ou retranché, en comptant les lignes, les colonnes, etc.

Par ailleurs, il ne faut pas hésiter à lire les séries dans différents sens : de droite à gauche, de haut en bas, de bas en haut, en diagonale, en zigzag, etc.

Exercices

❶ Quelle figure complète la suite ci-dessous ?

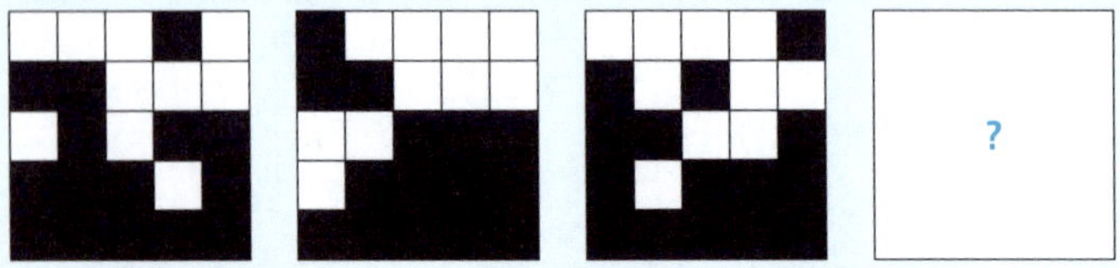

A. B. C. D. E.

❷ Quelle figure complète la suite ci-dessous ?

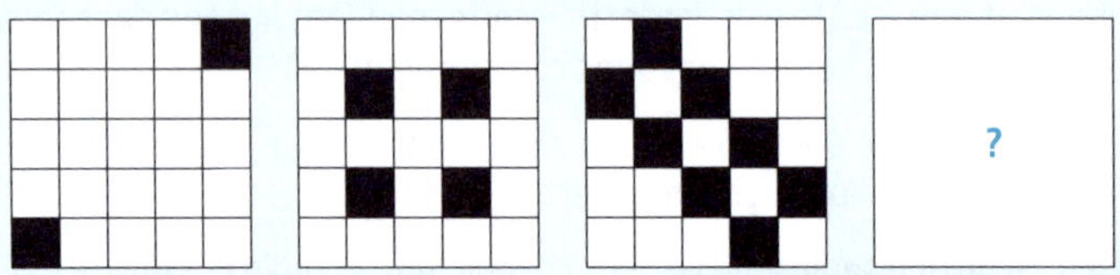

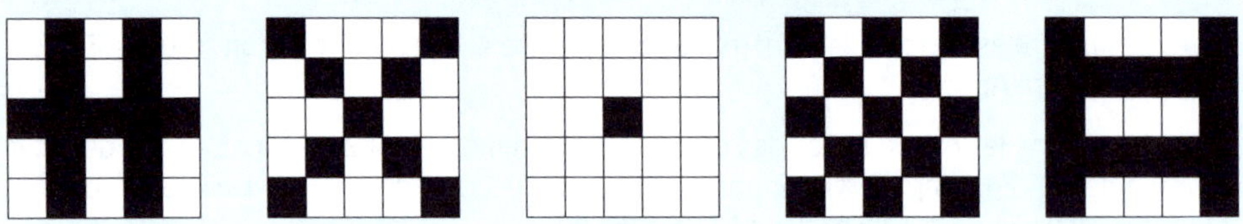

A. B. C. D. E.

Corrigé

❶ **C.** En effet, c'est la seule qui possède un carré noir à la ligne 1, deux à la ligne 2, trois à la ligne 3, quatre à la ligne 4 et cinq à la ligne 5, comme dans les trois figures de départ.

❷ **E.** On remarque que le nombre de cases noires est successivement 2, 4, 8, et qu'il est obtenu en doublant le précédent. La position des cases noircies n'intervient pas dans la logique de construction. La seule grille susceptible de prendre la suite est donc celle comportant 16 cases, c'est-à-dire la grille E.

2. Logique numérique, arithmétique et mathématique

1. Les bases

Pour concevoir les suites de nombres, il est nécessaire de connaître des rudiments de calcul.

A. La table de Pythagore

Grâce à ce tableau, on peut retrouver les tables de multiplication.

	1	2	3	4	5	6	7	8	9	10	11	12
1	1	2	3	4	5	6	7	8	9	10	11	12
2	2	4	6	8	10	12	14	16	18	20	22	24
3	3	6	9	12	15	18	21	24	27	30	33	36
4	4	8	12	16	20	24	28	32	36	40	44	48
5	5	10	15	20	25	30	35	40	45	50	55	60
6	6	12	18	24	30	36	42	48	54	60	66	72
7	7	14	21	28	35	42	49	56	63	70	77	84
8	8	16	24	32	40	48	56	64	72	80	88	96
9	9	18	27	36	45	54	63	72	81	90	99	108
10	10	20	30	40	50	60	70	80	90	100	110	120
11	11	22	33	44	55	66	77	88	99	110	121	132
12	12	24	36	48	60	72	84	96	108	120	132	144

Exemple : $7 \times 12 = 12 \times 7 = 84$

Les nombres dans les cases bleues sont des carrés parfaits : $7^2 = 49$, $8^2 = 64$…

CONSEIL DU FORMATEUR

Voici une astuce pour calculer facilement les carrés des nombres dont le chiffre des unités est 5. En observant bien, vous pourrez continuer...

5^2 = 25, 15^2 = 225, 25^2 = 625, 35^2 = 1 225, 45^2 = 2 025, 55^2 = 3 025, 65^2 = 4 225, 75^2 = 5 625, 85^2 = 7 225, 95^2 = 9 025, 105^2 = 11 025...

On observe déjà que tous ces carrés se terminent par 25. Comment trouve-t-on ce qui précède, à partir de 15^2 ?

15 commence par 1 : 1 × 2 = 2 -> 225

25 commence par 2 : 2 × 3 = 6 -> 625

35 commence par 3 : 3 × 4 = 12 -> 1 225, et ainsi de suite.

Pour 95^2 : 9 × 10 = 90 -> 9 025. On multiplie donc le nombre de dizaines par son successeur.

B. Les cubes

Le tableau suivant fournit les cubes des premiers entiers.

x	1	2	3	4	5	6	7	8	9	10	11	12
x^3	1	8	27	64	125	216	343	512	729	1 000	1 331	1 728

C. Les nombres premiers

Un nombre premier est un entier naturel qui a **exactement** deux diviseurs : 1 et lui-même.

Les nombres premiers inférieurs à 100 sont : 2, 3, 5, 7, 11, 13, 17, 19, 23, 29, 31, 37, 41, 43, 47, 53, 59, 61, 67, 71, 73, 79, 83, 89, 97.

ATTENTION

Il existe des faux amis :

27 = 3^3 ; 33 = 3 × 11 ; 39 = 3 × 13 ; 49 = 7^2 ; 51 = 3 × 17 ; 57 = 3 × 19 ;

63 = 7 × 9 ; 69 = 3 × 23 ; 77 = 7 × 11 ; 81 = 9^2 ; 93 = 3 × 31 ; 99 = 9 × 11.

D. Les factorielles

Cette suite est la suite des factorielles : 2, 6, 24, 120, 720, 5 040, 40 320…

On note *n!* (lire « factorielle *n* ») le produit de *n* nombres consécutifs décroissants à partir de *n*.

2! = 2 × 1 = 2 ; 3! = 3 × 2 × 1 = 3 × 2 = 6 ; 4! = 4 × 3 × 2 × 1 = 4 × 6 = 24, et ainsi de suite. Par convention 1! = 0! = 1.

E. Les puissances de 2

Cette suite est la suite des puissances de 2 : 1, 2, 4, 8, 16, 32, 64, 128, 256, 512, 1 024…

F. La suite de Fibonacci

Il s'agit de la série de nombres entiers dont les deux premiers sont des 1 et dont chaque nombre suivant s'obtient en additionnant les deux précédents : 1, 1, 2, 3, 5, 8, 13, 21, 34, 55, 89…

2. Les opérations

S'il est indispensable de bien connaître les bases, voire un peu plus, il est aussi utile d'utiliser la théorie, notamment la **distributivité**. Ainsi, pour multiplier par 11, on peut décomposer ainsi :

$11 \times 47 = (10 + 1) \times 47 = 470 + 47 = 517$; $11 \times 108 = 1\,080 + 108 = 1\,188$…

De même, en utilisant les identités remarquables :

$31^2 = (30 + 1)^2 = 30^2 + 2 \times 30 \times 1 + 1^2 = 900 + 60 + 1 = 961$

$81^2 = (80 + 1)^2 = 80^2 + 2 \times 80 \times 1 + 1^2 = 6\,400 + 160 + 1 = 6\,561$

On peut aussi, à partir des opérations usuelles, créer de nouvelles opérations.

Exemple : Sachant que $a \Delta b = \frac{a + b}{2}$, quelle est la valeur de $8 \Delta 92$?

A. 100 **B.** 50 **C.** 200 **D.** 3 **E.** 97

Réponse : B. En effet : $\frac{8 + 92}{2} = \frac{100}{2} = 50$.

Exercices

❶ Dans l'égalité $\frac{3}{4} * \frac{5}{12} = \frac{1}{3}$ le signe * remplace l'une des quatre opérations +, –, ×, ÷. L'égalité est vérifiée lorsque * remplace :

A. – **B.** + **C.** × **D.** ÷

❷ Sachant que 9 * 100 = 30 et 25 * 16 = 20, combien vaut 36 * 49 ?

A. 18 **B.** 39 **C.** 42 **D.** 64 **E.** 10

❸ Sachant que 3 * 4 = 5 et 5 * 12 = 13, combien vaut 6 * 8 ?

A. 14 **B.** 9 **C.** 11 **D.** 12 **E.** 10

❹ Quel domino complète la série ?

1	4	5	3	?
1	8	15	12	?

	A.	B.	C.	D.	E.
haut	6	7	2	8	9
bas	30	21	8	48	36

❺ Trouver les deux derniers nombres de la série 5, 3, 6, 4, 8, 6, 12, ?, ?.

❻ Remplacer les points d'interrogation par les bons chiffres.

8 1 9	6 3 8	4 5 7	2 7 6	? ? ?

A.	B.	C.	D.	E.
1 6 4	0 3 2	1 9 3	2 8 5	0 9 5

❼ Quel est le nombre manquant ?

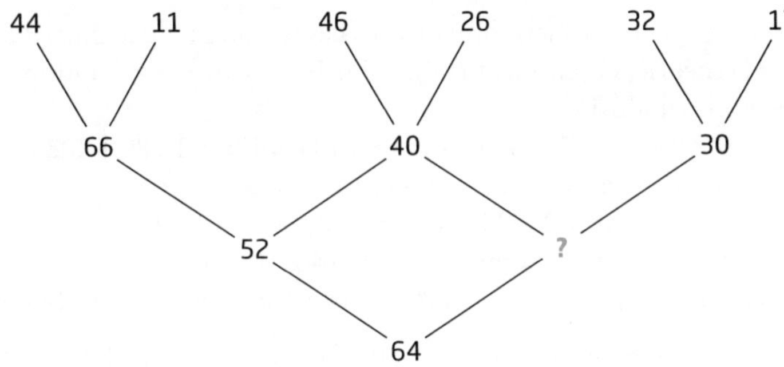

Corrigé

❶ A. En effet : $\frac{3}{4} - \frac{5}{12} = \frac{9}{12} - \frac{5}{12} = \frac{4}{12} = \frac{4 \div 4}{12 \div 4} = \frac{1}{3}$.

❷ C. On remarque que a * b = $\sqrt{a} \times \sqrt{b}$. En effet : $\sqrt{9} \times \sqrt{100} = 3 \times 10 = 30$ et $\sqrt{25} \times \sqrt{16} = 5 \times 4 = 20$. Donc $\sqrt{36}\sqrt{49} = 6 \times 7 = 42$.

❸ E. En effet : 3 * 4 = $\sqrt{3^2 + 4^2} = \sqrt{9 + 16} = \sqrt{25} = 5$.

5 * 12 = $\sqrt{5^2 + 12^2} = \sqrt{25 + 144} = \sqrt{169} = 13$.

Donc 6 * 8 = $\sqrt{6^2 + 8^2} = \sqrt{36 + 64} = \sqrt{100} = 10$.

❹ A. Si l'on tient compte de la simplification des fractions, on a successivement : $1, \frac{1}{2}, \frac{1}{3}, \frac{1}{4}$ et on doit s'attendre à $\frac{1}{5}$. Il s'agit donc de la fraction $\frac{6}{30}$.

❺ En partant de 5, on retranche tout d'abord 2, puis on multiplie par 2, puis on retranche 2, puis on multiplie par 2, et ainsi de suite. Les deux nombres suivants sont 10 et 20.

❻ E. On remarque que la somme des chiffres décroît de 1 entre chaque série : 18, 17, 16, 15. Il faut finir par 14, qui est obtenu par la série 0, 9, 5.

❼ Ici, quelles que soient les réponses possibles fournies, il n'y a pas d'espoir de trouver la solution tant que l'on n'a pas compris la logique de l'arbre. Partons du nombre en haut à gauche :
$(44 - 11) \times 2 = 33 \times 2 = 66$; $(46 - 26) \times 2 = 20 \times 2 = 40$; $(32 - 17) \times 2 = 15 \times 2 = 30$
La même logique reste valable pour les autres nombres : $(66 - 40) \times 2 = 26 \times 2 = 52$ et donc $(40 - 30) \times 2 = 10 \times 2 = 20$. On vérifie alors que $(52 - 20) \times 2 = 32 \times 2 = 64$.
Il faut donc remplacer le point d'interrogation par 20.

3. Numération

Les Égyptiens, les Aztèques, les Romains écrivaient les nombres à leur façon. Vous savez que XIV est l'écriture romaine de 14. Où qu'ils soient placés dans l'écriture romaine, X symbolise 10 unités et V symbolise 5 unités.

Dans notre système de numération, 5 symbolise 5 unités, 5 dizaines (donc 50 unités), 5 centaines (donc 500 unités) selon la place qu'il occupe dans l'écriture du nombre. C'est pourquoi notre système de numération est un système de numération de position.

De même que nous écrivons les mots avec des lettres, nous écrivons les nombres avec dix chiffres : 0, 1, 2, 3, 4, 5, 6, 7, 8, 9.

Le tableau suivant récapitule la valeur des chiffres dans l'écriture d'un nombre.

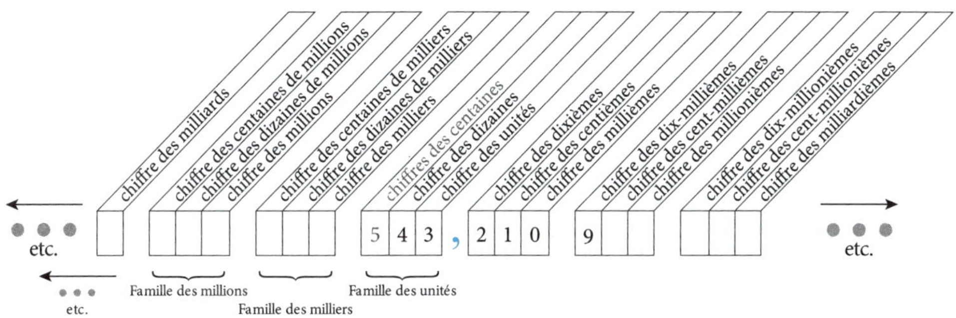

Prenons le nombre 543,2109 : sa partie entière (à gauche de la virgule) est 543 : 5 centaines + 4 dizaines + 3 unités, donc 500 + 40 + 3. Sa partie décimale (à droite de la virgule) est 0,2109.

NOTES DU FORMATEUR

1. On peut ajouter autant de zéros que l'on veut à droite de la partie décimale ou à gauche de la partie entière.

Donc : 543,2109 = 0543,2109 = 00543,2109000 = 543,21090, etc.

2. Remarquez que, à gauche de la virgule, il y a des mots en **aine** (dizaine, centaine, etc.) et à droits des mots en **ième** (dixième, centième, etc.).

3. Il est nécessaire de bien différencier « chiffre des » et « nombre de ». En effet, le **chiffre des dizaines** du nombre précédent est 4. Cela signifie que la case « chiffre des dizaines » est occupée par le chiffre 4. Si l'on parle du nombre de dizaines, on cherche à savoir combien il y a de fois 10 dans ce nombre. Dans notre exemple, **le nombre de dizaines** est 54 car $543{,}2109 = 54 \times 10 + 3{,}2109$.

De même, le nombre de millièmes est 543 210 car $543{,}2109 = 543\,210 \times \dfrac{1}{1\,000} + 0{,}0009$.

4. Calcul numérique

1. Les concepts élémentaires

A. Les ensembles de nombres

Les **entiers naturels** sont les nombres que vous connaissez depuis le CP : 0 ; 1 ; 2 ; 3 ; 4 ; etc.

Les **entiers relatifs** sont les entiers naturels auxquels on adjoint leurs opposés : … –4 ; –3 ; –2 ; –1 ; 0 ; +1 ; +2 ; +3 ; +4 ; etc.

Les **nombres décimaux** sont les nombres qui ont un nombre fini de décimales. Ils peuvent être positifs ou négatifs.

Lorsqu'on parle des **nombres réels**, on parle des nombres précédents et aussi de ceux qui ne sont pas décimaux, comme $\frac{5}{3}$ ou $\sqrt{2}$ ou e.

B. Les multiples

Un **multiple** de 3 est un nombre qui figure comme résultat dans la table de 3. Récitons-la : 0, 3, 6, 9, 12, etc. De même, les multiples de 19 sont : 0, 19, 38, 57, 76, etc.

Par conséquent, tout multiple de 3 s'écrit sous la forme $3n$ (c'est-à-dire 3 fois n), où n désigne un entier naturel quelconque. De même, tout multiple de 19 s'écrit sous la forme $19n$.

RAPPELS DU FORMATEUR

- 0 est un multiple de n'importe quel nombre (y compris de lui-même !).
- Les multiples de 2 s'appellent des nombres pairs. Tout nombre pair s'écrit donc sous la forme $2n$, où n désigne un entier naturel quelconque.
- Un nombre impair est un nombre qui n'est pas pair. Par conséquent, tout nombre impair s'écrit sous la forme $2n + 1$ où n désigne un entier naturel quelconque.

C. Les carrés parfaits

Un **carré parfait** est un nombre entier qui est le produit d'un entier par lui-même. Il s'écrit sous la forme n^2 où n est un entier naturel quelconque. Voici la liste des premiers carrés parfaits : 0, 1, 4, 9, 16, 25, 36, 49, 64, 81, 100, 121, 144, 169, 196, 225, 256, 289, 324, 361, 400, etc.

D. Les racines carrées

Les deux règles d'or :

1. Seuls les nombres positifs ont une racine carrée.

2. Une racine carrée est un nombre positif.

Exemples : $\sqrt{0} = 0$; $\sqrt{1} = 1$; $\sqrt{4} = 2$; $\sqrt{9} = 3$; $\sqrt{16} = 4$; $\sqrt{25} = 5$; etc.

E. Les exposants

Lorsqu'on parle d'**exposants**, le meilleur moyen de retenir les formules qui leur sont attachées est de revenir à chaque fois aux sources.

$$9^4 = \underbrace{9 \times 9 \times 9 \times 9}_{9 \text{ est écrit 4 fois}} \quad \text{et} \quad 9^3 = \underbrace{9 \times 9 \times 9}_{9 \text{ est écrit 3 fois}}$$

$$\text{donc : } 9^4 \times 9^3 = \underbrace{9 \times 9 \times 9 \times 9}_{9 \text{ est écrit 4 fois}} \times \underbrace{9 \times 9 \times 9}_{9 \text{ est écrit 3 fois}} = \underbrace{9 \times 9 \times 9 \times 9 \times 9 \times 9 \times 9}_{9 \text{ est écrit 7 fois}} = 9^7$$

D'autre part, on démontre que $9^{-1} = \frac{1}{9}$; $9^{-2} = \frac{1}{9^2}$; $9^{-3} = \frac{1}{9^3}$; etc.

$$\text{donc, par simplification : } \frac{9^5}{9^7} = \frac{\underbrace{9 \times 9 \times 9 \times 9 \times 9}_{9 \text{ est écrit 5 fois}}}{\underbrace{9 \times 9 \times 9 \times 9 \times 9 \times 9 \times 9}_{9 \text{ est écrit 7 fois}}} = \frac{1}{9 \times 9} = \frac{1}{9^2} = 9^{-2} \; (= 9^{5-7})$$

On généralise facilement ces exemples pour en tirer les règles de calcul suivantes, valables pour tout réel a non nul ainsi que tous entiers n et p :

$$a^n \times a^p = a^{n+p} \qquad (a^n)^p = a^{np}$$

$$\frac{a^n}{a^p} = a^{n-p} \qquad a^{-n} = \frac{1}{a^n}$$

NOTES DU FORMATEUR

- On a bien sûr, pour tout entier naturel n : $0^n = 0$ et $1^n = 1$.
- $a^0 = 1$ et $a^1 = a$ pour tout réel a.

F. L'opposé

La notion d'**opposé** est liée à l'addition. L'opposé du nombre a est le nombre b qui réalise l'égalité $a + b = 0$. Ce nombre b se note $-a$. Ainsi **l'opposé de a est $-a$** et $\boldsymbol{a + (-a) = 0}$.

Sur un axe, deux nombres opposés sont symétriques par rapport à l'origine.

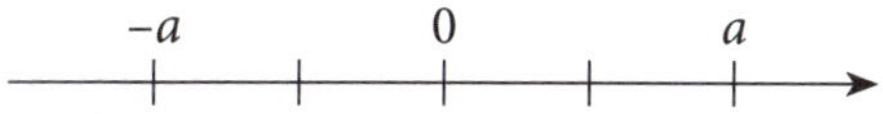

RAPPEL DU FORMATEUR

0 est le seul nombre égal à son opposé.

On utilise aussi l'opposé dans la soustraction : $a - b = a + (-b)$ c'est-à-dire : « a moins $b = a$ plus l'opposé de b ».

G. L'inverse

La notion d'**inverse** est liée à la division. L'inverse d'un nombre non nul a est le nombre b qui réalise l'égalité $a \times b = 1$. Le nombre b se note $\frac{1}{a}$. Ainsi, **l'inverse de a est $\frac{1}{a}$ et $a \times \frac{1}{a} = 1$.**

> **NOTE DU FORMATEUR**
>
> 0 est le seul nombre qui n'a pas d'inverse.
>
> Il existe deux nombres, et deux seulement, qui sont égaux à leur inverse : 1 et -1.
>
> Ainsi $\frac{1}{1} = 1$ et $\frac{1}{-1} = -1$.

On utilise aussi l'inverse dans la division : $a \div b = a \times \frac{1}{b} = \frac{a}{b}$. L'inverse de a se note aussi a^{-1}.

2. Les opérations

A. L'addition de nombres positifs

Cette opération n'engendre pas de problème particulier, sauf peut-être pour les nombres décimaux qu'il faut bien aligner sur la virgule. Pour rappel, 27 = 27,0 par exemple.

$$\begin{array}{rrrrr} & & 4, & 3 & \\ + & & 0, & 6 & 8 \\ + & 2 & 7 & & \\ \hline & 3 & 1, & 9 & 8 \end{array}$$

addition bien posée

$$\begin{array}{rrrrr} & 1 & 5, & 0 & 7 \\ + & & & 3, & 8 \\ \hline \end{array}$$

addition mal posée

B. L'addition de nombres relatifs

RAPPEL DU FORMATEUR

La valeur absolue d'un nombre relatif est lui-même s'il est positif et son opposé s'il est négatif. C'est pourquoi la valeur absolue de 13 est 13 et la valeur absolue de -13 est -(-13) c'est-à-dire 13. 13 et -13 ont la même valeur absolue.

1. Si les deux nombres sont de même signe, on additionne leurs valeurs absolues et on donne au résultat le signe des deux nombres.

Exemple : (–2) + (–6) = –8. En effet, (–2) et (–6) étant négatifs, le résultat est négatif. On obtient 8 en effectuant 2 + 6.

2. Si les deux nombres sont de signes contraires, on soustrait leurs valeurs absolues (la plus grande **moins** la plus petite) et on donne au résultat le signe du nombre qui a la plus grande valeur absolue.

Exemple : (+2) + (–7) = –5. C'est (–7) qui a la plus grande valeur absolue ; il donne son signe – au résultat. On obtient 5 en effectuant 7 – 2.

C. La soustraction

Quand on pose une soustraction de nombres décimaux, il faut prendre les mêmes précautions que pour les additions posées.

Par ailleurs, une soustraction se ramenant facilement à une addition [$(a - b = a + (-b)$], il suffit de savoir calculer numériquement une addition pour calculer numériquement une soustraction.

D. La multiplication

On a 35,1 × 2,04 = 71,604. Dans un premier temps, on ne tient pas compte de la virgule : 351 × 20 = 71 604 (voir ci-dessous). Dans la multiplication de départ, on compte trois chiffres à droite de la virgule (1, 0 et 4) donc on décale la virgule du résultat (71 604,0) de trois rangs vers la gauche.

		3	5,	1	
×			2,	0	4
		1	4	0	4
	7	0	2	0	•
	7	1,	6	0	4

E. La multiplication par 0,1 ; 0,01... et par 10 ; 100...

1. Pour multiplier un nombre par 0,1 on déplace la virgule d'un rang vers la gauche.

Pour multiplier un nombre par 0,01 on déplace la virgule de deux rangs vers la gauche. Et ainsi de suite.

Exemple : 5,8 × 0,01 = 0,058

S'il n'y a pas de virgule, on en ajoute une, suivie de un ou plusieurs 0.

Exemple : $7 \times 0{,}01 = 7{,}0 \times 0{,}01$; donc $7 \times 0{,}01 = 0{,}070 = 0{,}07$

2. Pour multiplier un nombre par 10, on déplace la virgule d'un rang vers la droite.
Pour multiplier un nombre par 100, on déplace la virgule de deux rangs vers la droite. Et ainsi de suite.
S'il n'y a pas de virgule, on ajoute un ou plusieurs 0 à droite du nombre.
Exemples : $27 \times 10 = 270$; $48 \times 100 = 4\,800$; $54 \times 1\,000 = 54\,000$; etc.

F. La division

On ne vous demandera pas d'effectuer des divisions compliquées car vous ne pouvez pas utiliser la calculatrice au concours. Cependant, il faut connaître quelques techniques élémentaires :

- diviser par 4, c'est prendre la moitié puis la moitié de cette moitié ($68 \div 4 = 34 \div 2 = 17$) ;
- diviser par 10 ; 100 ou 1 000, c'est multiplier par 0,1 ; 0,01 ou 0,001 ;
- diviser par 5, c'est multiplier par 2, puis diviser par 10 ($82 \div 5 = 82 \times 2 \div 10 = 164 \div 10 = 16{,}4$).

RAPPEL DU FORMATEUR

On ne le répétera jamais assez. La division par 0 est une opération impossible. Cependant, $\frac{0}{a} = 0$, pourvu que a soit différent de 0.

G. La règle des signes

- Le produit et le quotient de deux nombres de même signe est un nombre positif.
- Le produit et le quotient de deux nombres de signes contraires est un nombre négatif.

3. Les priorités opératoires

Vous le savez depuis le collège, les exposants sont prioritaires sur les multiplications et divisions (qui ont le même niveau de priorité), elles-mêmes prioritaires sur les additions et soustractions (qui ont le même niveau de priorité). De plus, il faut d'abord exécuter les calculs entre parenthèses.

Exemple : $5 \times 2^3 - 10 + 24 \div (1 + 5)$.

Pour calculer 5×2^3, il faut d'abord effectuer 2^3.

Pour calculer $-10 + 24 \div (1 + 5)$, il faut d'abord résoudre le calcul à l'intérieur de la parenthèse, puis effectuer la division, prioritaire sur l'addition. Voici le calcul exact :

$5 \times 2^3 - 10 + 24 \div (1 + 5)$
$= 5 \times 8 - 10 + 24 \div 6$ *(exposant et parenthèses)*
$= 40 - 10 + 4$ *(multiplication et division, de même priorité)*
$= 30 + 4$ *(on effectue les calculs dans l'ordre)*
$= 34$

5. Diviseurs d'un nombre entier

1. Énoncé des critères

Dans toute la suite, n désigne un entier naturel.

■ **Critère de divisibilité par 2 et 5 :** n est divisible par 2 (*respectivement* par 5) si et seulement si son chiffre des unités est pair (*respectivement* est 0 ou 5).

■ **Critère de divisibilité par 3 et 9 :** n est divisible par 3 (*respectivement* par 9) si et seulement si la somme de ses chiffres est divisible par 3 (*respectivement* par 9).

■ **Critère de divisibilité par 4 et 25 :** n est divisible par 4 (*respectivement* par 25) si et seulement si le nombre formé par les deux derniers chiffres est divisible par 4 (*respectivement* 25).

NOTES DU FORMATEUR

- 1 752 est divisible par 4 car 52 est divisible par 4. Comment le sait-on ? 52 = 40 + 12, et 40 et 12 sont divisibles par 4. Par contre, 62 n'est pas divisible par 4 car 62 = 60 + 2 ; 60 est bien divisible par 4, mais pas 2.
- Les terminaisons possibles des nombres divisibles par 25 sont donc 00, 25, 50 et 75.

■ **Critère de divisibilité par 50 :** n est divisible par 50 si et seulement si ses deux derniers chiffres sont 00 ou 50.

■ **Critère de divisibilité par 10 et 100 :** n est divisible par 10 (*respectivement* par 100) si et seulement si son chiffre des unités est 0 (*respectivement* si les deux derniers chiffres sont 00).

■ **Critère de divisibilité par 11 :** n est divisible par 11 si et seulement si la somme alternée de ses chiffres est divisible par 11.

Exemple : La somme alternée de 123 456 est $6 - 5 + 4 - 3 + 2 - 1$.

ATTENTION

Il est tentant d'inventer des critères de divisibilité sur le modèle de 6.
En effet, un entier naturel n est divisible par 6 si et seulement si il est divisible à la fois par 2 et par 3 car $6 = 2 \times 3$. Cependant, bien que 18 soit divisible par 6 et par 9, 18 n'est pas divisible par 6×9, c'est-à-dire 54. Pourquoi ? Parce que 6 et 9 ont un diviseur en commun : 3.

2. Exemples

	Questions	A	B	C
1	Parmi les nombres suivants, quel est celui qui est divisible par 3 ?	1 003	3 002	5 001
2	Parmi les nombres suivants, quel est celui qui n'est pas divisible par 4 ?	50 008	89 172	47 014
3	Parmi les nombres suivants, quel est celui qui est divisible par 11 ?	111 111	11 111	1 111 111
4	Parmi les nombres suivants, quel est celui qui n'est pas divisible par 25 ?	234 875	890 045	3 124 050
5	Parmi les nombres suivants, quel est celui qui est divisible par 6 ?	50 006	21 108	871 216
6	Parmi les nombres suivants, quel est celui qui n'est pas divisible par 50 ?	123 450	987 625	238 970 600
7	On pose $n = 1\ 2■9$. Par quel chiffre faut-il remplacer le symbole ■ pour que n soit divisible par 9 ?	9	6	0
8	On pose $n = 87\ 32■$. Par quel chiffre faut-il remplacer le symbole ■ pour que n soit divisible par 25 ?	0	9	5
9	On donne un entier naturel à six chiffres : $n = ■23\ 400$. Peut-on remplacer le symbole ■ par un chiffre pour que n soit divisible par 9 ?	Oui	Non	
10	On pose $n = 99\ ■00$. Peut-on remplacer le symbole ■ par un chiffre pour que n soit divisible par 11 ?	Oui	Non	

Réponses		Rappels de cours
1	C	La somme de ses chiffres est égale à 6.
2	C	08 et 72 sont divisibles par 4, mais pas 14. (En effet, $72 = 80 - 8$ et 80 et 8 sont divisibles par 4.)
3	A	La somme alternée $1 - 1 + 1 - 1 + 1 - 1$ est égale à 0.
4	B	Le nombre formé par les deux derniers chiffres est égal à 45, qui n'est pas divisible par 25.
5	B	21 108 est évidemment divisible par 2. Il l'est aussi par 3 car $2 + 1 + 1 + 8 = 12$ et 12 est divisible par 3.
6	B	987 625 n'étant pas pair, il n'est pas divisible par 50.
7	B	En remplaçant le symbole ■ par 6, la somme $1 + 2 + 6 + 9$ est égale à 18 qui est divisible par 9.
8	C	Selon le critère de divisibilité par 25, la terminaison de n ne peut être que 25.
9	A	Comme $2 + 3 + 4 = 9$, la seule possibilité pour ■ est 9.
10	A	Il suffit de remplacer le symbole ■ par 0 ; alors $n = 99\ 000 = 9 \times 11\ 000$.

Exercices

1 On cherche un nombre décimal avec trois chiffres après la virgule dont le chiffre des centièmes est 5 et le nombre de dixièmes est 26, ce nombre est égal à :

A. 26,581 B. 2,657 C. 0,265 D. 5,264

2 Quel est l'écart entre 0,9 et 0,10 ?

A. 0,01 B. 0,8 C. 0,09 D. 0,1

Corrigé

❶ **B.** Le nombre recherché n'est pas le **A** car 8 est le chiffre des dixièmes ; ce n'est pas le **C** car 5 est son chiffre des millièmes ; ce n'est pas le **D** car le nombre de ses dixièmes est 52. Il reste le **B**, qui peut s'écrire : $2 + \frac{6}{10} + \frac{5}{100} + \frac{7}{1\,000} = \frac{26}{10} + \frac{5}{100} + \frac{7}{1\,000}$

❷ **B.** Voici des questions équivalentes à celle posée :
- Trouver l'écart entre 9 dixièmes et 10 centièmes, c'est-à-dire entre 90 centièmes et 10 centièmes, ou 9 dixièmes et 1 dixième.
- Trouver l'écart entre 0,9 et 0,1 (on a ôté le zéro inutile).
- Trouver l'écart entre 0,90 et 0,10 (on a ajouté un zéro inutile).

La réponse est donc 80 centièmes, ou 8 dixièmes ou 0,8 ou encore 0,8, c'est-à-dire la réponse **B**.

6. Calcul littéral

Dans ce chapitre, les lettres minuscules des calculs désignent des nombres réels.

1. Les fractions

RAPPEL

La fraction $\frac{n}{d}$ a pour numérateur n et pour dénominateur d.

Les fractions $\frac{8}{7}$, $\frac{11}{7}$ et $\frac{3}{7}$ peuvent se lire « huit septièmes, onze septièmes et trois septièmes, etc. ». Le 7 donne son nom à la fraction ; il la dénomme. C'est pourquoi on l'appelle le dénominateur.

A. Les règles de calcul

Vous connaissez depuis votre plus tendre enfance les règles suivantes (en supposant que l'on n'effectue aucune division par 0) :

$$\frac{a}{d}+\frac{b}{d}=\frac{a+b}{d} \qquad \frac{a}{d}-\frac{b}{d}=\frac{a-b}{d} \qquad \frac{ka}{kb}=\frac{a}{b} \qquad (1)$$

$$\frac{a}{b}+\frac{c}{d}=\frac{ad+bc}{bd} \qquad \frac{a}{b}-\frac{c}{d}=\frac{ad-bc}{bd} \qquad -\frac{a}{b}=\frac{-a}{b}=\frac{a}{-b} \qquad (2)$$

$$\frac{a}{b}\times\frac{c}{d}=\frac{ac}{bd} \qquad a\times\frac{c}{d}=\frac{a}{1}\times\frac{c}{d}=\frac{ac}{d} \qquad \frac{a}{b}\div\frac{c}{d}=\frac{a}{b}\times\frac{d}{c}=\frac{ad}{bc} \qquad (3)$$

Vous connaissez aussi les pièges classiques :

$$\frac{a}{b}+\frac{c}{d}\neq\frac{a+c}{b+d} \qquad \frac{a+b}{a+c}\neq\frac{b}{c} \qquad \frac{1}{a+b}\neq\frac{1}{a}+\frac{1}{b} \qquad a\times\frac{b}{c}\neq\frac{ab}{ac}$$

B. Commentaires

Les égalités (1) montrent que l'on peut effectuer la somme ou la différence de deux fractions à condition qu'elles aient le même dénominateur.

Elles montrent aussi que l'on peut multiplier le numérateur et le dénominateur d'une fraction par un **même** nombre sans en changer la valeur $\left(\frac{a}{b}=\frac{ka}{kb}\right)$ et que l'on peut aussi diviser le numérateur et le dénominateur d'une fraction par un **même** nombre sans en changer la valeur $\left(\frac{ka}{kb} = \frac{a}{b}\right)$.

Exemple : $\frac{1}{2} + \frac{5}{6} = \frac{3}{6} + \frac{5}{6} = \frac{8}{6} = \frac{4}{3}$

Les égalités (2) montrent aussi que l'opposé d'une fraction peut se calculer de deux façons : $\frac{\text{opposé du numérateur}}{\text{dénominateur}}$ ou $\frac{\text{numérateur}}{\text{opposé du dénominateur}}$. Dans la notation $-\frac{a}{b}$, remarquez la place du signe « moins » qui se trouve au même niveau que la barre de fraction.

Les égalités (3) montrent que, pour multiplier deux fractions entre elles, il suffit de multiplier les numérateurs entre eux et les dénominateurs entre eux. Il est inutile de réduire les deux fractions au même dénominateur.

2. Les parenthèses et le signe « moins »

Lorsque l'on effectue des additions, on peut placer et déplacer des parenthèses comme on le veut et déplacer les termes comme on le veut :

$(a + b + c) + (d + e) + f = a + (b + c) + (d + e + f) = (d + a) + f + (b + c + e)$

Avec la soustraction, on ne peut pas déplacer les termes comme on veut :

$a - b - c \neq b - a - c$ et $a - (b - c) \neq (a - b) - c$

Pour ceux qui sont fâchés avec le signe « moins », il y a un moyen simple, mais un peu lourd, de ne pas se tromper : il suffit de transformer les soustractions en additions de l'opposé, et de transformer les expressions du type –(…) en expressions du type (–1) × (…). On tombe ainsi dans le monde enchanté de l'addition où tout, ou presque, est permis. Ainsi :

$a - b - c = a + (-b) + (-c) = (-b) + a + (-c) = -b + a - c$

$a - (b - c) = a + (-1) \times [b + (-c)] = a + (-1) \times b + (-1) \times (-c) = a + (-b) + c = a - b + c$

3. La distributivité

A. L'énoncé et ses conséquences

La distributivité de la multiplication par rapport à l'addition est la propriété qui s'énonce ainsi :

$$k(a + b) = ka + kb = (a + b)k$$

On en déduit ce que l'on appelle parfois la double distributivité :

$$(a + b)(c + d) = ac + ad + bc + bd$$

On peut l'illustrer avec le schéma suivant :

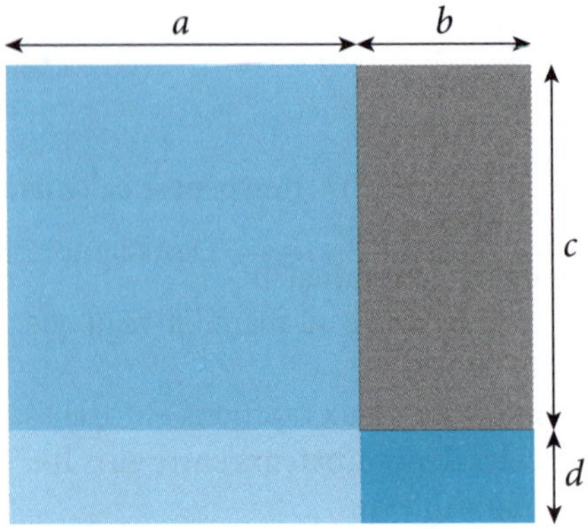

$(a + b)(c + d) = ac + ad + bc + bd$

L'aire du grand rectangle de dimensions $a + b$ et $c + d$ est en effet égale à la fois à $(a + b)(c + d)$ et à la somme des aires des quatre rectangles de couleur qui le composent.

Avec la soustraction, on en déduit :

$(a + b)(c - d) = ac - ad + bc - bd$ et $(a - b)(c - d) = ac - ad - bc + bd$

B. Les identités remarquables

$$(a + b)^2 = a^2 + 2ab + b^2$$

$$(a - b)^2 = a^2 - 2ab + b^2$$

$$(a + b)(a - b) = a^2 - b^2$$

On retrouve ces égalités en utilisant la distributivité : $(a + b)^2 = (a + b)(a + b)$.

4. L'exploitation des quotients (ou rapports)

Le diagramme ci-dessous résume l'exploitation que l'on peut faire de l'égalité $\frac{a}{b} = \frac{c}{d}$.

On peut aussi exploiter ces indications lorsque l'on a simplement $a = \frac{c}{d}$ ou $\frac{a}{b} = c$ car ces écritures sont équivalentes respectivement à $\frac{a}{1} = \frac{c}{d}$ et $\frac{a}{b} = \frac{c}{1}$.

Égalité de rapports

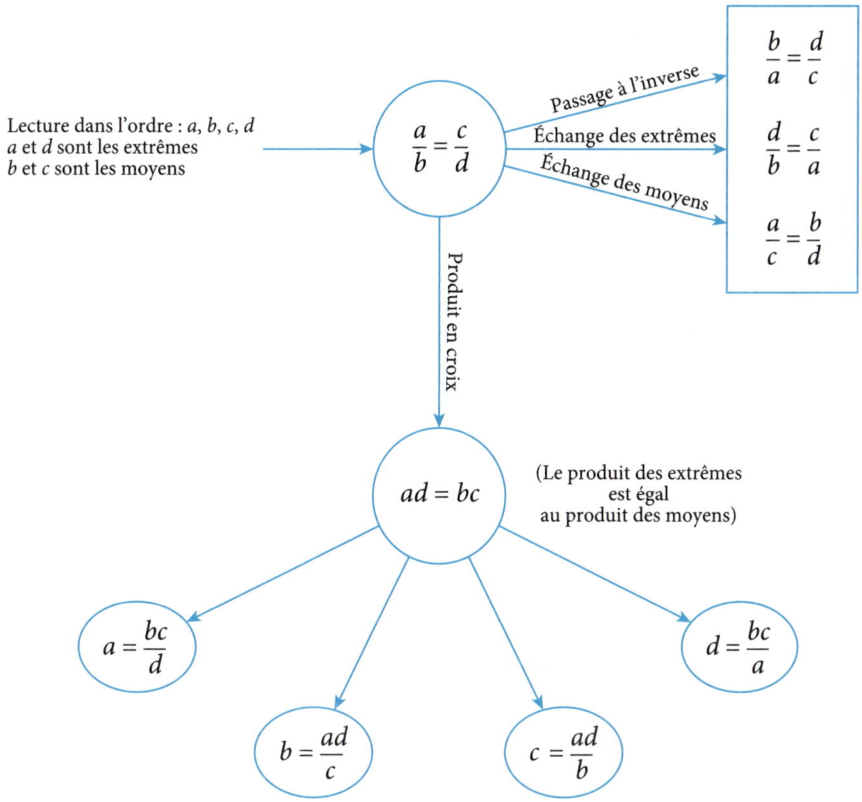

RÉUSSIR LES ÉPREUVES ÉCRITES
Raisonnement et compétences

7. Équations du premier degré

Dans ce chapitre, nous n'étudierons que les équations du premier degré, c'est-à-dire les équations dans lesquelles l'exposant de la ou des inconnues est 1.

1. Les deux grands principes de résolution

On note x l'inconnue. Les équations auxquelles on s'intéresse peuvent toutes se ramener à une équation du type $ax = b$, où $a \neq 0$.

Puisque $ax = b$ équivaut à $x = b \div a = \frac{b}{a}$, la solution de l'équation précédente est le nombre $\frac{b}{a}$.

Toute résolution doit donc concourir à transformer l'équation initiale en $ax = b$. Pour cela, on utilise les deux grands principes de résolution illustrés ci-dessous à travers la résolution de l'équation $6x - 1 = 3(x + 5)$.

A. Le principe de développement

La première procédure à effectuer est de supprimer toutes les parenthèses.

$6x - 1 = 3(x + 5) \Leftrightarrow 6x - 1 = 3x + 15$

B. Le principe d'équilibre

- Lorsque l'on additionne ou soustrait le même nombre aux deux membres d'une équation, on obtient une équation qui lui est équivalente.
- Lorsque l'on multiplie ou divise les deux membres d'une équation par le même nombre différent de 0, on obtient une équation équivalente.

En un mot, on ne change pas l'équilibre de l'égalité en effectuant les mêmes opérations des deux côtés de cette égalité.

Ainsi : $6x - 1 = 3x + 15 \Leftrightarrow 6x - 1 + \mathbf{1} = 3x + 15 + \mathbf{1}$ (on a ajouté 1 aux deux membres de l'équation).

Après calcul, on trouve : $6x = 3x + 16$.

Puis : $6x = 3x + 16 \Leftrightarrow 6x - \mathbf{3x} = 3x - \mathbf{3x} + 16 \Leftrightarrow 3x = 16$.

Finalement : $x = \frac{16}{3}$.

ATTENTION

Nous mettons en garde les fanatiques du « je transpose à droite », « je fais passer à gauche », « je fais passer à droite en changeant de signe »...

Les erreurs du type $5x = 2 \Rightarrow x = 2 - 5 = -3$ ou $3 = 7x \Rightarrow x = \frac{3}{-7}$ sont loin d'être rares.

C. Cas spéciaux

1. Si des expressions figurent au dénominateur, on peut résoudre l'équation en utilisant un produit en croix.

Exemple : L'équation $\frac{3}{x+1} = -\frac{5}{x}$ est équivalente à $3x = -5(x + 1)$ et on la résout comme ci-dessus.

2. Pour résoudre l'équation $-\frac{2}{3}x = 7$ on utilise la même technique.

$$x = 7 \div \left(-\frac{2}{3}\right) = 7 \times \left(-\frac{3}{2}\right) = -\frac{21}{2}$$

2. Les systèmes d'équations

Pour résoudre un système de deux équations à deux inconnues *a* et *b*, la technique la plus simple est d'écrire un autre système où l'inconnue *a* (ou l'inconnue *b*) a les mêmes coefficients dans chaque équation.

Exercices

Résoudre le système d'équations suivant :

$$\begin{cases} a + b = 4 \\ 3a + 2b = 0 \end{cases}$$

Corrigé

Les coefficients de *a* sont 1 et 3 et ceux de *b* sont 1 et 2.

En utilisant la technique énoncée précédemment, on obtient $\begin{cases} 3a + 3b = 12 \text{ (multiplication par 3)} \\ 3a + 2b = 0 \end{cases}$

ou $\begin{cases} 2a + 2b = 8 \text{ (multiplication par 2)} \\ 3a + 2b = 0 \end{cases}$

Choisissons le premier système.

En soustrayant la deuxième équation à la première on obtient :

$3a - 3a + 3b - 2b = 12 - 0 \Rightarrow b = \mathbf{12}$

Une fois que b est trouvé, on utilise l'équation que l'on veut pour trouver a.

Par exemple : $a + b = 4 \Rightarrow a + 12 = 4 \Rightarrow a = 4 - 12 = \mathbf{-8}$.

Pour plus de sécurité on reporte ces deux valeurs dans le système de départ et on constate que les égalités sont vérifiées.

3. Équations produits

Nous traitons ici des équations comme $(2x + 1)(x - 4) = 0$, dont le membre de gauche comporte le produit de deux facteurs du premier degré.

Elles sont particulièrement simples à résoudre car si le résultat d'une multiplication est 0, c'est que l'un des facteurs de la multiplication est lui-même égal à 0.

Dans le cas précédent, la multiplication dont il est question comprend deux facteurs qui sont $2x + 1$ et $x - 4$. On a donc nécessairement $2x + 1 = 0$ donc $2x = -1$ et donc $x = -\frac{1}{2}$ ou bien $x - 4 = 0$ c'est-à-dire $x = 4$.

L'équation produit $(2x + 1)(x - 4) = 0$ a donc deux solutions qui sont $-\frac{1}{2}$ et 4.

4. Résolution de $ax^2 + bx + c = 0$

Soit a, b et c, trois nombres et $\Delta = b^2 - 4ac$ (lire : « delta ») le discriminant de l'équation $ax^2 + bx + c = 0$. $a \neq 0$.

Si $\Delta > 0$, alors l'équation a deux solutions qui sont $\frac{-b - \sqrt{\Delta}}{2a}$ et $\frac{-b + \sqrt{\Delta}}{2a}$.

Si $\Delta = 0$, alors l'équation a une seule solution qui est $-\frac{b}{2a}$.

Si $\Delta < 0$, alors l'équation n'a pas de solution.

NOTE DU FORMATEUR

Si l'on nomme x_1 et x_2 les deux solutions, on a la factorisation :
$ax^2 + bx + c = a(x - x_1)(x - x_2)$

8. Probabilités

1. Un peu de théorie

A. Expérience aléatoire

Une expérience aléatoire est une expérience dont le résultat (on dit aussi l'issue) dépend du hasard et ne peut être connu avec certitude.

Par exemple, lorsque l'on jette une pièce de monnaie ordinaire, on ne sait pas quelle est la face qui va apparaître. Le lancer d'une pièce de monnaie est donc une expérience aléatoire. On est sûr qu'il y a deux résultats : PILE ou FACE. Bien entendu, on lance la pièce sur une surface dure ; si c'était sur du sable sec ou de la semoule, elle pourrait tomber sur la tranche !

Le lancer d'un dé ordinaire, le tirage d'une boule dans une urne opaque, le tirage d'une carte d'un jeu sont autant d'expériences aléatoires.

B. Calcul de la probabilité d'un événement

On effectue une expérience aléatoire. Pour calculer la probabilité d'un événement, il suffit de connaître le nombre de résultats possibles (notons N ce nombre) et le nombre de résultats constituant l'événement dont on cherche la probabilité (notons a ce nombre).

La probabilité cherchée est égale à $\frac{a}{N}$.

Exemple : On jette un dé cubique ordinaire. La probabilité d'obtenir un résultat multiple de 3 est égale à $\frac{2}{6} = \frac{1}{3}$. En effet, il y a 6 résultats possibles et 2 résultats constituent l'événement « multiple de 3 » : ce sont 3 et 6.

2. Un peu de pratique

A. Utilisation de listes

On lance une pièce de monnaie ordinaire trois fois. Quelle est la probabilité d'obtenir exactement deux fois FACE ?

PILE

FACE (Italie)

Tous les résultats possibles sont : PPP, PPF, PFP, PFF, FPP, FPF, FFP, FFF. Il y en a 8.

Les résultats constituant l'événement « il y a exactement deux FACE » sont : PFF, FPF, FFP. Il y en a 3.

La probabilité cherchée est donc $\frac{3}{8}$ ou 0,375.

B. Utilisation d'un arbre

L'arbre ci-dessous résume également les résultats de l'expérience.

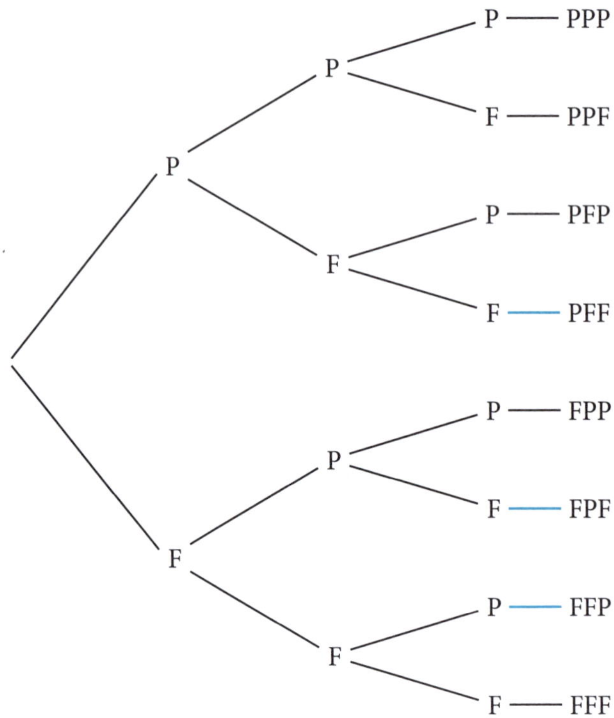

On voit que la probabilité cherchée est bien égale à $\frac{3}{8}$ ou 0,375.

Exercices

1 On lance une pièce de monnaie ordinaire trois fois.

a. On sait que l'on a obtenu une fois PILE. Calculer la probabilité pour que les deux autres lancers soient des FACE.

b. On sait que PILE est apparue au premier lancer. Calculer la probabilité pour que les deux autres lancers soient des FACE.

c. On sait que PILE est apparue au premier lancer et que l'on a obtenu une fois FACE. Calculer la probabilité pour que le lancer restant soit FACE.

2 Je lance une pièce de monnaie ordinaire quatre fois. J'ai une chance sur deux d'avoir autant de PILE que de FACE. Vrai ou faux ?

3 Dans une urne, il y a 6 boules blanches et 4 boules noires. On en tire une ; elle est noire. On ne la remet pas dans l'urne. On effectue alors un nouveau tirage d'une boule. Quelle est la probabilité qu'elle soit blanche ?

4 Une urne contient trois boules. Sur l'une d'elle est marqué le nombre -1, sur une autre le nombre 0 et sur la troisième le nombre 1. On tire au hasard une boule, on note le nombre qu'elle porte, on la remet dans l'urne, puis on effectue un deuxième tirage. On additionne alors les deux nombres obtenus.

Quelle est la probabilité pour que la somme soit égale à 0 ?

5 On lance deux dés cubiques ordinaires : un blanc et un noir. Quel est le plus probable :

a. Obtenir un double ou obtenir un total de points supérieur à 9 ?

b. Obtenir un double ou obtenir un total de points inférieur à 5 ?

On pourra remplir un tableau à double entrée.

6 a. On dispose d'une pièce de monnaie truquée. On sait que, quand on la lance, la probabilité d'obtenir PILE est égale à 0,57. Quelle est la probabilité d'obtenir FACE ?

b. On dispose d'un dé truqué. On sait que, quand on le lance, la probabilité d'avoir 1 est de 0,19, la probabilité d'avoir 3 est de 0,18, et la probabilité d'avoir 5 est de 0,16.

On lance le dé. Quelle est la probabilité que le résultat soit pair ?

7 Dans un sac, il y a des jetons blancs et des jetons noirs. Quand on tire un jeton au hasard, la probabilité d'obtenir un jeton blanc est égale à 0,4. Combien y a-t-il de jetons noirs sachant qu'il y a 75 jetons en tout ?

8 Au jeu de la roulette, dont on voit une représentation ci-contre, a-t-on une chance sur deux d'obtenir un rouge (en bleu ici) ? Un noir ? Pourquoi ?

Corrigé

1 a. Il y a sept possibilités (les huit énoncées en 2. A. moins FFF) et trois jets avec deux FACE. La probabilité cherchée est donc égale à $\frac{3}{7}$.

b. Si PILE est obtenue au premier lancer, il y a quatre listes possibles. Parmi elles, une seule comporte deux FACE ; la probabilité cherchée est donc égale à $\frac{1}{4}$.

c. Il n'y a plus que trois possibilités (les quatre précédentes moins PPP). Il y a une seule possibilité répondant à la question : PFF. La probabilité cherchée est donc égale à $\frac{1}{3}$.

2 Faux. En poursuivant l'arbre de la section 2. B., on voit qu'il y a 16 possibilités en tout. Les listes comportant deux PILE et deux FACE sont au nombre de 6. La probabilité cherchée est donc égale à $\frac{6}{16}$, c'est-à-dire $\frac{3}{8}$.

3 L'arbre ci-contre résume la situation.
La probabilité cherchée est donc égale à $\frac{6}{9} = \frac{2}{3}$.

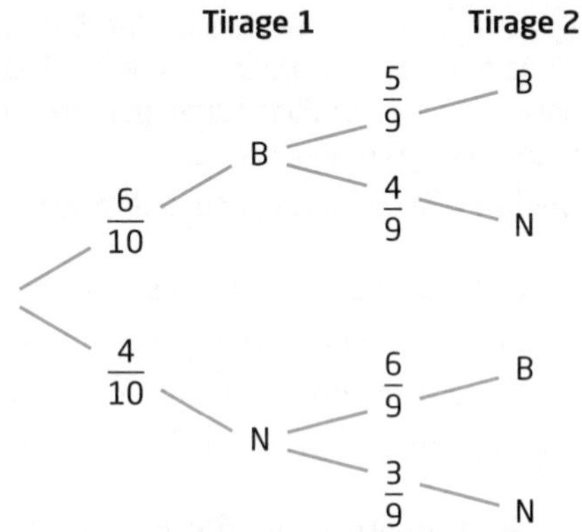

4 D'après le tableau ci-contre, la probabilité cherchée est égale à $\frac{3}{9} = \frac{1}{3}$.

Boule 1 \ Boule 2	-1	0	1
-1	-2	-1	0
0	-1	0	1
1	0	1	2

5 Dans le tableau ci-contre, on a écrit la somme des deux faces des dés. La lecture du tableau montre que tous les événements ont la même probabilité : $\frac{6}{36} = \frac{1}{6}$.

Dé b. \ Dé n.	1	2	3	4	5	6
1	2	3	4	5	6	7
2	3	4	5	6	7	8
3	4	5	6	7	8	9
4	5	6	7	8	9	10
5	6	7	8	9	10	11
6	7	8	9	10	11	12

6 **a.** 1 - 0,57 = 0,43

b. La probabilité pour que le résultat soit impair est égale à 0,19 + 0,18 + 0,16 = 0,53. La probabilité pour que le résultat soit pair est donc égale à 0,47.

7 Il y a 60 % de jetons noirs. Leur nombre est de 0,6 × 75 = 45.

8 Non. La probabilité d'obtenir un numéro rouge est égale à $\frac{18}{37}$, de même que celle d'obtenir un numéro noir.

9. Vitesse

1. Le principe

Si l'on parcourt une distance d en un temps t à la vitesse constante v, alors $d = vt$.

D'autre part, la vitesse moyenne sur une distance donnée peut être une vitesse réelle (c'est le cas de la vitesse d'un train ou d'un avion lorsqu'il a atteint sa vitesse de croisière) ou une vitesse fictive. Ainsi, si l'on parcourt 300 kilomètres en 3 heures, notre vitesse moyenne est de 100 km/h ; pour la trouver, il suffit d'effectuer 300/3 = 100. Cela ne signifie pas que l'on a toujours roulé à 100 km/h ! C'est pourquoi cette vitesse moyenne est fictive.

NOTES DU FORMATEUR

1. Si on exprime d en kilomètres et t en heures, alors v s'exprime en kilomètres par heure (km/h). Si v s'exprime en mètres par seconde (m/s), alors d s'exprime en mètres et t en secondes. Etc.

2. Il est inutile d'utiliser cette formule dans des cas simples ! Par exemple, si vous roulez à la vitesse de 90 km/h, vous mettez une demi-heure pour parcourir 45 km et en quinze minutes (un quart d'heure) vous parcourez le quart de 90 km, c'est-à-dire 22,5 km.

3. D'après la formule $d = vt$, on en déduit $v = \frac{d}{t}$ (c'est-à-dire que la vitesse est le quotient de la distance par le temps : km/h) et $t = \frac{d}{v}$. Par exemple, si l'on parcourt 248 km à la vitesse de 80 km/h, alors on met $\frac{248}{80}$ heures, c'est-à-dire 3,1 heures.

2. Conversions utiles

A. Les durées

3,1 heures signifie 3 heures et un dixième d'heure, c'est-à-dire 3 heures et 6 minutes ; en effet, une heure vaut soixante minutes et un dixième d'heure dix fois moins.

De même, 5 heures et 12 minutes valent 5 heures plus un cinquième d'heure, c'est-à-dire 5,2 heures car un $\frac{1}{5} = 0,2$.

Exemple : Pour réaliser un dessin animé, il faut 24 images par seconde. Combien faut-il d'images pour un dessin animé de 1 min et 40 s ?

A. 3 200 **B.** 1 440 **C.** 4 800 **D.** 2 400 **E.** 3 600

Réponse : **D.** Sachant que 1 min 40 s = 60 s + 40 s = 100 s, il faut donc 24 × 100 = 2 400 images.

B. Les vitesses

Pour convertir des km/h en m/min (mètres pas minute), rien de plus simple : 120 km/h = 120 000 m/60 min donc 120 km/h = 2 000 m/min car $\frac{120\,000}{60} = 2\,000$.

On procède de même pour convertir des mètres par minute en mètres par seconde : 240 m/min = 240 m/60 sec = 4m/sec car $\frac{240}{60} = 4$.

Exemple : J'ai parcouru un trajet de $A \rightarrow B$ à la vitesse de 9 km/h et le même trajet retour $B \rightarrow A$ à la vitesse de 3 km/h. Quelle est ma vitesse moyenne sur le trajet aller-retour ?

Faisons une hypothèse. Supposons que le trajet fasse 9 kilomètres. J'aurais donc mis 4 heures pour faire 18 km : une heure à l'aller et trois heures au retour. Ma vitesse moyenne aurait été de $\frac{18}{4} = 4{,}5$ km/h.

Certes, mais si le parcours n'avait pas été de 9 km ? Cela ne changerait rien à ma vitesse moyenne. En effet, sur le même trajet, donc pour le même nombre de kilomètres, j'ai mis trois fois plus de temps au retour qu'à l'aller. Ce qui fait que sur le *double* de la distance entre A et B, j'ai mis quatre fois plus de temps que sur la distance aller $A \rightarrow B$; j'en déduis *qu'en moyenne* j'ai mis deux fois plus de temps pour parcourir la distance entre A et B que pour parcourir la distance *aller* $A \rightarrow B$. Ainsi, ma vitesse moyenne a été de $\frac{9}{2} = 4{,}5$ km/h.

Voici une dernière solution pour les fanatiques de formules. Soit d la distance AB (égale à BA !), t le temps mis pour parcourir la distance aller $A \rightarrow B$ et t' celui pour parcourir la distance retour $B \rightarrow A$.

On a : $d = 9t$ et $d = 3t'$. La vitesse moyenne w sur le trajet aller-retour est (en km/h) $\frac{2d}{t + t'}$.

Or $t = \frac{d}{9}$ et $t' = \frac{d}{3} = \frac{3d}{9}$. Donc $t + t' = \frac{d}{9} + \frac{3d}{9} = \frac{4d}{9}$. Alors : $w = \frac{2d}{\frac{4d}{9}} = 2d \times \frac{9}{4d} = \frac{18}{4} = 4{,}5$.

Exercices

❶ Un TGV parcourt 974,7 km en 1 h 54 min. En appelant v la vitesse moyenne de ce TGV en km/h, on a :

A. $v = \frac{974,7}{1,9}$ **B.** $v = 974,7 \times 1,54$ **C.** $v = 974,7 \times 1,9$ **D.** $v = \frac{974,7}{1,54}$

❷ Un NGV (navire grande vitesse) a navigué 24 minutes avec une vitesse moyenne de 62 km/h. En appelant d la distance parcourue en km par ce NGV, on a :

A. $d = \frac{62}{24}$ **B.** $d = 62 \times 0,4$ **C.** $d = 62 \times 24$ **D.** $d = \frac{62}{0,4}$

❸ Un PGV (professeur grande vitesse) a corrigé 52 copies à un rythme de 16 copies par heure. En appelant t le temps mis par le PGV pour corriger ces 52 copies, on a :

A. $t = \frac{52}{16}$ h **B.** $t = \frac{16}{52}$ h **C.** t = 3 h 15 min

D. $t = 52 \times 16$ min

❹ 450 m/s =

A. 1 620 km/h **B.** 125 km/h **C.** 27 km/min **D.** 7 500 m/min

❺ 9 km/h =

A. 150 m/s **B.** 150 m/min **C.** 0,54 m/min **D.** 2,5 m/s

Corrigé

❶ **A**

❷ **B**

❸ **A** et **C**

❹ **A** et **C**

❺ **B** et **D**

10. Pourcentages

1. Le principe

Un pourcentage est une façon particulière d'écrire une fraction : au lieu d'écrire $\frac{a}{100}$ (« a sur 100 » ou « a centièmes »), on écrit : a % (a pour cent) ; a est un nombre positif quelconque.

A. Calculer un pourcentage

Dans une assemblée de 400 personnes, il y a 96 gauchers. Quel est le pourcentage de gauchers dans l'assemblée ? Réponse : Un pourcentage étant une fraction, il y a $\frac{96}{400} = \frac{24}{100} = 24\ \%$ de gauchers dans l'assemblée.

B. Appliquer un pourcentage (ou un taux de pourcentage)

« Appliquer un taux de pourcentage » est synonyme de « calculer une fraction donnée d'une quantité ». 16 % de 95 valent $\frac{16}{100} \times 95 = \frac{16 \times 95}{100}$.

Comme $16 \times 95 = 16 \times (100 - 5) = 16 \times 100 - 16 \times 5$,
on a : 16 % de 95 $= \frac{1\,600 - 80}{100} = \frac{1\,520}{100} = 15{,}2$.

2. Les pièges, trucs et astuces des pourcentages

A. Un petit problème pour commencer

On dispose d'une somme S. Après avoir enlevé 10 % de sa valeur, on obtient la somme S'. On enlève à cette somme S' 20 % de sa valeur pour obtenir la somme S''. Fin de la première étape.

Deuxième étape. Reprenons cette même somme S et effectuons les deux opérations suivantes : d'abord, on lui enlève 20 % de sa valeur, ce qui donne une somme T', à laquelle on enlève 10 % de sa valeur pour obtenir une somme T''.

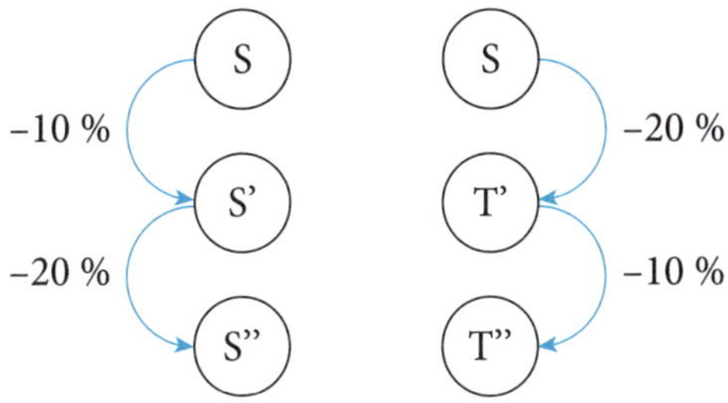

Questions : **1.** S'' ou T'' représentent-elles S diminuée de 30 % ? **2.** A-t-on $S'' = T''$? Avant de répondre, relisez bien les consignes.

Réponses : **1.** NON **2.** OUI. Vous avez bien lu : on a $S'' = T''$.

En effet, si on retire à S 10 % de sa valeur, il reste 90 % de S. On a donc $S' = 90\ \% \times S = 0{,}9S$. Si on retire ensuite à S' 20 % de sa valeur, il reste 80 % de S', c'est-à-dire $S'' = 0{,}8S'$. Comme $S' = 0{,}9S$, on a : $S'' = 0{,}8 \times 0{,}9S = 0{,}72S$.

En faisant un raisonnement analogue avec T' et T'', on obtient : $T'' = 0{,}9T' = 0{,}9 \times 0{,}8S = 0{,}72S$.

Bilan : S'' et T'' représentent toutes les deux 72 % de S, donc S diminuée de 28 % !

Et si, à la place des étiquettes –10 % et –20 %, on avait les étiquettes +10 % et +20 %, aurait-on $S'' = T''$? Oui !

En effet : $S' = 10\ \%S = 1S + 0{,}1S = (1 + 0{,}1)S = 1{,}1S$ et $S'' = 1S' + 0{,}2S' = 1{,}2S'$.

Comme $S' = 1{,}1S$, on aurait $S'' = 1{,}2 \times 1{,}1S = 1{,}32S$.

De même $T'' = 1{,}1T' = 1{,}1 \times 1{,}2S = 1{,}32S$.

Ainsi, S'' et T'' représentent S augmentées de 32 %.

Il y a mieux : on peut panacher et envisager la situation suivante :

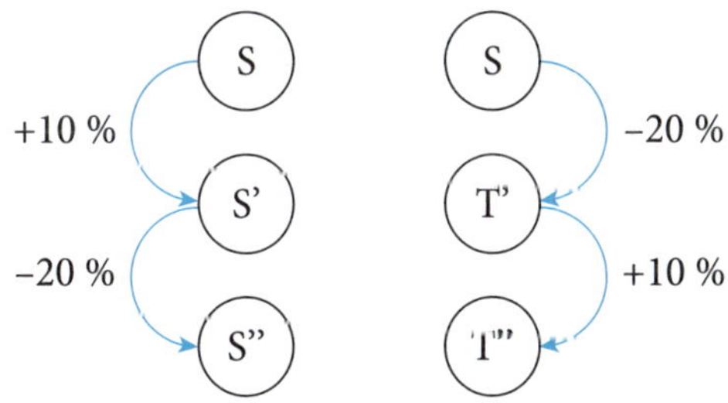

On aurait toujours $S'' = T''$ (ici, $0{,}88S$)

Moralité : dans les situations de réduction ou d'augmentation, et lorsque ces changements s'expriment en pourcentage, la meilleure façon de comprendre l'énoncé et de résoudre les questions afférentes est d'assurer une traduction à l'aide de multiplications.

Pour les fanatiques des formules :

1. Si on augmente une quantité q de t % de sa valeur, on obtient la quantité $q' = q \times \left(1 + \frac{t}{100}\right)$

2. Si on diminue une quantité q de t % de sa valeur, on obtient la quantité $q' = q \times \left(1 - \frac{t}{100}\right)$

B. Augmentation suivie de diminution et vice versa

Voyons un dernier piège classique à propos des pourcentages. Si l'on augmente une quantité q de 10 %, on obtient la quantité $q' = 1{,}1q$.

Réduisons q' de 10 % de sa valeur, on obtient la quantité $q'' = 0{,}9q' = 0{,}9 \times 1{,}1q = 0{,}99q$.

On voit donc que $q'' \neq q$.

Par conséquent, la manipulation +10 % suivie de –10 % ne conduit pas à la quantité initiale.

C. Savoir répondre presque sans calculs

Prendre 30 % d'une quantité revient à multiplier cette quantité par 0,3. Par conséquent, le résultat est divisible par 3, du moins si la quantité est un nombre décimal ! Il est donc impossible que 30 % d'un nombre de salariés soit égal à 8 car 8 n'est pas divisible par 3.

De même, il est impossible que 90 % d'un nombre de boîtes de conserve soit égal à 501, car 501 n'est pas divisible par 9.

Exercices

1 Nous sommes en 2017.

a. J'ai augmenté ma production de brocolis de 3 % par rapport à 2016. En 2016, j'avais augmenté ma production de brocolis de 5 % par rapport à 2015. En 2017, de quel pourcentage ai-je augmenté ma production par rapport à 2015 ?

b. Mon voisin a augmenté sa production de cerises de 8 % par rapport à 2016. Mais en 2016, sa production de cerises avait diminué de 8 % par rapport à 2015. Par rapport à 2015, sa production a-t-elle augmenté ou diminué ?

2 La magicienne Circé (peut-être celle-là même avec qui Ulysse eut des démêlés...) a le pouvoir de réduire de 90 % tout ce qu'elle touche. Mon ami, un grand gaillard de 1 m 90 pour 87 kg, lui a serré la main. Quelle est sa taille et son poids actuel ?

Corrigé

❶ **a.** On a : $P_{2016} = 1{,}05 \times P_{2015}$. De plus, $P_{2017} = 1{,}03 \times P_{2016}$.

Donc $P_{2017} = 1{,}03 \times 1{,}05 \times P_{2015} \Rightarrow P_{2017} = 1{,}0815 \times P_{2015} = (1 + 0{,}0815) \times P_{2015}$

En 2017, j'ai donc augmenté ma production de 2015 de 8,15 % très exactement.

b. On a ici $P_{2016} = 0{,}92 \times P_{2015}$. De plus, $P_{2017} = 1{,}08 \times P_{2016}$.

Donc $P_{2017} = 1{,}08 \times 0{,}92 \times P_{2015} \Rightarrow P_{2017} = 0{,}9936 \times P_{2015} = (1 - 0{,}0064) \times P_{2015}$

En 2017, la production de cerises de mon voisin a légèrement diminué de 0,64 % par rapport à 2015.

❷ Ce que touche Circé représenta après coup 10 % de ce qu'il était. Brrr... Mon ami pèse donc désormais 10 % × 87 = 8,7 kg et mesure 10 % × 190 = 19 cm.

11. Résolution de problèmes de moyennes

Dans le tableau ci-dessous, figurent les résultats obtenus par vingt étudiants d'un TD à un exposé. On y lit, par exemple, que cinq élèves ont obtenu une note égale à 10.

Note	15	13	10	9	8	6	5	2
Effectif	2	4	5	3	3	1	1	1

Pour faire la moyenne des notes, il est possible d'effectuer

$$\frac{15 + 15 + 13 + 13 + 13 + 13 + \text{etc.}}{20}.$$

Mais il y a mieux, bien sûr :

$$\frac{15 \times 2 + 13 \times 4 + 10 \times 5 + 9 \times 3 + 8 \times 3 + 6 + 5 + 2}{20}$$

$$= \frac{30 + 52 + 50 + 27 + 24 + 6 + 5 + 2}{20} = \frac{196}{20} = 9{,}8$$

En procédant ainsi, on utilise la technique de la **moyenne pondérée**. Autrement dit, on affecte à chaque note un certain coefficient (appelé coefficient de pondération). Le coefficient de pondération de la note 15 est 2, celui de la note 13 est 4, ainsi de suite.

NOTES DU FORMATEUR

1. Bien étendu, une série statistique n'a qu'une seule moyenne, même si l'on peut la calculer en utilisant diverses techniques.

2. On peut imaginer aussi que la série précédente représente les notes semestrielles d'une étudiante ayant eu des notes dans des disciplines affectées de coefficients 2 pour le devoir où elle a eu 15, coefficient 4 pour celui où elle a eu 13, etc. La moyenne de l'étudiante est alors de 9,8 sur le semestre.

Exercices

1 Calculer la moyenne du groupe de TD dont les notes sont regroupées ci-dessous.

Note	6	7	8,5	10	11	12	14	17
Effectif	3	5	2	3	1	3	2	1

2 Un examen comporte 4 épreuves :
- anglais : coefficient 2 ;
- économie : coefficient 4 ;

- management : coefficient 3 ;
- mathématiques : coefficient 4.

Un étudiant a obtenu 8 en anglais, 13 en économie, 14 en management et 16 en mathématiques. Calculer sa moyenne.

3 Une étudiante a obtenu ce semestre les notes suivantes, sur 20, en mathématiques :

12 - 07 - 09 - 14 - 11 - 13 - 15

Combien doit-elle obtenir à son prochain contrôle afin d'avoir 12 de moyenne ce semestre, sachant que tous les contrôles ont le même coefficient ?

4 Kévin a effectué 11 lancers d'un dé à six faces dont voici les résultats :

4 - 3 - 4 - 6 - 5 - 4 - 4 - 3 - 6 - 5 - 4

Kévin est sûr que, quel que soit le résultat du 12e lancer, il obtiendra au moins 4 de moyenne sur l'ensemble de ses lancers. A-t-il raison ?

5 Un professeur a fait le même contrôle dans ses deux classes de TD. Dans le TD1 comportant 24 élèves, la moyenne est de 10,5/20, tandis que dans la classe de TD2 comportant 28 élèves, la moyenne est de 12,5/20. Calculer la moyenne sur l'ensemble des deux classes.

6 Giulia avait une moyenne de 16/20 avant son dernier devoir de l'année. Malheureusement, elle vient d'obtenir 6/20 à ce dernier devoir. Sa moyenne annuelle est alors de 15/20.

Combien Giulia a-t-elle fait de devoirs dans l'année ?

Corrigé

1 La moyenne des notes du groupe s'élève à :

$$\frac{6 \times 3 + 7 \times 5 + 8{,}5 \times 2 + 10 \times 3 + 11 \times 1 + 12 \times 3 + 14 \times 2 + 17 \times 1}{20} = 9{,}6.$$

2 Sa moyenne est égale à $\frac{8 \times 2 + 13 \times 4 + 14 \times 3 + 16 \times 4}{2 + 3 + 4 + 4} \approx 13{,}38$.

3 Soit x la note recherchée. On a $\frac{x + 12 + 7 + 9 + 14 + 11 + 13 + 15}{8} = 12$ ce qui donne $\frac{x + 81}{8} = 12 \Rightarrow x + 81 = 96 \Rightarrow x = 15$.

4 Avec un 12e lancer égal à 1, la moyenne de la série obtenue est environ égale à 4,08. Il est donc sûr d'obtenir plus de 4 de moyenne.

5 Dans le TD1, on a obtenu 10,5 en effectuant la somme des notes (notons-la S_1) et en divisant par 24. On a donc $S_1 = 24 \times 10{,}5$. De même $S_2 = 28 \times 12{,}5$. Sur l'ensemble des deux TD, la somme des notes est donc égale à $S_1 + S_2$.

La moyenne des deux TD est donc égale à $\frac{24 \times 10{,}5 + 28 \times 12{,}5}{52} \approx 11{,}58$ (à 10^{-2} près).

6 Soit $n + 1$ le nombre total de devoir cette année. Avant le dernier devoir, la somme S de ses notes est égale à $16n$ car $\frac{S}{n} = 16$. Sa moyenne après le dernier devoir est donc : $\frac{16n + 6}{n + 1}$.

D'où : $\frac{16n + 6}{n + 1} = 15 \Leftrightarrow 16n + 6 = 15(n + 1) \Leftrightarrow 16n + 6 = 15n + 15 \Leftrightarrow n = 9$

Giulia a donc fait 10 devoirs cette année.

12. Équations et problèmes

Les exercices qui suivent sont des applications des chapitres 6 et 7.

Exercices

1 Dans un garage, il y a des motos et des voitures. En tout, il y a 70 véhicules. Sachant qu'il y a 224 pneus, quel est le nombre de motos ?

A. 42 **B.** 21 **C.** 56 **D.** 28

2 Antoine a 45 € de plus que Béatrice. Béatrice a 59 € de plus que Charles et Charles a 30 € de moins que Dorothée. Ils mettent leur argent en commun ; il y a alors 217 €. Quelle somme avait Antoine avant la mise en commun ?

A. 65 **B.** 36 **C.** 110 **D.** 6

3 Une famille est composée d'un père, d'une mère, d'un garçon et d'une fille. Le père a 24 ans de plus que sa fille ; la mère a eu le fils, qui a maintenant 3 ans, à l'âge de 26 ans. Sachant que le père a 2 ans de plus que la mère, quel est l'âge de la fille ?

A. 7 **B.** 8 **C.** 6 **D.** 5

4 Un étudiant a un cahier qui ne lui convient pas car en l'utilisant il lui manquerait 30 pages. Il a calculé que s'il avait un cahier de 250 pages, il aurait alors 65 pages en trop. Quel est le nombre de pages du cahier ?

A. 185 **B.** 155 **C.** 192 **D.** 172

5 Augustin, Léonard et Friedrich collectionnent les modèles réduits de voitures. À eux deux, Augustin et Léonard en possèdent 40, Léonard et Friedrich 42 et Friedrich et Augustin 36. Combien Friedrich en possède-t-il ?

A. 23 **B.** 17 **C.** 31 **D.** 19

6 Une fleuriste a constaté que 32 bouquets coûtaient 52 € de plus que 19 bouquets. Trouver combien coûte un bouquet sachant que chaque bouquet est au même prix.

A. 3,25 € **B.** 3,75 € **C.** 4 € **D.** 4,50 €

7 Trois amis partent en randonnée et se répartissent l'équipement ainsi : le premier en prend les deux cinquièmes, le deuxième les trois huitièmes et le dernier prend le reste.
Qui a l'équipement le plus lourd ?

A. le premier **B.** le deuxième **C.** le troisième **D.** on ne peut pas savoir

8 Une pelouse carrée de 12 mètres de côté est uniformément recouverte d'une couche de terre de 5 cm d'épaisseur. Quelle épaisseur aurait eu la couche si la terre avait été répandue sur une pelouse de 16 mètres de long sur 18 mètres de large ?

A. 1 cm B. 2,5 cm C. 3 cm D. 3,5 cm

9 Une colonie de vacances de 120 personnes a des vivres pour 25 jours. Au bout de 7 jours, 15 enfants supplémentaires arrivent. Pour combien de jours les vivres seront-ils suffisants, sachant que la ration quotidienne n'a pas diminué ?

A. 16 jours B. 12 jours C. 10 jours D. 5 jours

10 Louis, Luis et Luigi achètent chacun un sandwich poulet crudités. En plus, Louis prend de l'eau minérale à 0,80 € la bouteille, Luis du soda à 1,10 € la cannette et Luigi un jus de fruits à 1,05 € la brique. Ils dépensent en tout 10 €. Quel est le prix d'un sandwich ?

A. 2 € B. 2,35 € C. 2,50 € D. 2,75 €

11 Un automobiliste vient de prendre de l'essence à une station où le litre d'essence coûte 1,15 €. S'il l'avait achetée à la station proche de chez lui, il aurait payé 1,18 € le litre. Il calcule qu'il a économisé 1,80 € au total.

Combien de litres d'essence a-t-il achetés ?

A. 45 B. 50 C. 55 D. 60

Corrigé

1 D. Soit v le nombre de voitures (quatre pneus) et m le nombre de motos (2 pneus). Le nombre de pneus équipant les voitures est $4v = 4(70 - m)$ car $v + m = 70$, et le nombre de pneus équipant les motos est $2m$. Puisqu'il y a 224 pneus :

$4(70 - m) + 2m = 224 \Leftrightarrow 280 - 4m + 2m = 224 \Leftrightarrow 2m = 280 - 224 = 56$

Il y a donc 28 motos.

2 C. Soit a la somme possédée par Antoine, b celle possédée par Béatrice... Alors :

$a = b + 45$; $b = c + 59$; $c = d - 30$.

Exprimons le tout à l'aide de a :

$b = a - 45$; $c = b - 59 = a - 45 - 59 = a - 104$; $d = c + 30 = a - 104 + 30 = a - 74$

Comme $a + b + c + d = 217$, $a + a - 45 + a - 104 + a - 74 = 217 \Leftrightarrow 4a - 223 = 217$

Donc $4a = 440 \Leftrightarrow a = \frac{440}{4} = 110$. Antoine avait 110 € avant la mise en commun.

3 A. Avec des notations évidentes : père = fille + 24, m = 26 + 3 = 29, fils = 3. Or p = 29 + 2 = 31. Donc la fille est âgée de 31 - 24 = 7 ans.

4 B. Soit x le nombre de pages du cahier. Il faut $x + 30$ pages à l'étudiant. On a donc :

$x + 30 = 250 - 65 \Rightarrow x + 30 = 185 \Rightarrow x = 155$ pages.

5 D. Avec des notations évidentes : $a + l = 40$, $l + f = 42$, $f + a = 36$. Donc :

$a + l + l + f + f + a = 40 + 42 + 36 = 118 \Leftrightarrow 2(a + l + f) = 118 \Leftrightarrow a + l + f = 59$

On sait que a + l = 40, d'où $f = 19$ (de même $a = 17$ et $l = 23$).

6 **C.** Soit x le prix d'un bouquet. $32x = 19x + 52 \Rightarrow 13x = 52 \Rightarrow x = \frac{52}{13} = 4$ €.

Pour ce type d'énoncé, il est possible de tester chaque solution jusqu'à trouver celle qui convient.

7 **A.** La masse que prennent les deux premiers équivaut à : $\frac{2}{5} + \frac{3}{8} = \frac{16 + 15}{40} = \frac{31}{40}$.

Le dernier en prend donc $1 - \frac{31}{40} = \frac{9}{40}$.

Finalement, les masses portées par chacun sont respectivement : $\frac{2}{5} = \frac{16}{40}, \frac{3}{8} = \frac{15}{40}$ et $\frac{9}{40}$.

Le premier porte donc l'équipement le plus lourd.

8 **B.** Le volume de la terre en $m^3 = 12 \times 12 \times 0{,}05 = 144 \times 0{,}05 = 7{,}2\ m^3$.

Si on l'étend sur une surface de $288\ m^2$ (16×18), la hauteur est de $\frac{7{,}2}{288}$ m, donc $\frac{720}{288}$ cm. Ce n'est ni 1 cm ni 3 cm. Ce n'est pas non plus 3,5 cm qui est trop grand. Il reste 2,5 cm.

9 **A.** Au départ, si chaque personne consomme une ration par jour, il faut en tout $120 \times 25 = 3\,000$ rations. Au bout de 7 jours, on a consommé $7 \times 120 = 840$ rations. Il en reste donc $3\,000 - 840 = 2\,160$. Après les nouvelles arrivées, il y aura alors 135 personnes. Les vivres seront suffisants pour 16 jours car $\frac{2\,160}{135} = 16$. Pour éviter d'avoir à faire la division, il est possible d'essayer les nombres donnés : 10 est trop petit car $10 \times 135 = 1\,350$, ainsi que 12 car $12 \times 135 = 10 \times 135 + 2 \times 135 = 1\,350 + 270 < 2\,160$.

10 **B.** Soit x le prix d'un sandwich.

$x + 0{,}8 + x + 1{,}1 + x + 1{,}05 = 10 \Rightarrow 3x + 2{,}95 = 10 \Rightarrow 3x = 7{,}05 \Rightarrow x = \frac{7{,}05}{3} = 2{,}35$ €.

Pour éviter d'avoir à faire la division, on constate que 2 est trop petit car $2 \times 3 = 6 < 7{,}05$ et $2{,}50 \times 3 = 7{,}5$ est trop grand.

11 **D** Soit x le nombre de litres d'essence achetés.

$1{,}15x = 1{,}18x - 1{,}8 \Rightarrow 0{,}03x = 1{,}8 \Rightarrow x = \frac{1{,}8}{0{,}03} = \frac{180}{3} = 60$ litres.

13. Géométrie

1. Figures usuelles

Parallélogramme

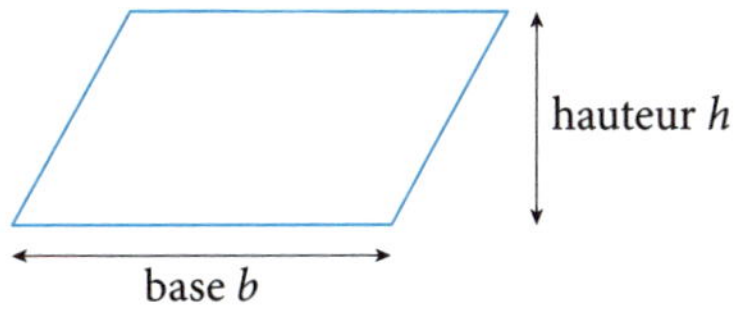

Aire = $b \times h$

Rectangle

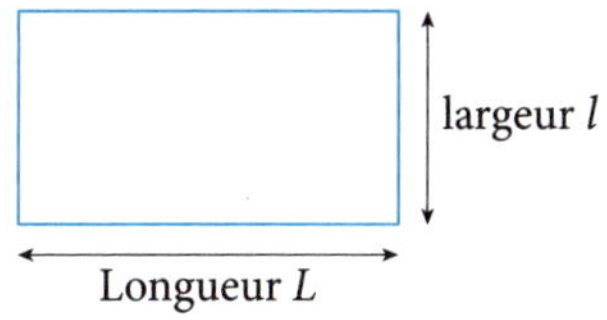

Aire = $L \times l$

Cercle et disque

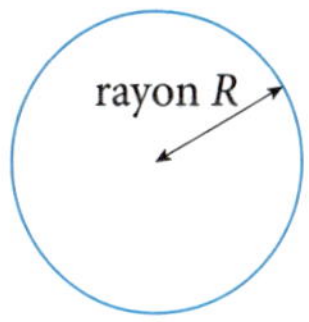

Périmètre = $2\pi R$
Aire = πR^2

Trapèze

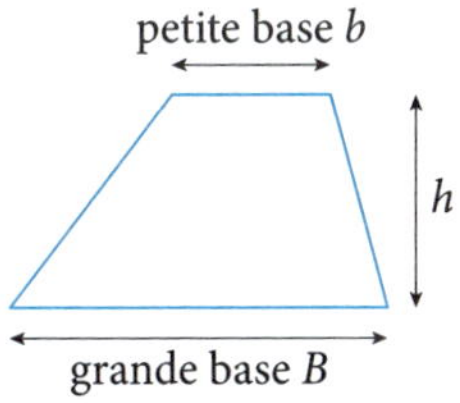

$$\text{Aire} = \frac{(B + b) \times h}{2}$$

Cerf-volant

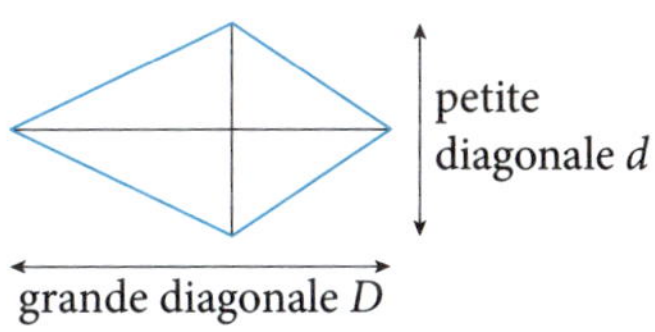

$$\text{Aire} = \frac{D \times d}{2}$$

Triangle

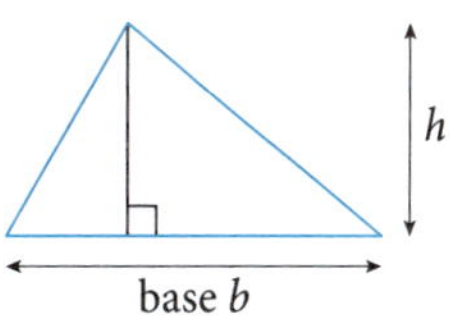

$$\text{Aire} = \frac{b \times h}{2}$$

2. Solides à couvercles

Cube

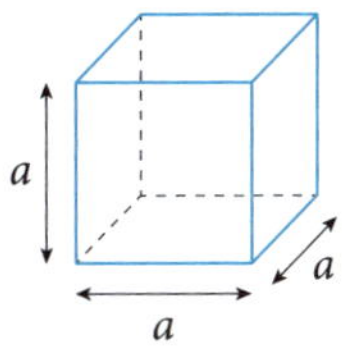

Volume = a^3

Parallélépipède

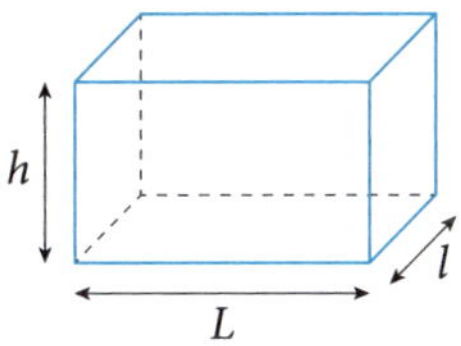

Volume = $L \times l \times h$

Cylindre

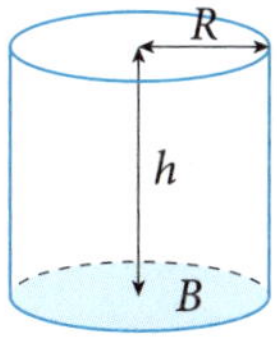

Aire de la base = $B = \pi R^2$

Prisme droit

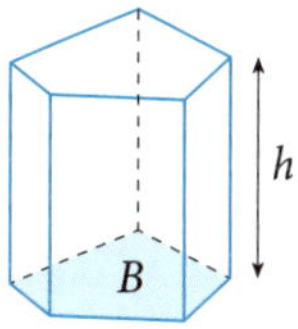

Volume = $B \times h$

3. Solides à sommet

Cône

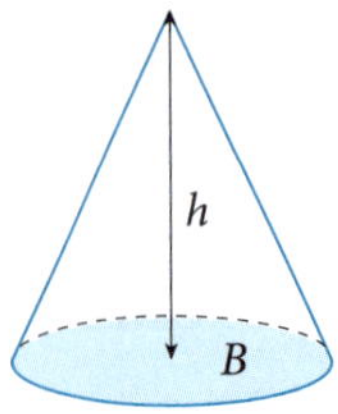

Pyramide régulière

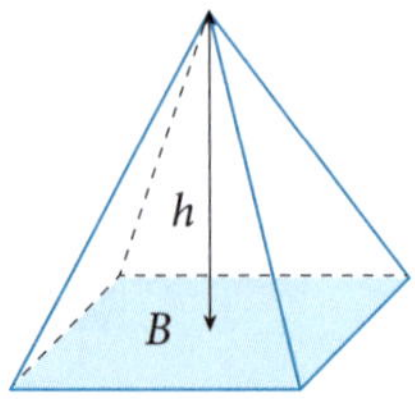

Pyramide dont la hauteur est une arête

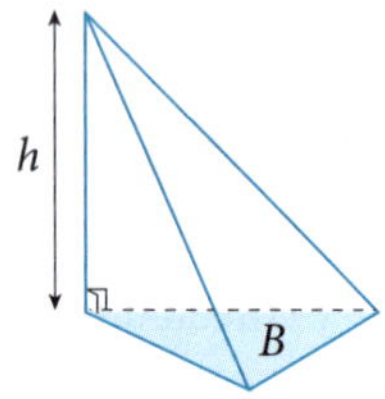

Aire de la base $= B = \pi R^2$

Aire de la base $= B$

$$\text{Volume} = \frac{B \times h}{3}$$

4. Autres

Boule

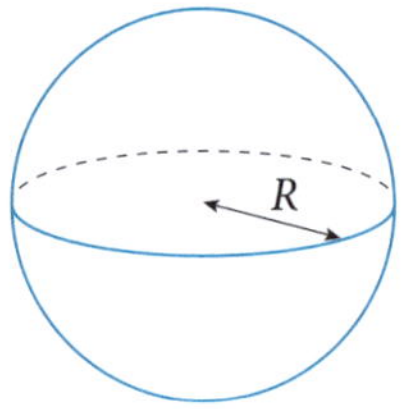

$$\text{Volume} = \frac{4}{3}\pi R^3$$

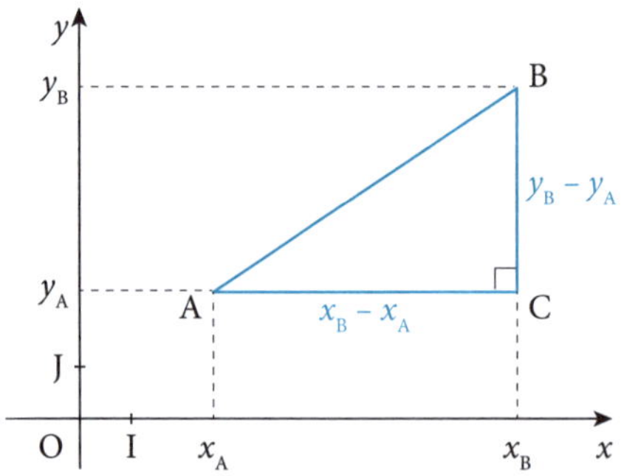

$$AB^2 = AC^2 + CB^2 = (x_B - x_A)^2 + (y_B - y_A)^2$$

Sujets blancs corrigés

SUJET N° 1 : Raisonnement et compétences

DURÉE : 1 HEURE

❶ **Complétez: 15 - 43 - 127 - 379 - 1 135 - ?**

A. 1 258 B. 3 403 C. 2 270 D. 3 087

❷ **Quel est l'intrus?**

A.

N	O
E	S

B.

O	N
S	E

C.

S	O
E	N

D.

E	S
N	O

❸ **Quel est le résultat de l'opération suivante $1\,000^2 - 999^2$?**

A. 1 B. 999 C. 1 999 D. 100 999

❹ Parmi les anagrammes suivantes, laquelle n'est pas celle d'un pays?

A. Salutaire B. Chien C. Alitie D. Gendarme

❺ La figure de style contenue dans « *Cette obscure clarté qui tombe des étoiles* » est :

A. Une ellipse B. Un oxymore C. Une métaphore D. Une litote

❻ Quelle est la valeur du cinquième de la somme de 14 et de la demi-différence de 33 et 11?

A. 10 B. $\frac{58}{5}$ C. 5 D. $\frac{36}{5}$

❼ Si p et q sont des nombres impairs, lequel de ces nombres est toujours pair?

A. $2p + q$ D. $p \times q$ C. $p + q$ D. $p + q - 1$

❽ Trouvez la syllabe manquante :

PRÉ	MENT
DU	TEN

PRO	RANCE
BÉ	?

A. THÉ B. NET C. TU D. IL

❾ Trouvez le mot manquant:

KARINE
HARPISTE

DELPHINE
DENTISTE

ESTHER
?

A. STANDARDISTE B. ENSEIGNANT C. EXPERT D. ÉLECTRICIENNE

⑩ $\sqrt{(3^0 \times 2^{-1} \times 4^2)} = ?$

A. $2\sqrt{2}$ B. $2\sqrt{3}$ C. 2 D. 8

⑪ Les canards aiment le chocolat. Il n'existe pas d'oiseaux qui n'aiment pas le pain. Que peut-on en déduire ?

A. Si Capucin est un canard, alors il aime le chocolat et le pain.

B. Hector n'aime pas le pain, donc c'est un canard.

C. Un canard n'aime pas forcément le chocolat.

D. Boris aime le pain, donc c'est un canard.

⑫ ○●□■ **26** ○●■■ **30** ○○■■ **28** ●●□□ ?

A. 22

B. 24

C. 30

D. 32

⑬ Pour le cadenas de son casier, Julie doit créer un code à quatre chiffres. Elle utilise pour cela les quatre chiffres de son année de naissance (2006). Combien de codes différents peut-elle créer ?

A. 6 B. 12 C. 24 D. 16

⑭ La négation de la phrase « Tous les chats sont noirs » est :

A. Aucun chat n'est noir.

B. Tous les chats sont gris.

C. Il existe au moins un chat qui n'est pas noir.

D. Certains chats sont noirs, d'autres sont gris.

⑮ Complétez la phrase suivante : Un est à unité, ce que ... est à dualité.

A. trivial B. deux C. double D. duel

⑯ Sullivan a deux cousins, Côme et Milo. Nous savons que Milo est l'aîné de ces trois garçons et que Côme est son petit frère. Il y a 2 ans, Milo était deux fois plus âgé que Sullivan et 6 mois séparent Sullivan et Côme.

A. Nous pouvons en déduire que Milo a 10 ans et Sullivan 6 ans.

B. Nous ne pouvons pas déduire l'âge de ces garçons.

C. Nous pouvons en déduire que Milo a 8 ans et Sullivan 5 ans.

D. Nous pouvons en déduire que Sullivan est plus âgé que Côme.

⑰ Une action boursière voit sa valeur initiale augmentée de 40 %, puis diminuée de 40 %. Quelle est la variation (en pourcentage) totale de la valeur de cette action ?

A. 0 %. B. - 16 %. C. - 12 %. D. 20 %

⑱ Quel est l'ensemble des couples solution du système $\begin{cases} 3x - 2y = 0 \\ \dfrac{6x}{y} = 4 \end{cases}$

A. Il n'y a aucune solution.

B. (2 ; 3).

C. Il existe une infinité de solutions.

D. (- 2 ; 3).

⑲ La figure de style de « Ce n'est pas bête » est :

A. Une ellipse B. Un oxymore C. Une métaphore D. Une litote

⓴ On jette deux dés à six faces, parfaitement équilibrés. Quelle est la probabilité que la somme des résultats obtenus soit inférieure à 10?

A. $\frac{5}{6}$ B. $\frac{11}{12}$ C. $\frac{1}{3}$ D. $\frac{1}{4}$

㉑ Quel est le volume d'un cône de 15 cm de hauteur et de 5 cm de rayon?

A. 250π cm³   B. 125π cm³   C. 2 500π cm³   D. 250π cm³

㉒ Une urne contient 3 boules blanches, 2 boules vertes et 1 boule rouge. La probabilité de tirer une boule rouge suivie d'une boule verte, sachant que le tirage se fait sans remise, est:

A. $\frac{1}{9}$ B. $\frac{1}{3}$ C. $\frac{1}{18}$ D. $\frac{1}{15}$

㉓ Complétez la série logique suivante: Société (7) - Vanité (6) - Frère (5) - Création (?)

A. 10   B. 8   C. 7   D. 4

㉔ Complétez le tableau ci-dessous:

2	2	6	30	?
1	3	5	3	

A. 300   B. 6   C. 5   D. 90

㉕ Quatre (6) Trois (5) Deux (4) Huit (?)

A. 3   B. 8   C. 4   D. 1

㉖ Trouvez le mot manquant:

UNE	ET
HE	LAC

MENÉ	AISÉ
ENTENDU	?

A. MAL   B. PAUVRE   C. ROC   D. DÉ

㉗ $\sqrt{\sqrt{\sqrt{81}+\sqrt{49}}+\sqrt{\sqrt{144}+\sqrt{169}}}$ est égal à:

A. 15   B. 16   C. 9   D. 3

㉘ D'après la phrase « L'armée ne quittera pas le pays tant que le calme n'est pas revenu », que pouvez-vous en déduire ?

A. Le calme est revenu, donc l'armée quitte le pays.

B. L'armée quitte le pays, donc le calme est revenu.

C. L'armée n'a pas quitté le pays, donc le calme n'est pas revenu.

D. Lorsque le calme reviendra, l'armée quittera le pays.

㉙ Choisissez la proposition sans faute. Hélène annonce fièrement à ses coéquipières:

A. On a été qualifié.   B. On a été qualifiés.   C. On a été qualifiée.   D. On a été qualifiées.

㉚ Suliann, Élicéa et Soléa ont fait cagnotte commune. Vient le moment du partage. Suliann reçoit 20 %, alors qu'Élicéa en a trois fois plus que Soléa. Quel pourcentage a reçu Soléa?

A. 30 %   B. 10 %   C. 15 %   D. 20 %

㉛ FADE - 7256 - GAFFE - 81776 - DECA - ?

A. 5642   B. 6425   C. 98752   D. 6772

㉜ Quelle est la somme de leurs carrés lorsque la différence de deux nombres est 2 et la différence de leurs carrés est 28 ?

A. 10 B. 100 C. 18 D. 81

㉝ Un synonyme de « peu courant » peut être :

A. Inusité B. Fluide C. Résistant D. Familier

㉞ Si l'on considère vraie l'hypothèse « Pour réussir, il faut travailler dur », on peut conclure que :

A. Tous ceux qui réussissent travaillent dur.
B. Ceux qui ne réussissent pas ne travaillent pas dur.
C. Les gens qui travaillent dur réussissent toujours.
D. Ceux qui ne travaillent pas dur peuvent réussir.

㉟ 13 - 14 - 42 - 34 - ?

A. 43 B. 44 C. 45 D. 46

㊱ XIII - 5 IV - 3 MIII - 7 XXII - ?

A. 6 B. 22 C. 8 D. 18

㊲ Renan se demande s'il doit écrire **intriguant** ou plutôt **intrigant**.

A. Seule l'orthographe intrigant est possible.
B. Seule l'orthographe intriguant est possible.
C. Les deux orthographes sont possibles quelle que soit la situation.
D. Selon son emploi, l'orthographe sera soit intriguant, soit intrigant.

㊳ Quelle proposition est erronée ?

A. Des couche-tards B. Des belles-mères
C. Un protège-dents D. Un presse-fruit

㊴ La moyenne des élèves par classe d'une école primaire de campagne est égale à 24. Nous savons que cette école possède 7 classes, dont l'effectif le plus faible est de 15.
Si nous ne tenons pas compte de cette dernière, quelle serait la moyenne du nombre d'élèves par classe ?

A. 25,5 B. 23 C. 26 D. 27,4

㊵ Que peut-on dire des mots **abhorrer** et **arborer** ?

A. Ce sont des antonymes. B. Ce sont des synonymes.
C. Ce sont des paronymes. D. Ce sont des homonymes.

㊶ PARTIR (2) ENFANT (2) RIEN (0) OBJET (**?**)

A. 3 B. 2 C. 1 D. 0

㊷ Dans la phrase « Quelque soit son avis, elle n'aura de choix que des jupes marron ou rose », combien dénombrez-vous d'erreurs ?

A. 0 B. 1 C. 2 D. 3

㊸ Trouvez le nombre manquant :

★○■		○★★		○★■		●○□	
★●□		●○□		●○■		●□★	
■●■	**14**	●■★	**18**	●■□	**18**	○○●	**?**

A. 18 B. 20 C. 22 D. 24

44 La largeur d'un rectangle est le sixième de sa longueur L. Quelle est son aire ?

A. $\frac{1}{3}L^2$ B. $\frac{1}{6}L^2$ C. $\frac{7}{6}L^2$ D. $\frac{7}{3}L^2$

45 Que peut-on dire des mots **cent** et **sang** ?

A. Ce sont des antonymes. B. Ce sont des synonymes.
C. Ce sont des paronymes. D. Ce sont des homonymes.

Corrigé

❶ B. Pour passer d'un nombre au nombre au suivant, il suffit de le multiplier par 3, puis de soustraire 2 au résultat obtenu : 3 405 – 2 = 3 403

❷ A. N, E, S et O signifient Nord, Est, Sud et Ouest. Dans le sens des aiguilles d'une montre, nous devons retrouver l'ordre **N - E - S - O**. Ce qui est le cas des propositions B, C et D.

❸ C. L'identité remarquable $a^2 - b^2 = (a - b)(a + b)$ nous permet d'écrire :
$1\,000^2 - 999^2 = (1\,000 - 999)(1\,000 + 999) = 1 \times 1\,999 = 1\,999$

❹ D. Salutaire donne Australie; Chien donne Chine ; Alitie donne **Italie**.

❺ B. Un oxymore consiste à lier deux mots de sens opposés : « obscure » et « clarté ».

❻ C. Le cinquième de la somme de 14 et de la demi-différence de 33 et 11 s'écrit :

$$\frac{1}{5} \times\ 14 + \frac{33 - 11}{2} = \frac{1}{5} \times\ 14 + \frac{22}{2} = \frac{1}{5} \times [14 + 11] = \frac{1}{5} \times 25 = \mathbf{5}$$

❼ C. La **somme de deux nombres impairs** donne toujours un nombre pair.

❽ C. Le 1er tableau forme le mot suivant : PRÉ-TEN-DU-MENT. En respectant le sens logique pour le former, nous ne pouvons obtenir que PRO-**TU**- BÉ-RANCE.

❾ C. Chaque prénom est associé à un métier placé juste au-dessous. Le lien entre ces prénoms et leur métier est la présence exacte des mêmes voyelles.
K**A**R**I**N**E** → H**A**RP**I**ST**E**
D**E**LPH**I**N**E** → D**E**NT**I**ST**E**
La seule réponse possible est donc **E**XP**E**RT pour **E**STH**E**R.

❿ A. $\sqrt{(3^0 \times 2^{-1} \times 4^2)} = \sqrt{1 \times \frac{1}{2} \times 4 \times 4} = \sqrt{2 \times 2^2} = 2\sqrt{2}$

⓫ A. Les canards aiment le chocolat (C) et sont des oiseaux, donc les canards aiment le pain. Les canards aiment ainsi et le chocolat et le pain (A). De plus, si Hector n'aime pas le pain, alors il n'est pas un oiseau, donc il n'est pas un canard non plus (B). Tous les oiseaux aiment le pain, mais ce ne sont pas nécessairement des canards (D).

⓬ B. Le passage du 1er groupe de figures géométriques au suivant se réalise en remplaçant un carré blanc par un carré noir. Dans le même temps, le nombre associé (26) a augmenté de 4 (30). Son gain est donc de +4. Par réciprocité, le passage d'un carré noir à un carré blanc doit produire un gain - 4.
Ensuite, le cercle noir devient blanc et 30 devient 28. Nous en déduisons un gain de - 2. Par réciprocité, le passage d'un cercle noir à un cercle blanc doit conduire à un gain de +2.
Nous en déduisons les relations suivantes :
Carré blanc → carré noir : gain = +4
Carré noir → carré blanc : gain = - 4
Cercle noir → cercle blanc : gain = - 2
Cercle blanc → cercle noir : gain = +2
Le dernier terme est obtenu en transformant deux cercles blancs en cercles noirs (d'où un premier gain = + 2 + 2 = + 4) et deux carrés noirs en deux carrés blancs (d'où un second gain = - 4 - 4 = - 8).
Ce qui nous donne un gain total de 4 - 8 = - 4. Donc : 28 - 4 = **24**.

⑬ **B.** Débutons notre réflexion en choisissant le chiffre 2 (choix totalement arbitraire). Pour celui-ci, Julie a 4 possibilités de placement dans son code. Poursuivons notre raisonnement avec le chiffre 6. Nous conservons en effet les deux zéros pour la fin, car ce chiffre apparaît deux fois. Pour le chiffre 6, il ne reste plus que 3 possibilités, puisque le chiffre 2 occupe déjà une position. Les deux zéros seront enfin placés où il reste de la place. Il n'existe donc qu'une seule façon de les placer.
Le nombre de codes possibles est donc : $4 \times 3 \times 1 = \mathbf{12}$

⑭ **C.** La règle de négation à utiliser est : la négation de « Tous ... A » est « **Il existe au moins un** non-A ». La bonne réponse est donc la proposition **C.**

⑮ **B.**

⑯ **B.** « 6 mois séparent Sullivan et Côme » : cette information ne nous permet de déterminer qui de ces deux cousins est le plus jeune. La proposition **D** est donc à rejeter.
Nous pouvons tout de même établir une mise en équation grâce à l'information « Il y a 2 ans, Milo était deux fois plus âgé que Sullivan ». Soient m et s les âges respectifs de Milo et de Sullivan, nous pouvons alors écrire : $m - 2 = 2 \times (s - 2)$
Cette unique équation possède deux inconnues (il y a ainsi moins d'équations que d'inconnues). Nous ne pouvons donc la résoudre. **Aucune déduction** des âges de Milo et Sullivan ne peut alors être établie.

⑰ **B.** Cette action subit deux évolutions successives. Calculons les deux coefficients multiplicateurs correspondants pour en déduire le coefficient multiplicateur global :
$c_1 = 1 + t_1 = 1 + 0{,}4 = 1{,}4$ et $c_2 = 1 - t_2 = 1 - 0{,}4 = 0{,}6$
Donc : $c_{global} = c_1 \times c_2 = 1{,}4 \times 0{,}6 = 0{,}84$
Nous en déduisons le taux global : $t_{global} = c_{global} - 1 = 0{,}84 - 1 = -0{,}16 = \mathbf{-16\ \%}$

⑱ **C.** En effet, $\frac{6x}{y} = 4 \qquad 6x = 4y \qquad 3x = 2y$
Ce système n'est donc constitué que d'une seule équation. Il existe donc une **infinité de solutions**.

⑲ **D.** Une litote consiste en une **atténuation** grâce à un sous-entendu. « Ce n'est pas bête » insinue « c'est une bonne idée (ou opinion) ».

⑳ **A.** Calculons la probabilité d'obtenir une somme égale à 10 ou plus, soit un résultat de 10 ou de 11 ou de 12. Soit A l'évènement correspondant.
Pour obtenir 10, il faut que les dés affichent : 5 et 5, ou 4 et 6, ou 6 et 4.
Pour obtenir 11, il faut que les dés affichent : 5 et 6, ou 6 et 5.
Pour obtenir 12, il faut que les dés affichent : 6 et 6.
Il existe donc 6 combinaisons permettant d'obtenir une somme supérieure ou égale à 10. Or, il existe un total de $6 \times 6 = 36$ combinaisons possibles.
La probabilité d'obtenir une somme supérieure ou égale à 10 est donc : $p(A) = \frac{6}{36} = \frac{1}{6}$
La probabilité d'obtenir une somme inférieure à 10 est : $p(\overline{A}) = 1 - p(A) = 1 - \frac{1}{6} = \frac{5}{6}$

㉑ **B.** La formule du volume d'un cône de hauteur h et de base circulaire de rayon R est :
$\boldsymbol{V = \frac{1}{3} \times h \times \pi R^2}$
Les dimensions de l'énoncé sont exprimées en cm. Sans conversion, nous obtiendrons un volume en cm^3, comme les propositions de la question. Aucune conversion n'est donc nécessaire ici. Appliquons maintenant la formule du volume : $V = \frac{1}{3} \times 15 \times \pi \times 5^2$
$V = 5 \times \pi \times 25 \qquad V = \mathbf{125\pi\ cm^3}$

㉒ **D.** La probabilité de tirer la boule rouge en premier est : $p_1 = \frac{1}{6}$

La probabilité de tirer une boule verte au tirage suivant est : $p_2 = \frac{2}{5}$

La probabilité recherchée est donc : $p = p_1 \times p_2 = \frac{1}{6} \times \frac{2}{5} = \frac{1 \times 2}{3 \times 2 \times 5} = \mathbf{\frac{1}{15}}$

㉓ **B.** Le chiffre placé entre parenthèses dénombre les lettres du terme précédent. Ainsi, Société possède bien 7 lettres, Vanité 6, Frère 5 et Création **8** lettres.

㉔ **D.** Le produit de deux nombres superposés donne le nombre de la case supérieure de la colonne suivante (à droite). Ainsi, $2 \times 1 = 2$, $2 \times 3 = 6$, $6 \times 5 = 30$, $30 \times 3 = \mathbf{90}$

㉕ **C.** Le nombre entre parenthèses est égal au nombre de lettres du mot auquel il est associé. On en déduit que le mot « Huit » est associé au chiffre **4.**

㉖ **A.** La syllabe LAC (en bas à droite du tableau) permet de former trois mots avec les autres syllabes : LAC-UNE, LAC-ET et LAC-HE.

On en déduit que la bonne réponse ne peut être que **MAL** : MAL-MENÉ, MAL-AISÉ et MAL-ENTENDU.

㉗ **D.** $\sqrt{\sqrt{\sqrt{81} + \sqrt{49}} + \sqrt{\sqrt{144} + \sqrt{169}}} = \sqrt{\sqrt{9+7} + \sqrt{12+13}} = \sqrt{\sqrt{16} + \sqrt{25}} = \sqrt{4+5} = \sqrt{9} = 3$

㉘ **B.** La phrase implique que la seule raison qui permettra à l'armée de quitter le pays est « le calme est revenu ». Mais elle n'implique pas que l'armée quittera le pays, même si le calme est revenu.

㉙ **D.** Nous savons ici que « on » correspond à plusieurs personnes de sexe féminin. La présence de l'auxiliaire être (« été ») entraîne l'**accord** (au féminin pluriel, même si « on » correspond à la 3e personne du singulier).

㉚ **D.** Soit x la somme récupérée par Soléa. Élicéa a donc obtenu $3 \times x$. Comme Suliann prend 20 % de cette cagnotte, Soléa et Élicéa se partagent les 80 % restants.
$4x$ correspond donc à 80 %. Un simple produit en croix nous permet de déterminer la part (en pourcentage) de Soléa.

$4x \rightarrow 80\ \%$

$x \rightarrow ?\ \%$ $\qquad \frac{80 \times x}{4x} = 20$

Soléa obtient ainsi **20 %** de la cagnotte.

㉛ **A.** Chaque mot est associé au nombre qui le suit. Pour déterminer ce nombre, il suffit de remplacer ces lettres par leur rang alphabétique, auquel il faut ajouter 1.
Ainsi, le mot FADE donne 7256. En effet, le rang de F est 6 : 6 + 1 = **7**. Celui de la lettre A est 1 : 1 + 1 = **2**. D donne 4 + 1 = **5**. Enfin, E donne : 5 + 1 = **6**
DECA donne donc **5642**.

㉜ **B.** Soient a et b les deux nombres recherchés, tels que $a < b$.

Nous avons donc : $\begin{cases} b - a = 2 \\ b^2 - a^2 = 28 \end{cases}$

$b^2 - a^2 = 28 \qquad (b-a)(b+a) = 28 \qquad 2 \times (b+a) = 28$ puisque $b - a = 2$

$b + a = 14$

Notre système d'équations devient alors : $\begin{cases} b - a = 2 \\ b + a = 14 \end{cases}$

En additionnant ces deux équations, nous obtenons : $2b = 16 \qquad \mathbf{b = 8}$

En remplaçant ce dernier résultat dans l'une des deux équations de notre système, nous obtenons : $a = 6$

La somme des carrés de ces deux chiffres nous donne : $6^2 + 8^2 =$ **100**

(33) **A.**

(34) **A.** Dans l'hypothèse « Pour réussir, il faut travailler dur », « il faut travailler dur » apparaît comme une condition nécessaire, mais pas suffisante pour « réussir ».

« Réussir » implique donc « travailler dur », mais la réciproque n'est pas forcément vraie. Ceux qui travaillent dur peuvent donc échouer et le fait de travailler dur n'implique pas nécessairement une réussite.

(35) **B.** La somme des chiffres de chaque nombre donne successivement :

1 + 3 = **4**, 1 + 4 = **5**, 4 + 2 = **6** et 3 + 4 = **7**. Le nombre à déterminer doit donc vérifier ce lien logique : la somme de ses chiffres vaut **8**. La seule réponse possible est alors **44**.

(36) **A.** Le nombre de barres formées par les chiffres romains donne le nombre associé. Ainsi, **XIII** est composé de **5** barres. Nous en déduisons que **XXII** doit être suivi du chiffre **6**.

(37) **D.** L'orthographe **varie** selon qu'il est employé au participe présent (intriguant) ou comme adjectif (intrigant).

(38) **A.** La règle générale est simple : les mots composés d'un verbe et d'un adverbe sont invariables.

(39) **A.** Soit x la nouvelle moyenne recherchée. Cela revient à considérer qu'il y aurait x élèves dans les six classes de plus grand effectif.

La formulation de la moyenne initiale donnerait alors :

$$\frac{6 \times x + 15}{7} = 24 \qquad 6 \times x + 15 = 24 \times 7 \qquad 6 \times x = 168 - 15 \qquad x = \frac{153}{6} \qquad x = 25{,}5$$

(40) **C.** Les mots **abhorrer** et **arborer** possèdent une sonorité très proche mais différente. Ce sont donc des paronymes.

(41) **C.** La différence entre le nombre de consonnes et le nombre de voyelles de chaque mot donne le chiffre placé entre parenthèses. En effet, PARTIR possède 4 consonnes et 2 voyelles : 4 - 2 = 2.

Donc, OBJET, qui possède 3 consonnes et 2 voyelles, est associé à 3 - 2 = **1**

(42) **C.** On doit écrire « **quel que** » lorsqu'il est suivi d'un verbe, ce qui est bien le cas ici (1re erreur). Les adjectifs de couleur issus d'un nom comme « marron » (pas d'erreur) ou « orange » ne s'accordent pas. Il existe néanmoins des exceptions, comme « **rose** » (3e erreur).

(43) **B.** Le nombre à obtenir correspond au produit du nombre de figures noires par le nombre de figures blanches. Ce qui nous donne : 4 × 5 = **20**

(44) **B.** Soient l la largeur du rectangle et L sa longueur. Nous savons que : $l = \frac{1}{6}L$.

L'aire du rectangle vaut donc : $l \times L = \frac{1}{6}L \times L = \frac{1}{6}L^2$

(45) **D.** Leur prononciation est identique, mais leur orthographe diffère. Ce sont donc des **homonymes**.

SUJET N° 2 : Raisonnement et compétences

DURÉE : 1 HEURE

❶ **366** **123** **42** **15** ?
a. 4 b. 6 c. 8 d. 10

❷ **142** **235** **364** **457** ?
a. 569 b. 586 c. 589 d. 598

❸

PRÉ	**MINER**		**PROF**	**MENT**
TER	**DÉ**		**DÉ**	?

a. EN b. IN c. ON d. UN

❹

ANGE	**DONNE**		**UNE**	**ET**
AGE	**OR**		**HE**	?

a. LAC b. PIC c. ROC d. SEC

❺ **VT** **RP** **NL** **JH** ?
a. CA b. DB c. EC d. FD

❻ Trois appareils médicaux émettent un bip respectivement toutes les 12, 15 et 25 secondes. Combien de temps faut-il pour que les trois bips soient simultanés ?
a. 1 minute
b. 3 minutes
c. 4 minutes
d. 5 minutes

❼ Dans un village, dont la population actuelle est de 2 500 habitants, chaque année 10 % des habitants quittent le village et 100 nouveaux habitants s'y installent. Si cette situation perdure, combien d'habitants le village comptera-t-il au bout de deux années ?
a. 2 196 b. 2 200 c. 2 215 d. 2 680

❽ $\sqrt{\sqrt{\sqrt{100}+\sqrt{36}}+\sqrt{\sqrt{400}+\sqrt{25}}}$ est égal à :
a. 3 b. 4 c. 5 d. 6

❾ Une action augmente, pendant trois années consécutives, de 50 % par an. De combien a-t-elle augmenté après ces trois années ?
a. 150 % b. 237,5 % c. 337,5 % d. 450 %

❿ De combien la surface d'un rectangle diminue-t-elle si sa longueur diminue de 20 % et sa largeur augmente de 10 % ?
a. 8 % b. 10 % c. 12 % d. 15 %

⓫ Déterminez le mot qui complète la suite :
BUREAU **VŒU** **CAILLOU** **CORAIL** ?
a. RAIL b. CHACAL
c. HIBOU d. PNEU

⑫ Que signifie l'expression « **séparer le bon grain de l'ivraie** » ?
a. Savoir faire le tri entre les bonnes choses et les mauvaises.
b. Savoir trier le blé des bons et des mauvais grains.
c. Pouvoir choisir de vivre ou de mourir.
d. Être pris à partie dans un conflit.

⑬ Trouvez le synonyme de **semoncer :**
a. Féliciter
b. Moraliser
c. Renoncer
d. Réprimander

⑭ Quel couple de mots complète cette analogie ?
… est à 4 ce que dix est à …
a. 9/douze
b. Cinq/5
c. Six/3
d. Huit/3

⑮ Quel est l'intrus ?
a. RCUOGEA
b. RRREEUT
c. PBEIOH
d. GOINAESS

⑯ **2081** **4027** **809** **1603** ?
a. 3201 b. 4409 c. 5803 d. 6607

⑰ ○□○ **2** ○■● **4** ○■○ **3** ■○■ ?
a. 1 b. 2 c. 3 d. 4

⑱ **AVRIL 2** **MAI 8** **JUIN 7** **JUILLET 6** **AOÛT** ?
a. 1 b. 5 c. 9 d. 13

⑲ ○●□■ **26** ○●■■ **30** ○○■■ **28** ●●□□ ?
a. 22 b. 24 c. 30 d. 32

⑳ **LYS 12** **IRIS 22** **SOUCIS 33** **ANTHEMIS** ?
a. 24 b. 44 c. 35 d. 53

㉑ L'or a une masse volumique de 20 grammes par centimètre cube et un prix de 40 000 euros le kilogramme. Quelle est la valeur d'un petit cube d'un demi-centimètre de côté ?
a. 50 € b. 100 € c. 200 € d. 400 €

㉒ Quelle opération permet d'obtenir la plus grande valeur de $\frac{1}{2} + \frac{4}{3} \times \frac{5}{6}$?
a. l'addition
b. la soustration
c. la multiplication
d. la division

㉓ Quelle est la durée du trajet lorsqu'on parcourt, à une vitesse de 20 kilomètres par heure, une distance représentée par 20 cm sur une carte à l'échelle 1/200 000 ?

a. 6 minutes
b. 12 minutes
c. 60 minutes
d. 120 minutes

㉔ Un étudiant a obtenu 11 de moyenne à l'ensemble des épreuves d'un examen, chaque épreuve étant affectée du même coefficient. En supprimant sa moins bonne note qui est de 6. Il aurait 12 de moyenne à l'exament. Combien d'épreuves cet examen compte-t-il ?

a. 5 b. 6 c. 7 d. 8

㉕ Combien de fois le mot « quatre » est-il prononcé si on compte à voix haute de 1 à 100 ?

a. 31 fois b. 37 fois c. 11 fois d. 7 fois

㉖ Choisissez la conclusion la plus logique :

Certaines filles blondes n'ont pas de lunettes.
Toutes les personnes qui ont des lunettes sont aimables.

Donc :

a. Toutes les filles blondes sont aimables.
b. Certaines personnes qui ont des lunettes sont blondes.
c. Certaines filles blondes ne sont pas aimables.
d. Certaines personnes qui ont des lunettes ne sont pas aimables.

㉗ Complétez : **Mon père … tous les dimanches matin**.

a. coure
b. court
c. cours
d. courre

㉘ Que signifie « **pierre qui roule n'amasse pas mousse.** » ?

a. Rouler dans la forêt détruit la nature.
b. La vie n'est pas un long fleuve tranquille.
c. Une vie aventureuse de permet pas d'amasser des richesses.
d. Rien ne sert de courir, il faut partir à point

㉙ Choisissez la conclusion la plus logique :

Tous les élèves sont des infirmiers.
Aucun infirmier n'est médecin.

Donc :

a. Certains médecins sont infirmiers.
b. Aucun élève n'est médecin.
c. Tous les infirmiers sont des élèves.
d. Certains élèves sont médecins.

㉚ Quel est le mot manquant ?

?	Myope
Singe	Malin

a. Taupe b. Aveugle
c. Souris d. Lunettes

31 **111** **121** **238** **32** **?**
a. 7 b. 9 c. 8 d. 0

32 **DS (Q)** **DH (R)** **DN (S)** **VT (?)**
a. T b. V c. U d. W

33 **60** **52** **71** **?**
a. 81 b. 43 c. 73 d. 31

34 **?RUE** **?RAMPE** **?ORNIERE** **?ROUTE**
a. D b. B c. C d. A

35 **1** **2** **5** **10** **17** **26** **?**
a. 37 b. 48 c. 56 d. 68

36 Quels sont les nombres non nuls dont le carré est inférieur à l'inverse ?
a. inférieurs à 0
b. inférieurs à 0 ou supérieurs à 1
c. supérieurs à 1
d. compris entre 0 et 1

37 Quelle valeur a le tiers de la différence entre neuf et la demi-somme de sept et cinq ?

a. 9 b. $\frac{10}{3}$ c. 1 d. $\frac{10}{6}$

38 Sur chacune des six faces d'un cube, on colle un cube de même dimension, en faisant coïncider exactement les faces en contact. Combien d'arêtes possède le solide ainsi formé ?
a. 48 arêtes
b. 60 arêtes
c. 72 arêtes
d. 84 arêtes

39 La somme des âges d'une mère et son fils est de 54 ans. Dans 8 ans la différence de leurs âges sera de 18 ans. Quel est l'âge actuel du fils ?
a. 10 ans
b. 12 ans
c. 18 ans
d. 20 ans

40 Quelle est la surface d'un terrain de 5,6 km^2 ?
a. 56 000 m^2
b. 56 000 ?
c. 5 000 a
d. 500 ha

41 Quel est l'intrus ?
a. PICODON
b. BIGUINE
c. CALYPSO
d. JIVE

42 Complétez l'analogie suivante :
Solution est à IV ce qu'équation est à ...

a. I b. II c. III d. IV e. V

43 Quel est le synonyme de **taciturne** ?

a. Bavard
b. Optimiste
c. Introverti
d. Trivial

44 Quelle proposition complète l'analogie suivante ?
... est à 4 ce qu'océan est à ....

a. Tableau/3
b. Mer/5
c. 5/6
d. Prairie/canoë

45 Quel est le mot manquant ?

Gag	Été
Radar	?

a. Rêver b. Elle c. Non d. Voiture

Corrigé

1 b. En effet :

$\frac{366}{3} + 1 = 122 + 1 = \mathbf{123}, \frac{123}{3} + 1 = \mathbf{41} + 1 = 42, \frac{42}{3} + 1 = \mathbf{14} + 1 = \mathbf{15}, \frac{15}{3} + 1 = 5 + 1 = \mathbf{6}.$

2 b. En effet, on ajoute 111 à chaque nombre et on inverse les chiffres des dizaines et des unités du résultat.

$142 \xrightarrow{+111} 253 \xrightarrow{\text{inversion}} 235 \xrightarrow{+111} 346 \xrightarrow{\text{inv.}} 364 \xrightarrow{+111} 475 \xrightarrow{\text{inv.}} 457 \xrightarrow{+111} 568 \xrightarrow{\text{inv.}} 586$

3 c. PRÉ DÉ TER MINER (prédéterminer), donc PROF ON DÉ MENT (profondément)

4 a. Lisez : OR AGE (orage), OR ANGE (orange), OR DONNE (ordonne).
On a alors : LAC HE (lâche), LAC UNE (lacune), LAC ET (lacet).

5 d. Il suffit de réciter l'alphabet à l'envers en omettant une lettre sur deux :

$\boxed{VuT}$ *s* $\boxed{RqP}$ *o* $\boxed{NmL}$ *k* $\boxed{JiH}$ *g* $\boxed{FeD}$.

6 d. Le premier appareil émet des bips toutes les 12, 24, 36, 48, 60,... secondes.
Le deuxième appareil émet des bips toutes les 15, 30, 45, 60, ... secondes.
Le troisième appareil émet des bips toutes les 25, 50, 75, 100 ... secondes.
On cherche à quel moment chaque appareil émet un bip en même temps, c'est-à-dire le moment qui soit le plus petit multiple commun (ppmc) à 12, 15, 25.
Comme 12 = 4 × 3, 15 = 3 × 5 et 25 = 5 × 5, ce ppmc est 4 × 3 × 5 × 5 = 300. Et 300 secondes, c'est 5 minutes car $\frac{300}{60} = 5$.

7 c. Si 10 % des habitants quittent le village, il reste 90 % de la population.
Au bout d'un an il y a 2 350 habitants car 2 500 × 90 % + 100 =2 250 + 100 = 2 350
Au bout de deux ans il y a 2 215 habitants car 2 350 × 90 % + 100 = 2 115 + 100 = 2 215

8 a. $\sqrt{\sqrt{\sqrt{100}+\sqrt{36}} + \sqrt{\sqrt{400}+\sqrt{25}}} = \sqrt{\sqrt{10+6} + \sqrt{20+5}} = \sqrt{\sqrt{16} + \sqrt{25}} = \sqrt{4+5}$

$= \sqrt{9} = 3$

9 b. Au départ, la valeur de l'action est V.
Au bout d'un an la valeur de l'action est $V + 50\,\% \times V = V + 0{,}5 \times V = 1{,}5V$
Au bout de 2 ans la valeur de l'action est $1{,}5V + 0{,}5 \times 1{,}5V = 1{,}5V\,(1 + 0{,}5) = 1{,}5^2 \times V$
Au bout de 3 ans la valeur de l'action est $1{,}5^2V + 0{,}5 \times 1{,}5^2V = 1{,}5^2V(1 + 0{,}5) = 1{,}53 \times V$, c'est-à-dire $3{,}375 \times V$.
L'augmentation de sa valeur est $3{,}375V - V = 2{,}375V = \frac{237{,}5}{100} V$. C'est une augmentation de 237,5 %.

10 c. Soit a la longueur du rectangle et b sa largeur. Son aire est égale à ab.
La nouvelle longueur est $a - 20\,\% \times a = a - 0{,}2a = 0{,}8a$ et la nouvelle largeur est $b + 10\,\% \times b = b + 0{,}1b = 1{,}1b$.
La nouvelle aire est $0{,}8a \times 1{,}1b = 0{,}88ab = ab - 0{,}12ab = ab - 12\,\% \times ab$. L'aire du rectangle diminue donc de 12 %.

11 c. Tous les mots de la suite prennent un « x » au pluriel. Seul **HIBOU** vérifie cette règle d'orthographe.

⓬ **a.**

⓭ **d.**

⓮ **d.** Le mot **huit** a **4** lettres et le mot **six** a **3** lettres. La solution est **Huit/3**.

⓯ **a.** Ce sont des anagrammes. On trouve : **a. COURAGE** ; **b.** TERREUR ; **c.** PHOBIE ; **d.** ANGOISSE. **COURAGE** est le seul mot qui n'est pas un synonyme de peur.

⓰ **a.** On décompose les nombres en deux parties : 2081 → 20 81. On multiplie la première partie par 2 et on divise la seconde par 3. Ainsi : 20 81 → 40 27 → 40 27. Donc :
2081 → 20 81 → 40 27 → 80 9 → 160 3 → 320 1 → 3201
Remarque : on aurait pu avoir aussi : 809 → 8 09 → 16 03 → 32 01 → 3201

⓱ **c.** Comme les nombres en jeu sont assez petits, on peut penser à faire la somme des nombres qui sont représentés par les formes.
rb = rond blanc, cb = carré blanc, cn = carré noir et rn = rond noir. Donc :

$$\begin{cases} 2rb + cb = 2 \\ rb + cn + rn = 4 \\ 2rb + cn = 3 \end{cases}$$

De la première et la troisième égalité on déduit : $cn = cb + 1$.
De $2rb + cb = 3$ on peut déduire $rb = cn = 1$, donc $cb = 0$. On vérifie que $2rb + cb = 2$.
Finalement : $2cn + rb = 3$, ce qui fournit la réponse **c.**
Remarque : $rb + cn + rn = 4 \Rightarrow rn = 2$.

⓲ **a.**
Voici les mois classés par ordre alphabétique, ce qui justifie la réponse **a.**

Août	1
Avril	2
Décembre	3
Février	4
Janvier	5
Juillet	6
Juin	7
Mai	8
Mars	9
Novembre	10
Octobre	11
Septembre	12

⓳ **b.** On utilise les notations et la logique de l'exercice 10. On obtient le système :

$$\begin{cases} rb + rn + cb + cn = 26 \\ rb + rn + 2cn = 30 \\ 2rb + 2cn = 28 \end{cases} \quad \text{en particulier : } \begin{cases} rb + cn + cb + rn = 26 \\ rb + cn = 14 \end{cases},$$

c'est-à-dire $14 + cb + rn = 26$ et finalement $2cb + 2rn = 24$, ce qu'il fallait démontrer.

⑳ **c.** LYS : 1 voyelle, 2 consonnes.
IRIS : 2 voyelles 2 consonnes
SOUCIS : 3 voyelles 3 consonnes
ANTHEMIS : 3 voyelles, 5 consonnes.

㉑ **b.** Volume du cube de 0,5 cm de côté : $0{,}5^3$ cm^3 = 0,125 cm^3
Masse de ce petit cube : 20 × 0,125 = 2,5 grammes.

Prix du gramme en € : $\frac{40\,000}{1\,000} = 40$.

Prix du petit cube en € : 40 × 2,5 = 100.

㉒ **A.** La soustraction est évidemment exclue.

$$\frac{1}{2}+\frac{4}{3}+\frac{5}{6}=\frac{16}{6}=\frac{8}{3}=\frac{6}{3}+\frac{2}{3}\approx 2{,}6$$

$$\frac{1}{2}+\frac{4}{3}\times\frac{5}{6}=\frac{1}{2}+\frac{10}{9}=\frac{29}{18}<2$$

$$\frac{1}{2}+\frac{4}{3}:\frac{5}{6}=\frac{1}{2}+\frac{4}{3}\times\frac{6}{5}=\frac{1}{2}+\frac{8}{5}=\frac{21}{10}=2{,}1$$

㉓ **d.** Les 20 cm représentent en réalité 20 × 200 000 cm =4 000 000 cm.
Or 1 km = 1 000 m = 100 000 cm. Donc 4 000 000 cm =40 km.
La durée du parcours est donc de 2 heures, c'est-à-dire 120 minutes.

㉔ **b.** Soit x le nombre d'épreuves et S la somme des notes obtenues.

D'après l'énoncé : $\frac{S}{x}=11 \Rightarrow S=11x$ et $\frac{S-6}{x-1}=12 \Rightarrow S-6=12x-12$.

Donc : $11x-6=12x-12 \Rightarrow x=6$.

㉕ **b.** Ne pas oublier la série 80, 81..., 89, 90, ... , 99.

㉖ **c.** La conclusion doit commencer par « Certaines », être négative et ne doit pas comporter le mot « lunettes » donc la solution est « **Certaines filles blondes ne sont pas aimables ».**

㉗ **b.** Court (3e personne du verbe courir au présent de l'indicatif).

㉘ **c.**

㉙ **b.**

㉚ **a.** À la deuxième ligne, les deux mots font partie de l'expression « Être malin comme un singe » qui signifie « être rusé ». La solution est donc **Taupe** car « Être myope comme une taupe » signifie que « quelqu'un ne voit rien ».

㉛ **b.** 111 → $1^1 = 1$
121 → $1^2 = 1$
238 → $2^3 = 8$
329 → $3^2 = 9$

㉜ **d.** Le décodage utilise le rang des lettres dans l'alphabet.
Dix-**S**ept → Q
Dix-**H**uit → R
Dix-**N**euf → S
Vingt-**T**rois → W

㉝ a. En faisant la somme des chiffres des nombres, on obtient la clé du décodage.
60 → 6 + 0=6
52 → 5 + 2=7
71 → 7 + 1=8
81 → 8 + 1=9

㉞ c. **C**RUE **C**RAMPE **C**ORNIERE **C**ROUTE

㉟ a. On passe d'un nombre au suivant en ajoutant les entiers impairs consécutifs.

1 +1 2 +3 5 +5 10 +7 17 +9 26 +11 **37**

㊱ d. On obtient le résultat en observant la courbe bleue, représentant x^2, et la noire, représentant $\frac{1}{x}$.
Le carré est inférieur à l'inverse, autrement dit la courbe bleue est en-dessous de la courbe noire si et seulement si $0 < x < 1$.

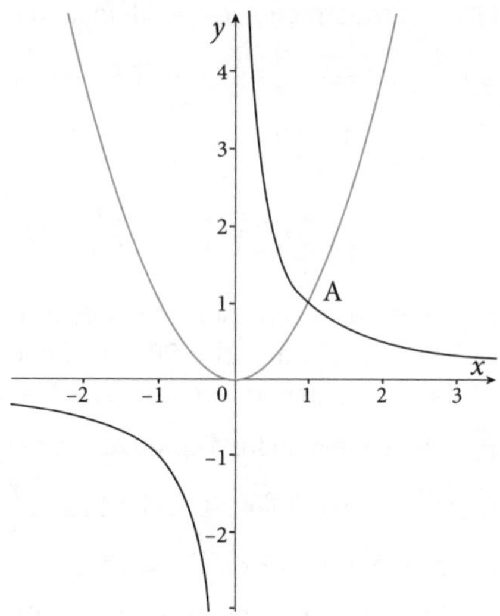

㊲ c. Demi-somme de 7 et 5 : $\frac{7+5}{2} = 6$.
Différence entre 9 et la demi-somme : $9 - 6 = 3$.
Tiers de cette différence : 1.

㊳ 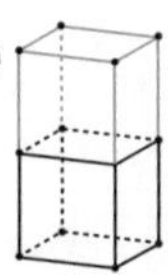
a. Sur chacune des faces du cube initial (en noir sur la figure) il y a un autre cube (en bleue) qui génère 8 arêtes et $6 \times 8 = 48$.

㊴ c. Si m est l'âge de la mère et f l'âge du fils alors $m + f = 54$.
Dans 8 ans (ou 10 ans, ou 1 an ou maintenant) la différence de leurs âges est toujours la même, donc $m - f = 18$. Par soustraction des deux équations on obtient :
$m + f - (m - f) = 54 - 18 \Rightarrow 2f = 36 \Rightarrow f = 18$.

㊵ d. 1 km² = 100 hm² = 100 ha ⇒ 5,6 km² = 560 ha.

㊶ c. Le **CALYPSO** est un style de musique et les autres mots sont des danses.

㊷ e. Le mot Solution a 4 voyelles, soit IV en nombre romain. Donc le mot Équation a 5 voyelles, soit **V** en nombre romain.

㊸ c.

㊹ a. Le nombre correspond au nombre de voyelles dans le mot. La solution est **Tableau/3**.

㊺ a. « Gag » et « Été » sont des **palindromes** de trois lettres, c'est à dire ce sont des mots qui peuvent se lire dans les deux sens. Les propositions A, B et C sont aussi des palindromes mais « Radar » a cinq lettres. La solution est donc un palindrome de cinq lettres : « **Rêver** ».

SUJET N° 3 : Raisonnement et compétences

DURÉE : 1 HEURE

1 Par quels nombres remplacer les deux points d'interrogation ?

3	4	5	6
9	7	5	3
3	6	9	12
?	?	7	3

A. | 3 | 7 |

B. | 9 | 5 |

C. | 15 | 11 |

D. | 5 | 3 |

2 Par quelles lettres remplacer les deux points d'interrogation ?

A	C	B	D
E	G	F	H
I	K	J	L
M	O	?	?

A. | P | N |

B. | N | P |

C. | A | C |

D. | C | A |

3 Par quelles formes remplacer les deux points d'interrogation ?

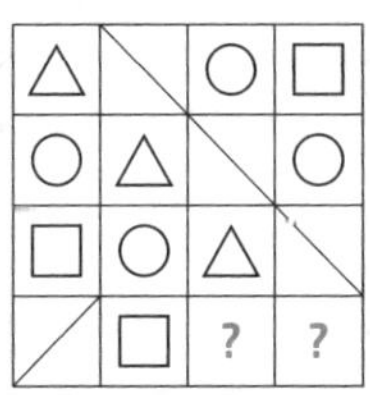

A. 

B. 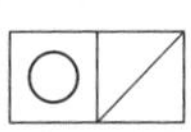

C. 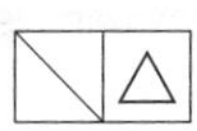

D. 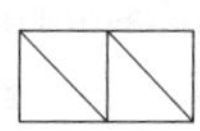

❹ Par quelles lettres remplacer les deux points d'interrogation ?

A	O	Q	?
C	M	S	?
E	K	U	A
G	I	W	Y

A.

B
C

B.

Z
C

C.

V
X

D.

E
C

❺ Par quelles formes remplacer les deux points d'interrogation ?

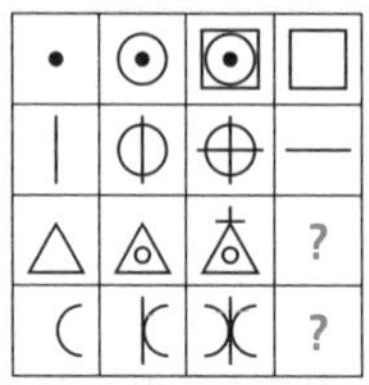

A. 

B. 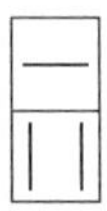

C. 

D. 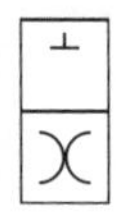

❻ Soient x et y deux nombres entiers positifs qui vérifient : $x^2 + y^2 = 34$ et $xy = 15$.
La valeur de ($x + y$) est :

A. 20 **B.** 16 **C.** 12 **D.** 8

❼ Un commerçant équipe en pneumatiques 58 scooters à 2 ou 3 roues. Il utilise 143 pneumatiques. **Le nombre de scooters à 3 roues qu'il a équipés est :**

A. 27 **B.** 30 **C.** 33 **D.** 36

❽ Dans un tiroir, il y a quatre chaussettes indiscernables au toucher. Il y a parmi elles deux rouges et deux noires.
On prend au hasard deux chaussettes dans le tiroir :

A. On obtient deux chaussettes de la même couleur avec une chance sur deux.

B. On obtient deux chaussettes de la même couleur avec une chance sur trois.

C. On obtient deux chaussettes de la même couleur avec une chance sur quatre.

D. On obtient deux chaussettes de la même couleur avec une chance sur six.

❾ La valeur de l'expression $\mathbf{3[x - (y - z)^2 + t] + yzt(x - t)}$ pour $x = 3$, $y = 3$, $z = 2$ et $t = -1$ est égale à :

A. -21 **B.** +21 **C.** -31 **D.** +31

⑩ Soit l'inéquation suivante : $5x - 1 < 8x - 7$.

L'ensemble solution est :

A.]-∞ ; -2] B.]-∞ ; 2] C. [2 ; +∞[D.]2 ; +∞[

⑪ Quel est le mot manquant ?

Mégalomane	Présomptueux
?	Menteur

A. Mythomane
B. Mélancolique
C. Pyromane
D. Mélomane

⑫ Quel est l'intrus ?

A. LOTUB
B. MEEDSU
C. ERIPAR
D. LOUME

⑬ Quel mot complète l'analogie suivante ?

REFRAINS est à SDGSZHOT ce que CHAGRIN est à ...

A. DIBHSJO
B. BGBFQJM
C. DIZHSHO
D. BGZFQHM

⑭ Déterminez le mot qui complète la suite donnée.

BÉCASSE CIGOGNE ÉPERVIER HÉRON ?

A. SOURIS
B. MARSOUIN
C. GRUE
D. BOLET

⑮ Trouvez le synonyme de **déperdition**.

A. Gain
B. Recrudescence
C. Épuisement
D. Libération

⑯ Par quelle lettre remplacer le point d'interrogation ?

GESTICULATION * M **MER * C** **CUISINE * G** **GUENON * F** **FOLLE * ?**

A. H **B.** A **C.** E **D.** J

⑰ Par quelle forme remplacer le point d'interrogation ?

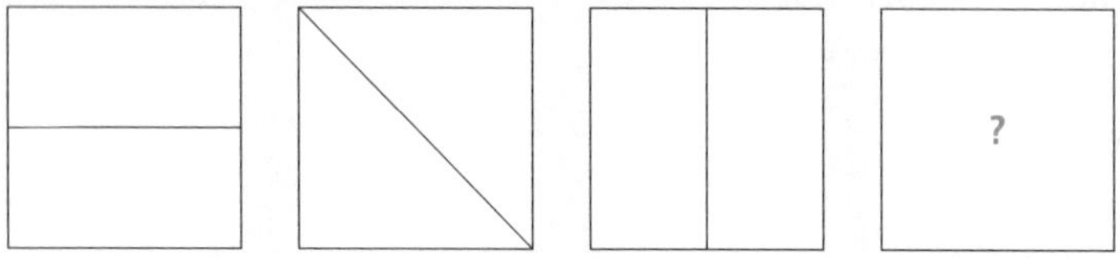

A.

B.

C.
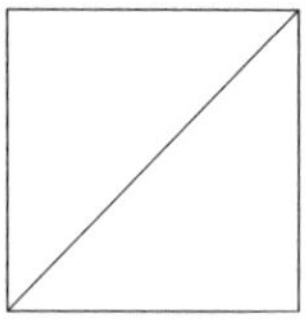
D.

⑱ Par quelle forme remplacer le point d'interrogation ?

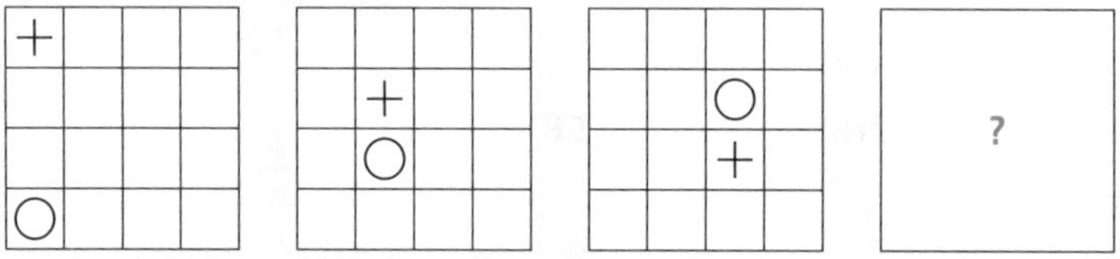

A.
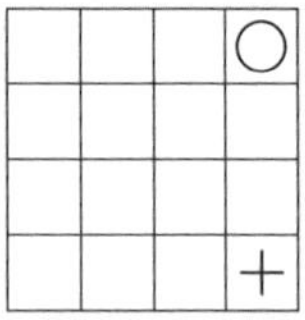
B.
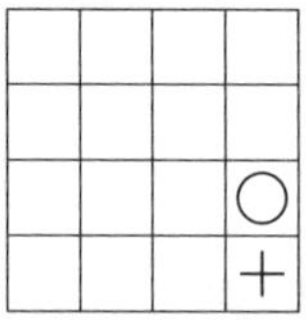
C.
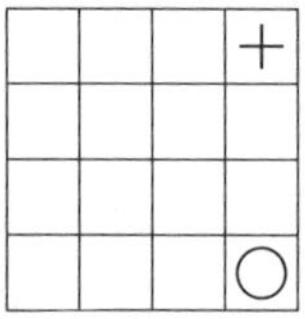
D.
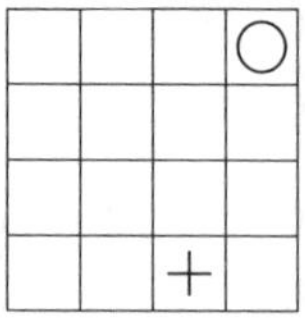

⑲ Par quelle forme remplacer le point d'interrogation ?

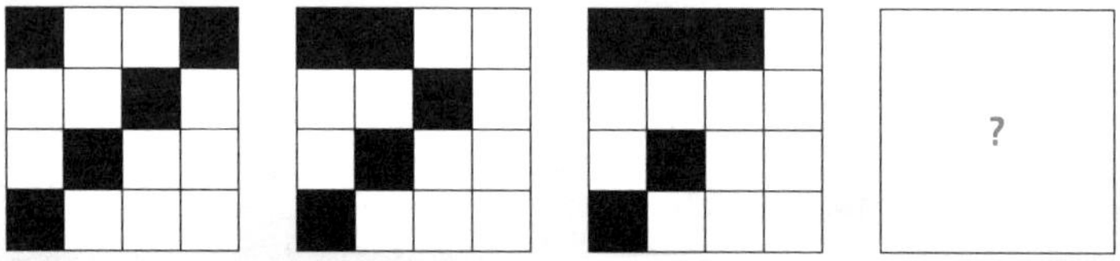

A.
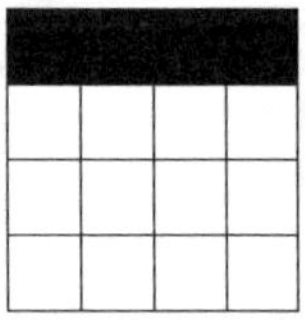
B.

C.

D.
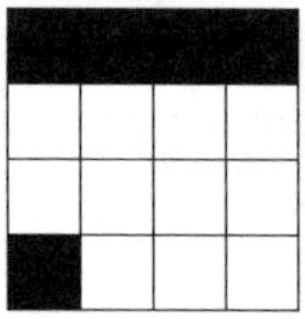

⑳ Par quelle forme remplacer le point d'interrogation ?

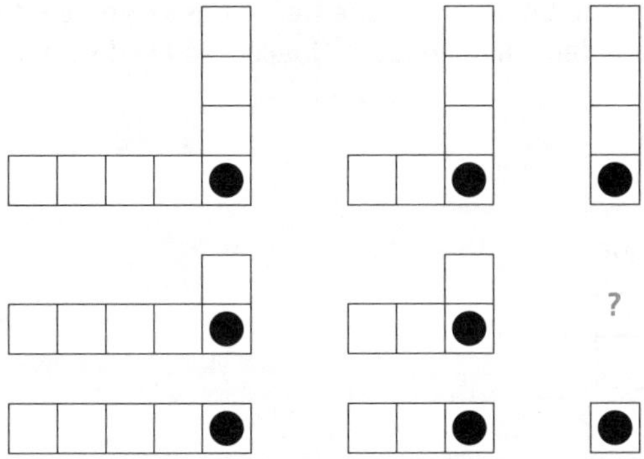

A. 

B. 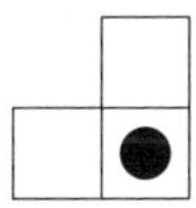

C. 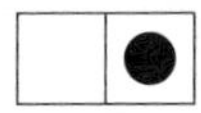

D. 

㉑ Combien le nombre **N = 23 × 32 × 5** a-t-il de diviseurs ?

A. 6 diviseurs B. 7 diviseurs C. 18 diviseurs D. 24 diviseurs

㉒ On dispose de 92 petits cubes, chacun ayant pour côté 1 cm. En les assemblant, on veut construire le plus grand cube possible, ce grand cube étant évidemment plein des petits cubes. Combien restera-t-il de petits cubes après cette construction ?

A. 1 B. 13 C. 28 D. 10 E. 0

㉓ On partage un rectangle en deux selon sa diagonale. On appelle *R* et *S* les aires des deux rectangles colorés. Alors :

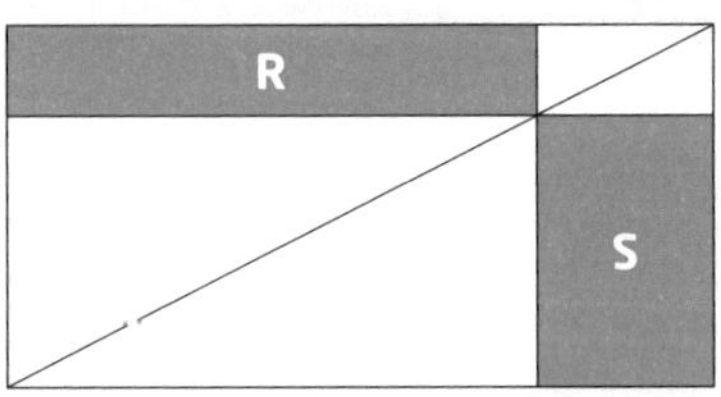

A. R < S B. R > S C. R = S D. On ne peut pas savoir

㉔ Le croquis suivant représente un terrain. Quel est son périmètre ?

A. 50 mètres
B. Il manque des données
C. 60 mètres
D. 70 mètres
E. 80 mètres

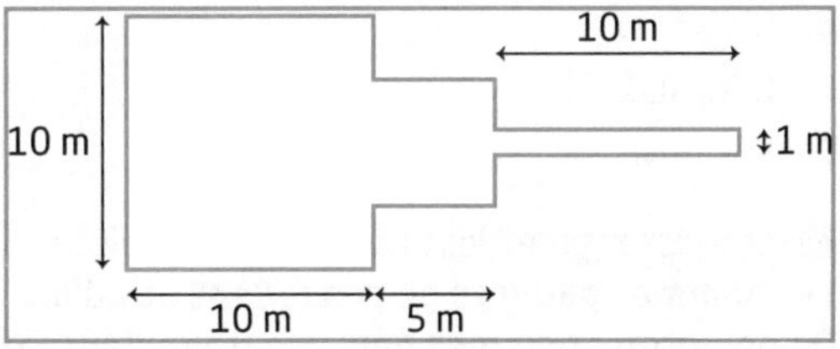

㉕ Quatorze personnes sont réunies pour partager un gâteau. La première en prend un cinquième et la deuxième prend un sixième du reste. Les deux s'en vont et les douze personnes restantes se partagent équitablement le reste. Quelle fraction du gâteau chacune d'elles aura-t-elle ?

A. $\frac{2}{12}$ B. $\frac{1}{28}$ C. $\frac{1}{18}$ D. $\frac{12}{30}$ E. $\frac{1}{15}$

㉖ Quel est le mot manquant ?

Justice	Balance
Puissance	?

A. Trident
B. Armure
C. Écu
D. Glaive

㉗ Choisissez parmi les propositions de solution la conclusion qui vous paraît la plus logique.
Tous les animaux sont beaux.
Certains hommes sont des animaux.
Donc :
A. Certains hommes sont beaux.
B. Certains animaux ne sont pas des hommes.
C. Certains animaux sont des hommes.
D. Certaines personnes belles ne sont pas des hommes.

㉘ Choisissez les deux mots qui complètent l'analogie de façon logique.
... est à pragmatique ce que atonique est à ....
A. Réaliste/Nonchalant
B. Idéaliser/Romantique
C. Activer/Bombe
D. Sérieux/Perspicace

㉙ Complétez logiquement l'analogie suivante.
... est à CGF ce que BMN est à ....
A. DHG/CNO
B. BHG/CLM
C. DFG/ALO
D. FGD/ANM

㉚ Choisissez parmi les propositions de solution la conclusion qui vous paraît la plus logique.
Les hommes pauvres ne possèdent pas d'or.
De nombreux hommes pauvres travaillent intensément.
Donc :
A. Tous les hommes qui travaillent intensément possèdent de l'or.
B. Des hommes peuvent ne pas travailler intensément et ne pas posséder d'or.

C. Les hommes pauvres ne travaillent pas intensément.

D. Certains hommes travaillent intensément et ne possèdent pas d'or

31 Par quelle forme remplacer le point d'interrogation ?

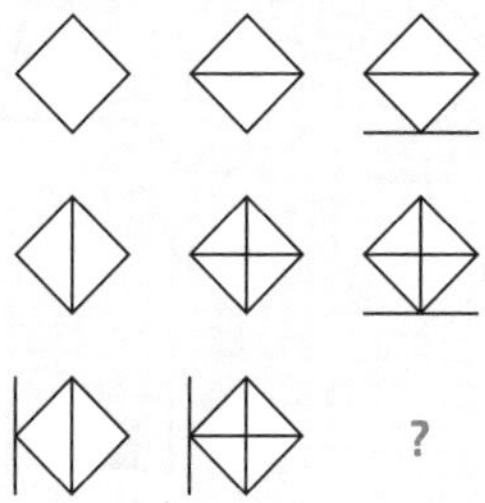

A. 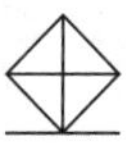

B. 

C. 

D. 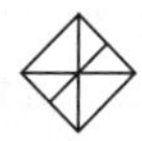

32 Par quelle forme remplacer le point d'interrogation ?

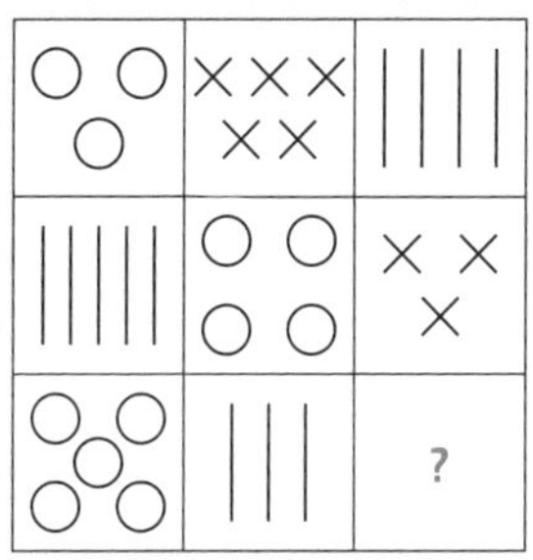

A. 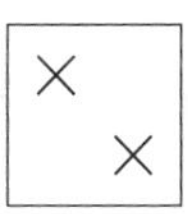

B. 

C. 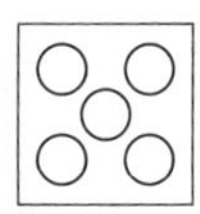

D. 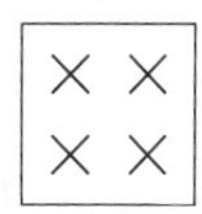

33 Par quelle forme remplacer le point d'interrogation ?

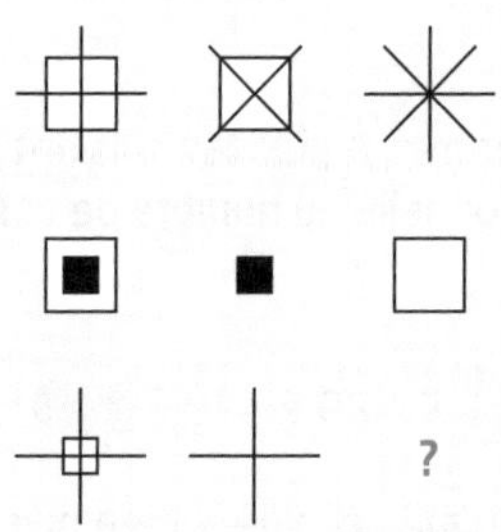

A. 

B. 

C. 

D. 

㉞ Par quelle forme remplacer le point d'interrogation ?

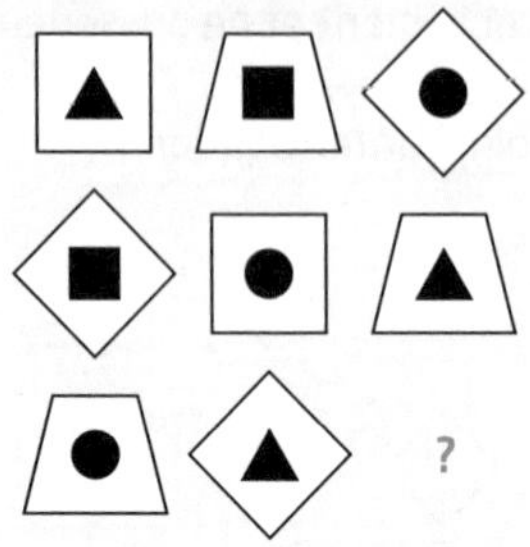

A. 

B. 

C. 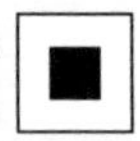

D. 

㉟ Par quel nombre faut-il remplacer le point d'interrogation ?

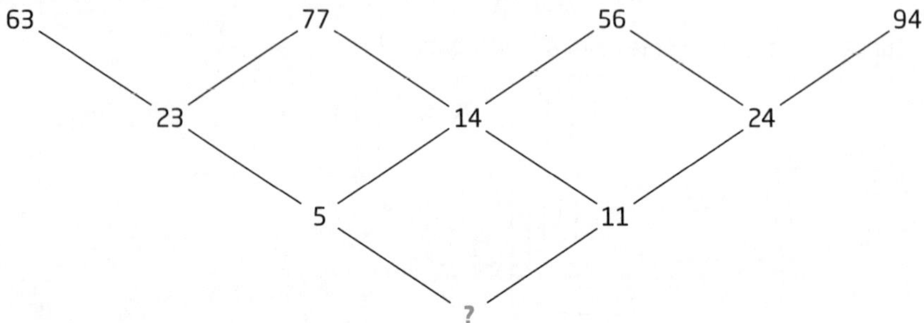

A. 25 B. 7 C. 28 D. 41

㊱ La différence $a - b$ est égale à 18. On augmente a de 5 et on diminue b de 1. Que devient la différence $\boldsymbol{a - b}$?

A. Elle diminue de 6

B. Elle augmente de 4

C. Elle diminue de 4

D. Elle augmente de 6

E. Cela dépend de a et b

㊲ Hector et Achille ont lavé des voitures. À eux deux, ils ont gagné en tout 54 €. Ils décident que chacun recevra une somme proportionnelle au nombre de voitures lavées. Hector en a lavé 19 et Achille 17.
Combien Hector recevra-t-il ?

A. 25,5 € B. 21 € C. 29 € D. 28,5 € E. 30 €

㊳ On dispose de 2 017 carreaux du même type. On en place un sur la première ligne, deux sur la deuxième, trois sur la troisième et ainsi de suite, jusqu'à épuisement des carreaux.
Sachant que **64 × 65 = 4 160**, combien la soixante-quatrième ligne (pas forcément complète) comportera-t-elle de carreaux ?

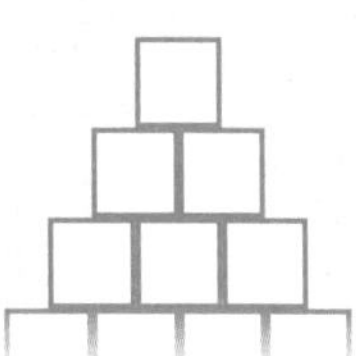

A. 7 B. 63 C. 64 D. 2 E. 1

39 Hermès, Aphrodite et Apollon collectionnent les trophées. Aux derniers jeux olympiques des dieux, Hermès et Aphrodite en ont remporté 40 à eux deux, Aphrodite et Apollon en ont gagné 42 à eux deux et Apollon et Hermès 36 à eux deux.
Combien Aphrodite a-t-elle eu de trophées ?

A. 19 B. 17 C. 23 D. 18 E. 24

40 Un train de 1 km de long doit traverser un tunnel de 1 km de long à la vitesse de 1 km/h.

Combien de temps s'écoule-t-il entre l'entrée de la tête de la locomotive et la sortie complète du dernier wagon ?

A. 1/2 heure B. 1 heure C. 1 heure et demie
D. 2 heures E. 3 heures

41 Quel est l'intrus ?

A. QCNI
B. TAEQUR
C. REETTL
D. ZOUED

42 Que signifie l'expression **« tirer le diable par la queue »** ?

A. Mentir pour ne pas avoir d'ennui.
B. Titre d'une comptine pour enfant.
C. Avoir des difficultés à subvenir à ses besoins.
D. Faire vivre l'enfer à ses amis.

43 Complétez : **Il fait froid, Alice a la ... de poule.**

A. cher
B. chère
C. chaire
D. chair

44 Complétez : **Antony joue sur la plage avec son....**

A. seau
B. sceau
C. sot
D. ceau

45 Choisissez les deux mots qui complètent logiquement l'analogie suivante.

... est à aversion ce que exigu est à ....

A. Pluie/contigu B. Complicité/modique
C. Hostilité/étroit D. Désaccord/démesuré

Corrigé

1 **C.** En effet, la somme de chaque ligne augmente de 6 : 18, 24, 30 ; ainsi, la somme de la quatrième ligne est égale à 36.
Ou alors :
- à la 1re ligne : on ajoute 1 pour passer d'une colonne à la suivante ;
- à la 2e ligne : on retire 2 ;
- à la 3e ligne : on ajoute 3 ;
- à la 4e ligne : on retire 4.

2 **B.** Lorsque l'on lit l'alphabet de gauche à droite en partant de A, on remarque que les deux lettres du milieu de chaque ligne sont inversées.

3 **A.** Sur chaque diagonale descendant de gauche à droite on constate, à partir du bas : deux carrés, trois ronds, quatre triangles, trois traits et deux ronds.

4 **D.** On saute une lettre sur deux à partir du A en haut à gauche en descendant, on remonte par le bas dans la 2e colonne, puis on redescend à partir de Q et enfin on remonte à partir de Y.

5 **C.** Sur chaque ligne, la quatrième case contient la forme qui a permis de passer de la deuxième à la troisième.

6 **D.** Les nombres sont entiers positifs ; $15 = 3 \times 5$ et $3^2 + 5^2 = 9 + 25 = 34$.
On en déduit que $x + y = 3 + 5 = 8$.

7 **A.** Soit d le nombre de scooters à deux roues et t le nombre de scooters à trois roues. Le nombre de roues équipant les scooters à deux roues est $2d = 2(58 - t)$ car $d + t = 58$; et le nombre de roues équipant les scooters à trois roues est $3t$. Puisqu'il y a 143 roues :
$2(58 - t) + 3t = 143 \Leftrightarrow 116 - 2t + 3t = 143 \Leftrightarrow t = 143 - 116 = 27$.

8 **B.** Prendre deux chaussettes au hasard revient à en prendre une puis une autre, sans remettre la première dans le tiroir. La probabilité de prendre au hasard deux chaussettes noires est $\frac{2}{4} \times \frac{1}{3} = \frac{2}{12}$.
La probabilité de prendre au hasard deux chaussettes rouges est aussi $\frac{2}{4} \times \frac{1}{3} = \frac{2}{12}$.
La probabilité de prendre au hasard deux chaussettes de la même couleur est donc : $2 \times \frac{2}{12} = \frac{4}{12} = \frac{1}{3}$.

9 **A.** $3[3 - (3 - 2)^2 - 1] - 3 \times 2(3 + 1) = 3[3 - 1 - 1] - 6 \times 4 = 3 \times 1 - 24 = -21$

10 **D.** $5x - 1 < 8x - 7 \Leftrightarrow -3x < -6 \Leftrightarrow x > \frac{-6}{-3} \Leftrightarrow x > 2$

> **RAPPEL DU FORMATEUR**
>
> Quand on multiplie ou divise les deux membres d'une inégalité par un même nombre strictement négatif, on obtient une inégalité de sens contraire à la première et qui lui est équivalente.

11 **A.** « Mégalomane » et « Présomptueux » sont des synonymes. **Mythomane** est un synonyme de « Menteur ».

12 **B.** Ce sont des anagrammes. On trouve : **A.** BULOT ; **B.** **MÉDUSE** ; **C.** PRAIRE ; **D.** MOULE.
La **MÉDUSE** n'est pas un coquillage.

13 C. Entre REFRAINS et SDGSZHOT, on a remplacé chaque consonne par la lettre qui suit dans l'alphabet et chaque voyelle par la lettre qui précède dans l'alphabet. En appliquant ce raisonnement à CHAGRIN, on obtient **DIZHSHO.**

14 C. Ce sont tous des oiseaux, la réponse est donc **GRUE.**

15 C.

16 C. Il y a treize lettres dans GESTICULATION et M est la 13e lettre de l'alphabet. Il y a trois lettres dans MER et C est la 3e lettre. Il y a cinq lettres dans FOLLE et E est la 5e lettre.

17 C. À chaque étape, on fait tourner le trait autour du centre du carré en effectuant un quart de tour dans le sens horaire.

18 A. À chaque étape, la croix descend d'un cran en diagonale et le rond monte d'un cran en diagonale.

19 D. À chaque étape, on retire un carré noir de la diagonale pour le placer en haut du quadrillage.

20 D. Sur chaque ligne, on ôte deux carrés horizontaux à chaque étape.

21 D. Comme $32 = 2 \times 16 = 2 \times 4 \times 4 = 2 \times 2^2 \times 2^2 = 2^5$, on peut écrire $N = 2^5 \times 5 \times 23$.
Comme 23 et 5 sont des nombres premiers, tout diviseur de N s'écrit sous la forme $2^a \times 5^b \times 23^c$ avec $0 \leq a \leq 5$, $0 \leq b \leq 1$ et $0 \leq c \leq 1$. On a donc six choix pour a, deux pour b et deux pour c. Au total, on peut donc choisir $6 \times 2 \times 2$, c'est-à-dire 24 diviseurs.
Par exemple : $2^3 \times 5^0 \times 23^1 = 8 \times 1 \times 23 = 184$.

22 C. Calculons le volume de cubes dont l'arête mesure 2, 3, 4, 5 cm : $2^3 = 8$; $3^3 = 27$; $4^3 = 64$ et $5^3 = 125$.
Avec 92 petits cubes, le plus grand cube que l'on peut construire compte 64 petits cubes (il a donc 4 cm de côté). Il reste alors 28 petits cubes (92 - 64).

23 C. La diagonale partage le rectangle de départ en deux triangles de même aire. Elle partage également les deux rectangles blancs en des triangles de même aire. C'est pourquoi les deux rectangles colorés ont des aires égales.

24 D. Il suffit simplement d'additionner la largeur (10 m en tout) et la longueur (25 m en tout), puis de multiplier le tout par deux : $(10 + 25) \times 2 = 70$ m.

25 C. La première personne laisse $\frac{4}{5}$ du gâteau à la deuxième. Celle-ci prend donc $\frac{1}{6} \times \frac{4}{5} = \frac{4}{30} = \frac{2}{15}$.
Après ces partages, il reste $1 - \frac{1}{5} - \frac{2}{15} = \frac{15-3-2}{15} = \frac{10}{15} = \frac{2}{3}$ du gâteau. Les douze personnes restantes en prennent donc chacune $\frac{1}{12} \times \frac{2}{3} = \frac{2}{36} = \frac{1}{18}$.

26 D. La balance est le symbole de la justice et le **glaive** (= épée) est le symbole de la puissance.

27 A. Cette question est un syllogisme, la conclusion doit commencer par « Certains », ne doit pas contenir « animaux » et être affirmative : **Certains hommes sont beaux.**

28 A. Réaliste est un synonyme de pragmatique et nonchalant est un synonyme d'atonique.

29 B. **BHG** est à CGF avec B + 1 = C, H - 1 = G et G - 1 = F

On applique le même raisonnement à BMN : B + 1 = **C**, M - 1 = **L** et N - 1 = **M** donc BMN est à **CLM**.

30 D.

31 C. Sur chaque ligne, on ajoute un trait horizontal à chaque étape.

32 D. Sur chaque ligne, il y a 3, 4 et 5 formes. En tout, il doit y avoir trois groupes de ronds, trois groupes de croix et trois groupes de traits.

㉝ **A.** Sur chaque ligne, on superpose les deux premières formes et on retire ce qui est en double pour obtenir la troisième.

㉞ **C.** En blanc, il doit y avoir en tout trois carrés, trois trapèzes et trois losanges. En noir, il doit y avoir en tout trois triangles, trois carrés et trois disques.

㉟ **B.** Examinons la figure de haut en bas. 23 = 6 + 3 + 7 + 7. Donc 23 est à la base de 63 et 77 ; 14 = 7 + 7. Donc 14 est à la base de 77 ; 24 = 5 + 6 + 9 + 4. Donc 24 est à la base de 56 et 94. ; 5 = 2 + 3. Donc 5 est à la base de 23 ; 11 = 1 + 4 + 2 + 4. Donc 11 est à la base de 14 et 24.
5 + 1 + 1 = 7, donc 7 est à la base de 5 et 11.

㊱ **D.** La nouvelle différence est égale à $a + 5 - (b - 1) = a + 5 - b + 1 = a - b + 6$.

㊲ **D.** Le nombre total de voitures lavées est 36 (19 + 17). Chaque voiture lavée a donc rapporté 1,5 € $\left(\frac{54}{36}\right)$. Hector recevra 19 × 1,5 = 28,5 €. Achille recevra 17 × 1,5 = 25,5 €.

㊳ **E.** En supposant que la soixante-quatrième ligne comporte 64 carreaux, on obtient un total des carreaux égal à $\frac{64 \times 65}{2}$ = 2 080. Par conséquent, il y aurait 63 carreaux de trop (2 080 - 2 017). On en conclut que la soixante-quatrième ligne ne compte qu'un seul carreau.

RAPPEL DU FORMATEUR

On a utilisé la formule $1 + 2 + 3 + ... + n = \frac{n(n+1)}{2}$

㊴ **C.** On a : H + Aph = 40, Aph + Apo = 42 et Apo + H = 36. Donc :
$H + Aph + Aph + Apo + Apo + H = 40 + 42 + 36 = 118$
$H + Aph + Aph + Apo + Apo + H = 2\,(H + Aph + Apo)$
Finalement : $2(H + Aph + Apo) = 118 \Rightarrow H + Aph + Apo = 59$
À eux trois, ils ont donc remporté 59 trophées. Donc Apollon en a eu 19 (59 - 40), Hermès en a eu 17 (59 - 42) et Aphrodite 23 (59 - 36).

㊵ **D.** Au bout d'une heure, le train entier est sous le tunnel. Il en ressort complètement au bout d'une autre heure.

㊶ **C.** Ce sont des anagrammes. On trouve : **A.** CINQ ; **B.** QUATRE ; **C.** **LETTRE** ; **D.** DOUZE. **LETTRE** est le seul mot qui ne désigne pas un nombre.

㊷ **C.**

㊸ **D.**

㊹ **A.**

㊺ **C.** **Hostilité/étroit.** « Hostilité » est un synonyme d'« aversion » et « exigu » est un synonyme d'« étroit ».

Analyse documentaire et connaissance des enjeux contemporains

DURÉE
3
HEURES

1. Planning de révisions 132

2. Méthodologie et conseils 133

3. Sujets blancs corrigés 138

Planning de révisions

La préparation de cette épreuve suppose :
– un travail de traitement de l'information pour répondre méthodiquement et justement au QCM d'analyse documentaire ;
– un travail sur l'actualité et la culture générale pour répondre correctement, et le plus rapidement possible, au QCM de connaissance des enjeux contemporains.

TRAVAIL À FAIRE		
Travail de traitement de l'information	Quotidien :	lisez des articles d'actualité ou de culture générale. Si vous ne connaissez pas un mot-clé, cherchez-en la définition. Assurez-vous d'avoir bien compris le sens général, formulez dans votre tête la thèse principale. Interrogez-vous sur le parti pris des rédacteurs, sur les points de vue.
	Hebdomadaire :	résumez à l'écrit un ou deux articles d'une page en trois lignes maximum.
Travail sur l'actualité, la culture générale	Quotidien :	suivez l'actualité sur support audio-vidéo.
	Hebdomadaire :	lisez des articles d'actualité ou de culture générale. Visitez des expos, musées.

1. L'épreuve

L'épreuve d'analyse documentaire et de connaissance des enjeux contemporains consiste en 60 questions, auxquelles vous devez répondre en 3 heures.

L'épreuve comporte deux parties :
- analyse documentaire ;
- connaissance des enjeux contemporains.

Dans cette épreuve, seules les bonnes réponses sont prises en compte.

1. L'analyse documentaire

La partie analyse documentaire prend la forme d'un QCM de 20 questions destinées à « évaluer votre capacité de recherche, de hiérarchisation et de traitement de l'information » (www.concours-sesame.net). Elle s'appuie sur un dossier documentaire.

Il est recommandé de consacrer environ 2 heures à cette partie mais le candidat est libre d'adapter cette durée.

Cette partie est divisée en trois sous-parties :
- repérage ;
- analyse ;
- synthèse.

Le nombre de questions affectées à chacune de ces sous-parties n'est pas précisé.

■ Repérage

Les réponses aux questions de cette sous-partie sont toutes contenues dans le dossier documentaire. Cette sous-partie évalue donc les capacités de recherche du candidat dans une base documentaire d'une trentaine de pages. Pour répondre correctement à ces questions, il est important d'avoir lu le dossier documentaire avec méthode. Si tel n'est pas le cas, vous risquez de vous noyer dans la masse d'informations et de perdre un temps précieux.

Pour chaque question de cette sous-partie, une seule réponse est possible.

■ Analyse

Comme son nom l'indique, cette sous-partie évalue les qualités d'analyse du candidat. Il ne s'agit plus de trouver des informations mais de montrer que vous avez compris les documents.

Pour les questions de cette sous-partie, plusieurs réponses peuvent être possibles. Nous vous recommandons de lire attentivement les consignes ainsi que toutes les propositions de réponse.

Exemple de consigne :

Plusieurs propositions permettent de construire la bonne réponse à chaque question posée. Sélectionnez uniquement les propositions appropriées.

Notation :

1. Le candidat qui sélectionne toutes les propositions attendues obtiendra la totalité des points.
2. Le candidat qui identifie au moins la moitié des propositions attendues obtiendra la moitié des points à condition que sa réponse ne contienne aucune erreur.
3. Le candidat qui sélectionne moins de la moitié des propositions attendues n'obtiendra aucun point.
4. Le candidat qui sélectionne trop de propositions (même si ces dernières comportent des propositions attendues) n'obtiendra aucun point.

■ Synthèse

Un sujet de dissertation est proposé au début de cette sous-partie. Les questions qui suivent permettent de le traiter. Vous devez les compléter une à une, depuis l'introduction (avec la problématique) jusqu'à la conclusion.

Pour chaque question de cette sous-partie, une seule réponse est possible.

2. La connaissance des enjeux contemporains

La partie connaissance des enjeux contemporains prend la forme d'un QCM de 40 questions destinées à « tester les connaissances sur l'actualité portant sur les 18 derniers mois dans tous les domaines » (www.concours-sesame.net). Vous serez interrogé sur des questions, problématiques et enjeux contemporains dans de nombreux domaines tels que la culture, l'économie et la technologie. Ces questions n'auront pas de lien avec la base documentaire.

Il est recommandé de consacrer 1 heure à cette partie.

2. Les points à travailler

Pour maximiser vos chances, vous devez travailler trois grands axes.

1. 1er axe : la culture générale

La culture générale est nécessaire pour mieux appréhender les documents fournis et comprendre rapidement les idées évoquées.

Pour cela, deux règles simples permettent d'y arriver.

Règle 1 : Suivez l'actualité

- Lisez les articles de presse dès que l'occasion se présente puisque le dossier est composé de nombreux textes
  - Quotidiens, hebdomadaires ou mensuels généralistes ou économiques
- Mettez en page d'accueil de votre navigateur un site d'information, tel que *lemonde.fr*
  - En apercevant un article, n'hésitez pas à cliquer pour approfondir
- Écoutez la radio tous les jours Regardez les chaînes Youtube de décryptage de l'actualité
  - En écoutant *FranceInfo* tous les jours (5-10 min), vous aurez les éléments essentiels de l'actualité nationale et internationale

Règle 2 : Recherchez ce que vous ne connaissez pas

- Utilisez votre portable/ordinateur à bon escient
  - Ayez le réflexe curieux, faites une recherche rapide dès que vous ne savez pas.
  - Prenez parfois le temps de rechercher en arborescences : une recherche amène à une nouvelle idée associée, et ainsi de suite.
- Appuyez-vous sur ceux qui savent
  - Demandez à vos proches, professeurs. Regardez des documentaires.
  - Soyez curieux et désireux d'apprendre. Interrogez-vous ou vos interlocuteurs lors de discussions.

2. 2e axe : le traitement de l'information

Il faut s'entraîner pour être capable de repérer une information, d'analyser un document et de synthétiser un article.

■ Conseils pour repérer l'information :
- lisez un article et demandez à un proche de vous interroger sur cet article ;
- inversez l'exercice et interrogez un proche sur un article qu'il a lu ;
- lisez régulièrement des articles et imaginez les questions de repérage qui pourraient être posées.

■ Conseils pour analyser un document :
- entraînez-vous à lire rapidement des textes longs, en maintenant votre concentration ;
- portez une attention soutenue aux titres, aux intertitres et aux sources (noms des auteurs, dates des textes, noms des revues ou maisons d'édition dans lesquelles ont été publiés les textes) ;
- lisez des critiques de livres, de films ou de spectacles afin d'aiguiser votre esprit d'analyse.

■ Conseils pour synthétiser efficacement :

- entraînez-vous à résumer des articles à l'aide de phrases courtes ;
- utilisez des connecteurs logiques. Une pensée est plus claire si vous utilisez : donc, alors, dans un premier temps, en définitive, etc. ;
- pensez la rédaction comme une démonstration. Il faut que la synthèse s'inscrive dans une logique organisée avec un début, un développement et une fin.

3. 3e axe : la gestion du temps

Comme pour tous les concours, « rien ne sert de courir, il faut partir à point ». Il est absolument nécessaire de bien gérer son temps pour :
- avoir fini dans les temps, sans quoi vous seriez éliminé face aux autres candidats qui auraient relevé le défi ;
- répondre correctement à toutes les questions.

Voici donc une indication du temps imparti pour chaque étape. Ces indications ne sont pas à respecter à la minute près mais elles vous permettront néanmoins de vérifier que vous êtes dans les temps, au fur à mesure de votre avancement.

Répartition indicative du temps de travail		
Analyse documentaire	**Lecture du dossier documentaire**	45 minutes
	Questions de repérage et d'analyse	35 minutes
	Questions de synthèse	40 minutes
Connaissance des enjeux contemporains		1 heure
TOTAL		**3 heures**

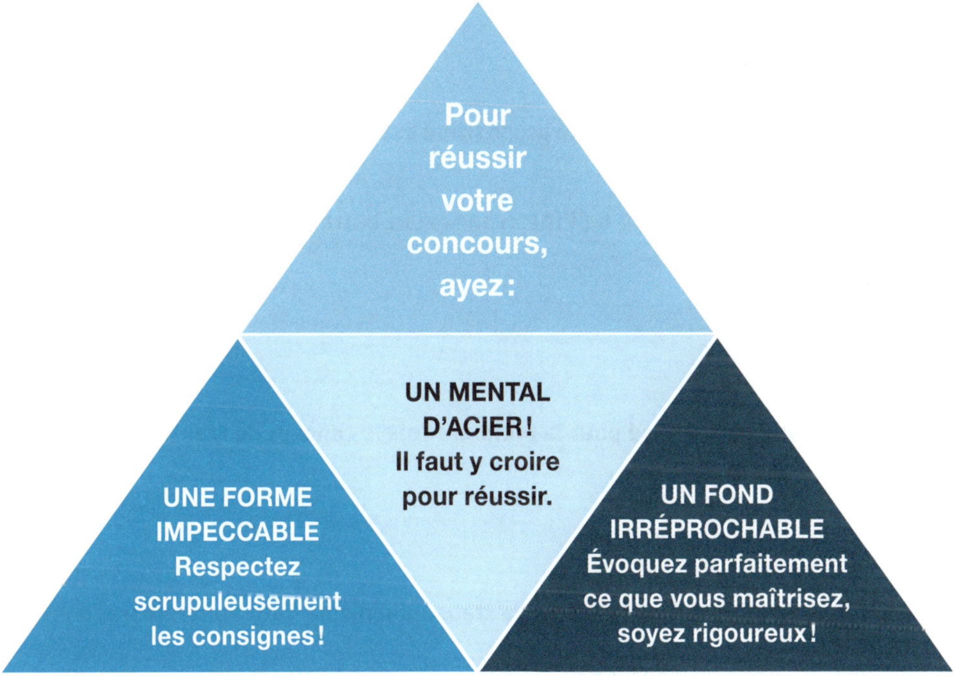

SUJET N° 1 : Analyse documentaire et connaissance des enjeux contemporains

DURÉE : 3 HEURES

Analyse documentaire

Questions de repérage

Pour chacune des questions, **une seule proposition est correcte**. Seules les bonnes réponses sont prises en compte.

❶ Le transhumanisme est né de l'interconnexion entre différentes disciplines sauf une, laquelle ?
A. La nanotechnologie
B. L'informatique
C. La biotechnologie
D. L'Économie

❷ En quelle année est utilisé pour la première fois le concept de transhumanisme ?
A. 1957
B. 1971
C. 1987
D. 2005

❸ Selon le philosophe Gilbert Hottois, le transhumanisme peut apparaître comme…
A. un ersatz de religion
B. un avenir certain pour l'humanité
C. une fantaisie
D. un simulacre de science

❹ Le transhumanisme pourrait être une solution aux…
A. risques terroristes
B. risques géopolitiques
C. risques génétiques
D. risques macrosomiques

❺ Luc Ferry considère le projet de Ray Kurzweil est :
A. prometteur
B. ignorant
C. intelligent
D. délirant

Questions d'analyse

Plusieurs propositions permettent de construire la bonne réponse à chaque question posée. Sélectionnez uniquement **les** propositions appropriées.
Notation :
1. Le candidat qui sélectionne toutes les propositions attendues obtiendra la totalité des points.
2. Le candidat qui identifie au moins la moitié des propositions attendues obtiendra la moitié des points à condition que sa réponse ne contienne aucune erreur.
3. Le candidat qui sélectionne moins de la moitié des propositions attendues n'obtiendra aucun point.
4. Le candidat qui sélectionne trop de propositions (même si certaines comportent les propositions attendues) n'obtiendra aucun point.

6 La régulation du transhumanisme doit :
A. être mondiale
B. reposer sur la puissance des GAFA
C. être évitée au nom de la liberté d'innover
D. s'appuyer sur les lois européennes en matière de sécurité

7 Le ResearchKit a pour but :
A. de guérir le diabète par l'utilisation de montre connectée
B. d'anticiper les crises d'asthme grâce à des métadonnées
C. de créer de nouveaux centres de santé Microsoft
D. d'inviter les utilisateurs d'iPhone à des pratiques plus « Healthy »

8 Le transhumanisme est...
A. un prolongement de la pensée religieuse en général
B. un plaidoyer contre la jeunesse
C. une volonté humaine de contrôler son destin
D. une source potentielle de tension sociale

9 Le transhumanisme...
A. existe déjà aujourd'hui, par exemple à travers les prothèses médicales
B. n'est pas révolutionnaire, mais déjà « has been »
C. peut être appréhendé comme un potentiel de progrès pour l'humanité
D. peut être perçu comme un danger pour l'humanité

10 Plusieurs types de transhumanisme sont possibles, tels que :
A. l'extropianiste
B. l'hédoniste
C. l'hégémoniste
D. le fantasmagoriste

Questions de synthèse

Pour chacune des questions, **une seule proposition est correcte**. Seules les bonnes réponses sont prises en compte.

Introduction

⑪ Sélectionnez la problématique appropriée pour traiter ce sujet.

A. Le transhumanisme est un humaniste
B. La vie vaut d'être vécue grâce au transhumanisme
C. Le transhumanisme est-il l'avenir de l'homme ?
D. L'humanité pourrait-elle survivre sans transhumanisme ?

Développement

⑫ Sélectionnez un titre approprié pour la première partie du raisonnement.

A. Le transhumanisme est porteur d'espoir
B. Le transhumanisme est sans espoir
C. Le transhumanisme est né par désespoir
D. Le transhumanisme est porteur de désespoir

Construisez le résumé de la première partie en complétant le texte ci-dessous.

Le transhumanisme vise à améliorer et prolonger la vie des individus en réparant ou en augmentant tout ou partie des corps. Le transhumain serait un post-humain capable de se maîtriser ou d'anticiper les difficultés de son corps. Ce courant offre donc **(13)** à qui voudrait défier la maladie ou la mort. Porté tout d'abord par des personnalités fortes, telles que **(14)**, le transhumanisme promettait une nouvelle religion, celle des sciences permettant à l'Homme de vivre sans limite physique ni temporelle. Il fut également développé par Ray Kurzweil, auteur à succès. Certes, le transhumanisme suppose des financements. La Silicon Valley s'y est engagée espérant faire fortune. Des entreprises comme Google ou IBM travaillent sur l'intelligence artificielle et notamment sur ses applications médicales. Enfin, les pouvoirs publics participent également aux recherches par le biais **(15)** ou des budgets européens (un milliard d'euros sur 10 ans).

⑬

A. espoir et rêve
B. désespoir et servitude
C. malheur et punition
D. bonheur et éternité

⑭

A. Julian Huxley
B. Luc Ferry
C. Bill Gates
D. Hans Mordavec

⑮

A. de pharmacies
B. d'établissements d'enseignement et de recherche
C. de municipalités
D. d'associations

⑯ Sélectionnez un titre approprié pour la deuxième partie du raisonnement

A. La mort est la mort de la mort
B. Qui veut vivre doit mourir
C. Ne pas croire à qui ne veut pas choir
D. Seule la mort décide de son sort

Construisez le résumé de la deuxième partie en complétant le texte ci-dessous.

Si un engouement mondial pour le transhumanisme existe, les **(17)** aussi. Certains contestent la faisabilité du projet : « la mort de la mort » n'aura peut-être pas lieu car l'Homme est un tout, l'augmenter peut aussi le tuer. De plus, prolonger la vie pourrait créer des déséquilibres **(18)** majeurs. Par ailleurs, le transhumanisme soulève des questions éthiques : n'est-ce pas la promesse d'une compétition au sein des familles ou entre nations, et le creusement d'inégalités entre riches et pauvres ? Enfin, déterminer l'avenir de son corps ne peut-il pas entraîner **(19)** d'être libre de choisir ?

⑰

A. jalousies
B. retraités
C. humanistes
D. réticences

⑱

A. politiques
B. démographiques
C. géologiques
D. épistémologiques

⑲

A. la joie
B. l'illusion
C. l'angoisse
D. la chance

Construisez l'ouverture de la conclusion en complétant le texte ci-dessous.

Pour conclure, le transhumanisme offre la promesse d'un avenir meilleur, mais cette dernière est-elle tenable, voire **(20)** ? Et quand bien même la serait-elle, quelle régulation mondiale faudrait-il pour la maîtriser ?

⑳

A. solvable
B. souhaitable
C. regrettable
D. aimable

Énoncé

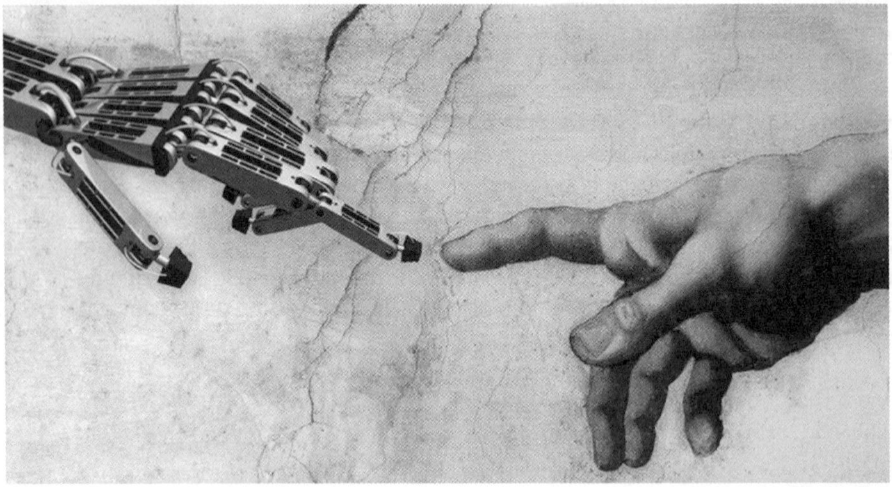

© MIKE AGLIOLO/GETTY

Document 1

Le transhumanisme est une approche interdisciplinaire qui nous amène à comprendre et à évaluer les avenues qui nous permettrons de surmonter nos limites biologiques par les progrès technologiques. Les transhumanistes cherchent à développer les possibilités techniques afin que les gens vivent plus longtemps et en santé tout en augmentant leurs capacités intellectuelles, physiques et émotionnelles.

Les nouvelles technologies soulèvent des questions de fond importantes tant scientifiques, sociales qu'éthiques. L'Association Transhumaniste Mondiale a été fondée en 1998 afin d'encourager la discussion, la recherche et augmenter la visibilité de la pensée transhumaniste auprès du public.

Les technologies modernes telles que l'ingénierie génétique, la technologie de l'information, la médecine pharmaceutique ainsi que l'anticipation des capacités futures dont la nanotechnologie, l'intelligence artificielle, le téléchargement des données du cerveau dans un ordinateur ou *uploading*, la félicité perpétuelle par modification chimique (*paradise engineering*) et la colonisation de l'espace font partie de la sphère d'intérêt des transhumanistes. Les risques autant que les avantages potentiels sont analysés dans le but ultime de développer des stratégies de travail et des politiques pouvant permettre aux sociétés et aux individus de faire face au futur qui arrive.

Les enjeux ne peuvent pas être plus hauts. Des scénarios plausibles font aussi bien état de l'extinction de toute vie intelligente que de l'avènement d'un futur posthumain merveilleux et radieux. Vous êtes invités à vous joindre au nombre sans cesse croissant de gens de sciences ou de personnes intéressées à prendre part à une discussion sérieuse sur l'avenir de l'humanité.

Nick Bostrom, Département de philosophie, de logique et de méthodologie scientifique, École d'économie de Londres (www.nickbostrom.com)

Document 2

Le transhumain ou post-humain nécessite une révision complète de la conception de l'organisme humain.

Le transhumanisme peut se définir comme étant une façon de penser qui préconise l'utilisation des sciences et de la technologie afin d'améliorer les caractéristiques physiques et mentales des humains. Cette façon de penser est basée sur la conviction que les humains sont actuellement dans leur phase intermédiaire de développement. Effectivement, le « transhumain » correspond à un état qui est situé entre l'humain et le « post-humain ». Le post-humain posséderait des capacités de base dépassant largement celle des humains actuels et ne serait donc pas considéré comme un humain selon nos standards actuels. Par exemple, ce post-humain serait résistant à la maladie, aurait une jeunesse éternelle, aurait un contrôle sur ses désirs, sur ses humeurs et ses états mentaux. Il serait capable de ne pas ressentir la fatigue, la haine ou le stress ainsi qu'avoir une grande capacité pour les sentiments de plaisir, d'amour, d'appréciation de l'art et la sérénité. En fait, il pourrait faire l'expérience de nouveaux états de conscience que le cerveau humain actuel ne peut pas atteindre.

En fait, ce courant ne considère pas les handicaps, la souffrance, la maladie, le vieillissement et la mort comme étant des aspects désirables à la condition humaine. Il faut donc compter sur les biotechnologies et autres techniques émergentes pour aller au-delà de ces aspects « limitatifs ». Pour arriver à cette version « améliorée » de l'humain, l'utilisation des nanotechnologies avancées, du génie génétique, de la psychopharmacologie, des thérapies anti-âges, d'interfaces neurales, d'outils de gestions de l'information ou de molécules d'amélioration de la mémoire sont tous des éléments nécessaires. Le premier usage du concept de « transhumanisme » remonterait à 1957 mais son sens que nous connaissons présentement serait apparu dans les années 1980, lorsque des « futurologues américains » ont mis en place le mouvement de transhumanisme.

www.transhumanisme.com

Document 3

Il n'existe pas un transhumanisme mais **des transhumanismes**. Comme toute idée, elle peut en effet être suivie avec plus ou moins de conviction. Du **transhumanisme extropianiste** (via une approche proactive de l'évolution humaine) au **transhumanisme hédoniste** (via l'utilisation de la technologie pour supprimer les souffrances chez tous les êtres pensants) en passant par les **transhumanismes post-genre** (qui cherche l'élimination du genre par les biotechnologies et les technologies de reproduction assistée) ou **singulier** (qui croit en la possibilité d'une singularité technologique, la création d'une super-intelligence, et en la nécessité d'en assurer l'émergence et la sécurité de façon proactive), la liste est longue Les critiques du transhumanisme se répartissent principalement en deux catégories : l'infaisabilité et l'immoralité (les critiques éthiques).

Agence Science presse

https://www.sciencepresse.qc.ca/blogue/2014/08/22/reflexions-transhumanisme

Document 4

Le téléchargement de l'esprit est un processus hypothétique visant à transférer « l'esprit conscient » d'un cerveau sur un ordinateur. Numérisé, le cerveau sur l'ordinateur pourrait ensuite reconstituer « l'esprit » par la simulation de ce fonctionnement. Il deviendrait donc impossible de faire la distinction entre un cerveau biologique et un cerveau simulé. Relevant encore de la science-fiction, le téléchargement des propriétés neuronales d'une personne dans un système numérisé permettrait même de simuler le fonctionnement cognitif de cet individu. Le téléchargement de l'esprit est un phénomène au cœur du mouvement transhumaniste et constitue un concept important pour une vie en « extension ». Ce phénomène a originellement été suggéré dans la littérature biomédicale en 1971. C'est aussi un thème central dans plusieurs romans et films de science-fiction. Ces exemples de films sont :

- *Ghost in the Shell* (1995)

- *The Matrix* (1999)
- *Thirteenth Floor* (1999)

Un projet nommé « Blue Brain » fondé en mai 2005 à l'École Polytechnique de Lausanne en Suisse avait comme projet d'étudier l'architecture et les structures fonctionnelles du cerveau. Effectivement, un des objectifs de ce projet était de reconstruire le cerveau morceau par morceau virtuellement par un superordinateur pour permettre aux neuroscientifiques une nouvelle compréhension du cerveau ainsi qu'une meilleure compréhension des maladies neurologiques. Le projet « Blue Brain » a réussi en cinq ans de travaux à mettre au point une installation pouvant créer des modèles réalistes de « blocs de construction » du cerveau. Ces blocs constituent la base pour les modèles à plus grande échelle menant vers un cerveau virtuel complet. C'est un processus qui est entièrement guidé par les données et exécuté de façon automatique par les superordinateurs. Bien évidemment, le téléchargement de l'esprit est sous-tendu par une philosophie mécaniste de par sa vision purement matérielle de l'esprit et de la conscience.

Un autre projet est en cours en Europe pour concevoir une simulation du cerveau humain. Ce projet se nomme le « Human Brain Project » et il est celui qui a été retenu par l'Union Européenne parmi les finalistes du programme FET Flagship. Il a été retenu parmi six autres candidats pour recevoir une bourse qui est l'une ayant les plus grands impacts au monde. Le financement peut aller jusqu'à un milliard d'euros sur une période de dix ans. Les scientifiques travaillant pour ce projet ont comme objectif de révolutionner non seulement les neurosciences, la médecine et les sciences sociales, mais aussi l'informatique et la robotique. L'objectif de ce projet est donc d'intégrer toutes les connaissances actuelles sur le cerveau dans des modèles informatiques et l'utilisation de ces modèles pour simuler le fonctionnement du cerveau. L'objectif principal est d'arriver à simuler complètement le cerveau humain.

www.transhumanisme.com

Document 5

Quelles sont les grandes caractéristiques du transhumanisme ?

D'abord, et avant tout, ce mouvement entend passer d'une médecine thérapeutique classique – dont la finalité, depuis des millénaires, était de soigner, de « réparer » – au modèle de l'« augmentation » du potentiel humain. De là l'ambition de combattre le vieillissement, et même de parvenir à augmenter la longévité humaine, non seulement en éradiquant les décès précoces, comme ce fut le cas depuis le XIXe siècle, mais en recourant à la technomédecine, voire à l'ingénierie génétique. Pour le moment, rien de réel ne prouve que c'est possible pour l'homme, même si ça l'est pour les souris, mais Google a déjà investi des centaines de millions de dollars dans le projet. Troisième idée majeure : corriger volontairement la loterie génétique, qui distribue injustement les qualités naturelles et les maladies. C'est l'esprit du « from chance to choice » (passer du hasard aveugle au choix éclairé). Nous en sommes encore loin, mais qui peut dire à quoi ressemblera la biochirurgie en l'an 2300 ? Il faut anticiper !

Concrètement, comment passe-t-on du thérapeutique à l'augmentatif ?

Prenons l'exemple d'aveugles atteints d'une maladie telle que la rétinite pigmentaire. On peut leur rendre la vue en greffant une puce électronique derrière la rétine. Là, nous sommes encore dans le thérapeutique. Imaginez maintenant que la puce en question se perfectionne à tel point qu'elle puisse permettre d'acquérir une vision d'aigle : là, nous passons à l'augmentation. Ce n'est qu'un exemple symbolique, mais, n'en doutez pas, la compétition entre les armées nous conduira sur ce genre de voie, qu'on le veuille ou non… Il y a, dans le transhumanisme, le pire et le meilleur des projets complètement délirants, comme celui de Kurzweil, et des promesses fécondes. Il est très facile de ridiculiser le courant – ce que font volontiers ceux qui en ignorent tout. Le risque, comme pour l'ubérisation du monde, c'est de ne pas anticiper et de passer totalement à côté d'innovations qui vont bouleverser nos vies comme jamais.

Vous soulignez d'ailleurs que l'argumentation de ces posthumanistes n'est pas si facile à balayer…

Oui, c'est bien plus compliqué qu'on ne le pense. Pour Kurzweil, ce n'est pas la machine qui deviendra humaine grâce à l'intelligence artificielle, c'est l'homme qui est déjà, depuis toujours, une machine. Pour un matérialiste cohérent, donc moniste, le cerveau n'est qu'une mécanique compliquée et la pensée n'est que son effet visible. D'où l'idée de copier dans la machine les réseaux neuronaux pour parvenir un jour à une intelligence artificielle forte. On n'y est pas, mais vous avez vu que l'intelligence artificielle faible terrasse déjà le meilleur joueur mondial de jeu de go !

Certains transhumanistes vont jusqu'à parler de « la mort de la mort ». Comment peut-on sérieusement imaginer un tel bouleversement de la condition humaine ?

La Mort de la mort est notamment le titre du livre, du reste passionnant, de Laurent Alexandre, un chirurgien français, mais c'est aussi un thème de la théologie chrétienne – la promesse du Christ étant bien l'immortalité dans l'au-delà. Pour les transhumanistes, cette promesse doit se réaliser ici-bas. C'est évidemment à mes yeux un pur fantasme. D'abord, parce que l'organisme vivant est une totalité : dès que l'on touche une de ses composantes, on produit des effets pervers. Ensuite, parce que nous continuerons à mourir dans un accident, un attentat, ou par suicide. En revanche, il n'est pas inimaginable que nous parvenions un jour à vivre deux cents, voire trois cents ans.

D'où tirez-vous cette conviction ?

Ce n'est pas une conviction, c'est plutôt une probabilité. En 1900, l'espérance de vie des Français était d'environ 45 ans. Aujourd'hui, elle atteint 80 ans. Cet allongement est essentiellement dû à l'éradication des morts précoces. Mais rien n'interdit de penser qu'on puisse aller plus loin en détectant la plupart des maladies génétiques, voire en réparant, un jour, les gènes défectueux. Tout le problème est de savoir à quel prix !

Mais faut-il vraiment nous souhaiter une telle longévité ?

C'est toute la question, et elle nous oblige à réfléchir à notre condition humaine. Si l'être humain est perfectible à l'infini, s'il parvient à vieillir dans de bonnes conditions, la perspective d'une existence plus longue peut tenter. Il y a tellement de livres à lire, de personnes à aimer… Les problèmes ne manqueraient toutefois pas sur le plan démographique, d'abord, mais aussi social. Les familles seraient loin d'être à égalité, et ces différences de fortune deviendraient vite insupportables, puisqu'il s'agirait de vie ou de mort. Plus problématique encore, il y aurait plusieurs humanités différentes : celles qui auraient accepté des « augmentations » et les autres.

Les transhumanistes ont-ils conscience des effets pervers d'une compétition fondée sur l'innovation permanente ?

C'est à mes yeux la principale question. La plupart ne perçoivent pas que leur logique peut finir par nous faire sortir de l'humanité. En bons utilitaristes, ils s'imaginent que l'augmentation de l'être humain apportera forcément le bonheur, alors que donner plus de liberté à l'individu a aussi pour conséquence de provoquer chez lui davantage d'angoisse, parce qu'il doit sans cesse s'assurer de faire les bons choix.

Reste que l'idéal de l'autonomie anime les démocraties depuis la Révolution française, de sorte qu'il est bien difficile à contrer. Du reste, c'est par ce biais que le transhumanisme rejoint l'économie collaborative, qui vise aussi à plus d'autonomie en court-circuitant les intermédiaires pour s'organiser entre particuliers.

De progrès en progrès, comment éviter une course folle à l'« augmentation » de l'humain dans le monde que vous esquissez ?

C'est là le point central de mon livre. La compétition aura forcément lieu, d'abord entre les armées, ensuite entre les familles. La question de la régulation deviendra cruciale, voire vitale. Tout autoriser serait effrayant ; néanmoins, tout interdire n'aurait aucun sens, du moment qu'il ne s'agit pas de fabriquer des monstres, mais bel et bien d'améliorer l'humanité, par exemple d'augmenter sa longévité en bonne santé. Le jour où nous pourrons éradiquer dans l'embryon la mucoviscidose ou la chorée de Huntington, non seulement nous le ferons, mais, dans le cas contraire, nos enfants nous reprocheraient de ne pas l'avoir fait.

Quelle régulation mettre en place, alors ?

Seule une régulation européenne, voire mondiale, peut avoir un sens. La Commission et le Parlement européens se sont déjà saisis du problème, dans deux grands rapports consacrés au transhumanisme, mais, sans connexion avec les États nationaux, rien ne sera possible. À l'échelle de la France, il faudrait placer la réflexion sur l'innovation au cœur de la question politique. Pour le moment, les Gafa (Google, Apple, Facebook et Amazon) sont tous américains. C'est toujours avec un temps de retard que l'Europe découvre les problèmes posés par la troisième révolution industrielle. C'est pour les faire comprendre et tirer la sonnette d'alarme que j'ai écrit ce livre.

Interview du philosophe Luc Ferry par Claire Chartier et Christophe Barbier (L'Express, avril 2016)

Document 6

Google et les transhumanistes

Ray Kurzweil, le « pape » du transhumanisme, a été embauché par Google comme ingénieur en chef pour faire du moteur de recherche la première intelligence artificielle de l'histoire.

Le transhumanisme est encore quasi inconnu en France. Le terme « transhumanisme » remonte aux années 1950, mais sa popularisation date des années 1990. C'est à cette période que les chercheurs commencent à cerner les promesses de la convergence NBIC. Les nanotechnologies (N), la biologie (B), l'informatique (I) et les sciences cognitives (intelligence artificielle et sciences du cerveau, C) progressent et convergent, en ce sens que les découvertes dans un domaine servent aux recherches dans un autre. Cette synergie décuple la puissance de la recherche et permet des avancées spectaculaires.

Dans ce contexte, les transhumanistes soutiennent une vision radicale des droits de l'humain. Pour eux, un citoyen est un être autonome qui n'appartient à personne d'autre qu'à lui-même, et qui décide seul des modifications qu'il souhaite apporter à son cerveau, à son ADN ou à son corps au fil des avancées de la science. Ils considèrent que la maladie et le vieillissement ne sont pas une fatalité. La domestication de la vie pour augmenter nos capacités est l'objectif central des transhumanistes. Selon eux, l'humanité ne devrait avoir aucun scrupule à utiliser toutes les possibilités de transformation offertes par la science. Il s'agit de faire de l'homme un terrain d'expérimentation pour les technologies NBIC : un être en perpétuelle évolution, perfectible et modifiable jour après jour par lui-même.

L'homme du futur serait ainsi comme un site Web, à tout jamais une « version béta », c'est-à-dire un organisme-prototype voué à se perfectionner en continu. Cette vision pourrait sembler naïve. En réalité, un lobby transhumaniste est déjà à l'œuvre, qui prône l'adoption enthousiaste des NBIC pour changer l'humanité. Ce lobby est particulièrement puissant sur les rives du Pacifique, de la Californie à la Chine et à la Corée du Sud, soit – et ce n'est pas un hasard – à proximité des industries NBIC, qui deviennent le cœur de l'économie mondiale. L'entrisme des transhumanistes est impressionnant : la NASA et Arpanet, ancêtre militaire américain d'Internet, ont été aux avant-gardes du combat transhumaniste.

Aujourd'hui, Google est devenu l'un des principaux architectes de la révolution NBIC et soutient activement le transhumanisme, notamment en parrainant la Singularity University qui forme les spécialistes des NBIC. Le terme Singularity désigne le moment où l'esprit humain sera dépassé par l'intelligence artificielle, censée croître exponentiellement dès les années 2045. Ray Kurzweil, le « pape » du transhumanisme, dirige en personne cette université. Ce spécialiste de l'intelligence artificielle est convaincu que les NBIC vont permettre de faire reculer la mort de façon spectaculaire dès le XXIe siècle. Il a été embauché par Google comme ingénieur en chef pour faire du moteur de recherche la première intelligence artificielle de l'histoire.

Google s'intéresse également au séquençage ADN au travers de sa filiale 23andMe, dirigée par la femme de Sergei Brin, le cofondateur de Google. Sergei Brin a appris qu'il avait de très fortes chances de développer la maladie de Parkinson – car il est porteur de la version mutée du gène LRRK2 – en faisant analyser son ADN par sa filiale. De quoi accentuer son intérêt pour les NBIC ! On aura compris que Google nous emmène vers une civilisation transhumaniste.

Laurent Alexandre (Le Monde, 18 avril 2013)

Document 7

Les progrès de la médecine, tant du point de vue du diagnostic, notamment grâce aux nouvelles techniques d'imagerie médicale, que de la qualité de ses soins, prolongent l'espérance de vie dans le monde en général, et dans les pays développés en particulier. Ils invitent à penser que la vie humaine sera de plus en plus longue, avec des capacités physiques, motrices et mentales durables.

C'est ce que défend notamment le mouvement appelé transhumanisme (H+), né d'intellectuels souvent issus des nouvelles technologies, de l'informatique ou de la biotechnologie. Ainsi, notre corps pourrait démultiplier sa capacité à résister dans le temps grâce aux progrès scientifiques, à l'image des microprocesseurs, comme l'évoque la loi de Moore. Selon cette dernière, le nombre de transistors des microprocesseurs sur une puce de silicium double tous les deux ans. Ce fut le cas entre 1971 et 2001.

En intégrant dans l'humain des composants technologiques performants tels que la médecine le réalise déjà avec les implants auditifs ou les pacemakers, nous devrions pouvoir défier la nature et compter encore plus de centenaires, avec moins de personnes touchées par la maladie d'Alzheimer.

Certains transhumanistes vont beaucoup plus loin encore. C'est le cas notamment de Ray Kurzweil, auteur de nombreux ouvrages à succès dans le domaine. Selon lui, il ne s'agit plus de prolonger la vie, mais de la transcender vers un posthumanisme, voire de concevoir un cyborg doté d'une très grande intelligence. L'essence de chaque être pourrait survivre par la conservation de millions de données recueillant ses caractéristiques physiques, psychologiques et intellectuelles, et chaque être pourrait un jour reprendre vie, implanté dans une autre enveloppe corporelle ou technologique. Il envisage sérieusement d'*uploader* (en français « télécharger ») son propre cerveau sur des serveurs afin d'atteindre l'immortalité.

Par ailleurs, des roboticiens et futurologues tels que l'Autrichien Hans Moravec, enseignant-chercheur, travaillent sur l'intelligence artificielle. Certains scénarios d'anticipation que l'on ne trouvait qu'au cinéma deviendraient envisageables, voire souhaitables. Ainsi, comme dans *Bienvenue à Gattaca*, la génétique déterminerait les fonctions humaines et limiterait les « ratés » biologiques dans un futur proche.

Le développement de l'espérance de vie fondée grâce aux progrès techniques ouvre les vannes d'un imaginaire très vaste. Le transhumanisme regroupe, sous un terme générique, des aspirations et des courants très divers allant du plus modéré au plus fantaisiste. Parallèlement, de nombreux chercheurs réfléchissent aux effets sur l'humanité de telles avancées technologiques.

Doit-on contrer la nature humaine ?

La question de la prolongation de la vie pose question. La crainte de mourir et le plaisir de vivre incitent à vouloir vivre mieux et plus longtemps. Mais ce désir soulève des questions éthiques, sociétales et économiques.

Dans un tel monde, qui aurait droit aux soins, à l'assistance technologique et à l'immortalité numérique ? L'accès aux soins est déjà fortement inégalitaire aujourd'hui, entre les pays en développement et au sein même des pays développés. Vers quelle humanité tendrions-nous si seuls les plus riches devenaient les valides ?

Enfin, au-delà du financement des soins individuels, sur quel modèle de cohésion sociale et de solidarité fonder une société où les plus âgés, encore en bonne santé, deviendraient largement plus nombreux que les plus jeunes ? Si les anciens continuaient à travailler, que deviendraient les jeunes inexpérimentés, déjà embauchés en CDD dans 80 % des cas aujourd'hui en France ? Quel système de retraite, s'il doit continuer à reposer sur une solidarité intergénérationnelle, pourrait survivre à un tel déséquilibre démographique ?

Pour y remédier, il faudrait éventuellement accroître le temps de fertilité, et la volonté de procréer. Cela ne semble pas envisageable. Mais peut-être nos cerveaux actuels, uniquement humains, sont-ils trop limités pour répondre à ces questions ?

Marie-Laure Boursat, Céline Charles, Élodie Gremaud,
Thibaut Klinger et coll., Actualité 2017-2018, *Vuibert, 2018*

Document 8

Comment l'évolution technologique transforme-t-elle la société ? Chaque année, les « Entretiens du nouveau monde industriel » convient philosophes et experts à débattre de cette question. Au programme de l'édition 2016, qui se tenait mardi 13 et mercredi 14 décembre 2016 à Paris : les dangers du transhumanisme, cette doctrine issue de la *Silicon valley* qui vise à « augmenter » l'homme – tout particulièrement sa durée de vie – à l'aide des sciences et techniques. *Penser l'exosomatisation* (ou augmentation de l'homme) *pour défendre la société* : tel est précisément l'intitulé de la série de conférences (les vidéos des interventions seront disponibles en ligne). Bernard Stiegler, philosophe et fondateur de l'Institut de recherche et d'innovation (IRI) et de l'association Ars Industrialis, ouvrait l'édition 2016. L'occasion pour lui d'exposer le cadre théorique dans lequel il pense le développement technologique.

Encore faut-il savoir de quoi il s'agit lorsque Bernard Stiegler parle d'exosomatisation pour décrire l'homme augmenté. *En fait, tout se passe comme si l'humain prolongeait l'évolution biologique de ses propres organes avec la fabrication d'organes artificiels exosomatiques* (ndlr : littéralement, en dehors du corps), explique le philosophe, qui revisite ici en d'autres termes l'invention de la technique. *Car si l'évolution primordiale des hominidés a conduit à la stabilisation de sa structure cérébrale, ce mouvement s'est poursuivi par la création d'organes artificiels, à travers par exemple la taille des silex. On parle de digital en anglais pour qualifier le numérique, mais n'oublions pas qu'à la base, le mot désigne les doigts de la main, ce qui montre la fonction créatrice des technologies.*

Une approche qui a donné lieu à des outils technologiques formidables, du silex au microscope jusqu'aux algorithmes, et à une conquête de toutes les échelles et des milieux les plus inhospitaliers. Ces environnements portent aujourd'hui dans leur écrasante majorité la marque de l'homme au point qu'on doive parler d'anthropocène pour décrire notre ère géologique ! Mais la fonction des technologies n'est pas seulement de créer : c'est aussi, selon le philosophe, un moyen d'accroître nos connaissances et surtout de les inscrire différemment dans le temps en externalisant la mémoire en dehors du corps. *Les savoirs accumulés sont réorganisés lorsqu'une technique nouvelle apparaît... Par exemple, l'imprimerie a bouleversé la diffusion de la science. Ce type de période avive généralement des craintes, car les sachants ont peur d'être remplacés... Jadis par des livres, et aujourd'hui par des automates.*

« Le transhumanisme est un néodarwinisme délirant »

Ce qui distingue un organe naturel (comme la main ou le foie) de « l'organe artificiel » (catégorie qui inclut les outils de tout ordre) ? *Le premier est soumis aux lois biologiques de sélection qui maintiennent son entropie (ou niveau de désorganisation) au plus bas*, explique le penseur. Mais pas le second, qui peut aussi être générateur de chaos social si aucun contrôle social n'est exercé, argumente Bernard Stiegler. *Selon moi, s'en remettre à l'économie de marché pour décider des innovations à développer et de celles à tuer, comme le prônent les transhumanistes, c'est du délire*, martèle le philosophe, qui appelle aussi à refonder l'économie. *C'est une forme de néodarwinisme socioéconomique entre ceux qui pourront vivre éternellement et les autres !*

Dans ces conditions, quel choix de société opérer ? *Le programme du transhumanisme, c'est la prolétarisation de tous au service d'une oligarchie*, tonne-t-il. *Lorsque les systèmes sociaux sont menacés, il nous faut défendre la société.* Car aujourd'hui, le devenir biologique de notre corps comme notre cerveau n'est plus seulement déterminé par notre patrimoine génétique et par notre éducation, mais également par le progrès scientifique (et notamment médical) et son accessibilité. *Il s'agit d'un moment charnière dans notre histoire, qui comporte des menaces. Mais aussi la possibilité de changements socio-économiques majeurs, dont justement peut-être celle de se libérer de l'automatisation.*

Bernard Stiegler, philosophe, est le fondateur de l'Institut de recherche et d'innovation (IRI) hébergée au Centre Pompidou, ainsi que de l'association Ars Industrialis

Pour Sciences et Avenir, 12/2016

Document 9

Apple a récemment levé le voile sur ResearchKit. Déployée en mode open source, cette plateforme souhaite transformer l'iPhone en outil pour la recherche médicale. Les utilisateurs volontaires peuvent ainsi transmettre à différents centres de recherche les données issues des applications de santé de leur iPhone, regroupées sous le drapeau HealthKit. L'initiative vise à réaliser de nouvelles études de grande ampleur pour mieux appréhender des pathologies comme l'asthme, le diabète ou les maladies cardiovasculaires. Elle doit également amener les utilisateurs à adopter de nouvelles habitudes en fonction des informations recueillies pour se maintenir en bonne santé. La récente commercialisation de l'iWatch devrait faciliter la collecte des données physiologiques. De son côté, Microsoft n'est pas en reste. La firme de Redmond a dévoilé en octobre dernier son bracelet connecté, le Microsoft Band, relié à l'application de santé Microsoft Health. Le groupe espère tirer son épingle du jeu grâce à son expertise en matière de big data, d'intelligence artificielle et de machine learning pour exploiter au mieux les données récoltées.

200 millions de pages lues en quelques secondes

Des domaines de compétences où l'entreprise est toutefois concurrencée par IBM. L'année dernière, la firme a débloqué plus d'un milliard de dollars pour doper l'intelligence de son cerveau artificiel Watson. Depuis quelques mois, des cancérologues américains travaillent avec l'aide de ce super ordinateur, capable de lire plus de 200 millions de pages d'études en quelques secondes. En fonction du profil du patient, l'intelligence artificielle d'IBM émet des recommandations de traitement au médecin. Ce dernier conserve alors son rôle d'expert, mais bénéficie d'une aide à la décision à la fois rapide et pertinente.

L'intelligence artificielle, c'est également le domaine dans lequel a choisi d'investir Facebook. Si le réseau social de Mark Zuckerberg reste très discret en matière de santé, il accélère clairement dans le domaine des sciences cognitives. En décembre 2013, Facebook a recruté le français Yann LeCun pour diriger son laboratoire d'intelligence artificielle. Aucun détail n'a été révélé quant aux montants investis dans ce domaine mais, selon le Français, Facebook serait en train de s'entourer de la plus grosse équipe de recherche sur le sujet dans le monde. Ici, l'objectif affiché est de mieux comprendre les 1,4 milliard d'utilisateurs actifs du réseau social. « Toutefois, nuance Laurent Alexandre, Facebook pourrait très bien utiliser cette intelligence artificielle pour d'autres applications… Tous les acteurs de la Silicon Valley partent de l'informatique pour se diriger vers les NBIC. C'est un processus logique quand on est un leader du Web. »

Le marché prometteur de l'e-santé

En France, la santé représente près de 12 % du PIB selon l'Insee. Le secteur de l'e-santé, qui s'adresse potentiellement à tous les individus, devrait largement dépasser celui de l'e-commerce, qui, sur le seul territoire français, a représenté 57 milliards d'euros en 2014, selon la Fédération du e-commerce et de la vente à distance (Fevad). Outre le marché de la santé, les NBIC (nanotechnologies, biotechnologies, informatique et sciences cognitives) sont un levier d'innovation majeur pour de nombreux secteurs industriels (cosmétique, environnement, construction, agroalimentaire, transports). Selon le cabinet McKinsey*, les marchés mondiaux des nanotechnologies et de la biologie de synthèse devraient respectivement représenter 3 000 milliards et 10 000 milliards de dollars à l'horizon 2025.

*RAPPORT « DISRUPTIVE TECHNOLOGIES », PUBLIÉ EN MAI 2013

www.industries-techno.com

Document 10

Le transhumanisme promeut l'amélioration/augmentation de l'individu, sans limites *a priori,* aux plans physique, cognitif, émotionnel et moral à l'aide de nouvelles technologies matérielles, et sous condition du libre accord de l'individu qui y recourt. Bien que la large majorité des transhumanistes soient agnostiques ou athées et se méfient des rappels religieux, il existe historiquement et actuellement des liens entre transhumanisme et religions.

« Nous avons besoin d'une nouvelle religion »

Lorsque Julian Huxley introduit le terme « transhumanism » dans les années 1950 comme un raccourci pour « humanisme évolutionnaire », il pense édifier une « idéologie » – un système de croyances – capable d'intégrer les connaissances scientifiques et de soutenir victorieusement la comparaison avec les religions traditionnelles et avec des idéologies modernes, tel le marxisme. Au cours de la même décennie, Teilhard de Chardin utilise le mot « transhumain » en parallèle avec d'autres termes alludant à la Fin surnaturelle de l'Évolution, une perspective différente cependant de celle d'Huxley dont le transhumanisme est moniste (pas de dualisme corps/esprit) et naturaliste (pas de surnature). Aujourd'hui, Ray Kurzweil, autour de la notion de Singularité, affirme que « nous avons besoin d'une nouvelle religion ».

Un imaginaire et des spéculations

Mais lorsque l'on établit une analogie entre religion traditionnelle et transhumanisme, il faut être attentif au fait que cette analogie favorise l'un ou l'autre de ses termes. *Soit* on veut signifier que le transhumanisme n'est, au fond, qu'une nouvelle version d'idées, de mythes, de croyances anciennes : une sorte d'ersatz au goût du jour, moins profond que les originaux authentiques. *Soit* on veut dire qu'on peut en effet encore évoquer ces idées, récits et fantasmes du passé, qu'il est souhaitable de ne pas les oublier totalement parce que l'avenir meilleur ne doit pas être ramené à un simple positivisme utilitariste hédoniste. L'entreprise transhumaniste technoscientifique est alors à comprendre comme la mise en œuvre progressive effective de ces désirs de transcendance que les mythologies, religions et philosophies traditionnelles se contentent de sublimer dans l'imaginaire et la spéculation. Un imaginaire et des spéculations qui peuvent offrir – c'est le risque associé à leur rappel – assez de satisfactions compensatoires pour détourner les hommes de l'entreprise trans/posthumaniste jugée, en outre, impossible et/ou condamnable. Selon que l'on interprète l'analogie dans un sens ou dans l'autre, on ne s'engagera pas du tout dans les mêmes entreprises. On devrait même adopter des attitudes et s'engager dans des actions opposées : d'un côté s'abstenir, freiner ou s'opposer, de l'autre agir et faire, ou, du moins, sans relâche effectivement essayer.

La liberté d'améliorer

Le transhumanisme offre quelque chose à répondre aux religions et aux métaphysiques qui continuent de jouer un rôle considérable de légitimation, souvent implicite voire inconsciente, dans les prises de position éthique et politique pour ou contre des projets de recherche et des innovations en particulier dans le champ des technologies convergentes (NBIC : nanotechnologies, biomédecine et biotechnologie, informatique, sciences cognitives). Le transhumanisme postule que la séparation de l'Église et de l'État, la privatisation des questions relatives au sens ultime de la vie, valent également à propos de l'usage des technologies car celles-ci impliquent aussi ces questions philosophiques et religieuses ultimes. L'individu doit être libre de recourir ou non aux techniques matérielles d'amélioration. Le transhumanisme promeut rationnellement et délibérément une espérance d'auto-transcendance matérielle de l'espèce humaine, sans limites absolues *a priori*, au milieu d'un océan spatio-temporel de risques dépendants et indépendants des choix et renoncements que les membres de cette espèce opéreront.

Le déni de l'Évolution

Le transhumanisme est-il donc un humanisme ? Il *peut* l'être à condition de ne pas retenir une définition restrictive de l'homme et de poursuivre son idéal d'amélioration indéfinie avec la plus grande prudence. Son intérêt est aussi critique : il invite à réfléchir à certains préjugés et illusions attachés aux humanismes traditionnels et modernes. L'éthique, le droit et la politique humanistes s'enracinent dans l'humanisme judéo-chrétien et dans l'humanisme philosophique traditionnels, dans l'image de l'homme et du rapport de l'homme à la nature que ces humanismes supportent. Pour une part dominante, ces humanismes sont anti-matérialistes et spiritualistes. S'ils ne sont plus pré-coperniciens, ils véhiculent des images pré-darwiniennes. Ils reconnaissent l'Histoire, mais guère l'Évolution. Ils ne voient l'avenir de l'homme que sous la forme de l'amélioration de son environnement et de son amélioration propre par des moyens symboliques (éducation, relations humaines, institutions plus justes, plus solidaires, plus égalitaires, etc.).

L'humanisme relève d'une image implicite *partiellement* obsolète de l'homme. Une obsolescence dont la cause principale est le développement de la science moderne, de la R&D technoscientifique et des révolutions théoriques (conceptuelles, paradigmatiques) et technologiques que les technosciences n'ont cessé d'introduire. C'est à l'actualisation de l'image de l'homme et de sa place dans l'univers que le transhumanisme modéré bien compris travaille.

Le transhumanisme, c'est l'humanisme, religieux et laïque, assimilant les révolutions technoscientifiques échues et la R&D à venir. Un humanisme capable d'affronter le temps indéfiniment long de l'Évolution (« Qu'en sera-t-il de l'homme dans un million d'années ? ») et pas simplement la temporalité finalisée de l'Histoire dont le terme – « Fin des Temps » ou « Société sans classes » – n'était jamais situé très loin dans le futur.

Gilbert Hottois (professeur de philosophie, Université Libre de Bruxelles) dans le cadre du séminaire Humanisme, transhumanisme, posthumanisme *au Collège des Bernardins*

La croix, 01/02/2017

Connaissance des enjeux contemporains

❶ Quel est le nom du géant né de la fusion de PSA et Fiat Chrysler Automobiles ?
A. Novartis
B. Stellis
C. Stellantis
D. Pollaris

❷ Quel est le nom de l'institution qui remplace désormais l'ENA ?
A. Institut national du service public (INSP)
B. Institut des affaires publiques (IAP)
C. École d'apprentissage du haut fonctionnariat (EAHF)
D. École du service public (ESP)

❸ En mai 2021, un volcan entre en éruption en République démocratique du Congo. Quel est le nom de ce volcan ?
A. Okavango
B. Kalahari
C. Serengeti
D. Nyiragongo

❹ Qu'est-ce que l'anosmie et l'agueusie ?
A. Deux plantes médicinales à la base de nombreux traitements contre les maladies infectieuses
B. La perte de repères dans l'espace et dans le temps
C. La perte de l'odorat et la perte du goût
D. Deux souches permettant de développer de nombreux vaccins

❺ En juin 2021, quel pays a fait du Bitcoin une monnaie officielle ?
A. Le Salvador
B. Le Botswana
C. L'Éthiopie
D. Le Guatemala

❻ En juin 2021, 22 pays de l'Union européenne (UE) ont décidé de créer un Parquet européen ; quelle est sa fonction ?
A. Rechercher, poursuivre et renvoyer en jugement devant les juridictions nationales les auteurs d'infractions pénales portant atteinte aux intérêts financiers de l'Union
B. Rechercher, poursuivre et renvoyer en jugement devant les juridictions nationales les auteurs d'actes de terrorisme commis au sein de l'Union
C. Rechercher, poursuivre et renvoyer en jugement devant les juridictions nationales les auteurs de trafic de drogue et d'armes
D. Rechercher, poursuivre et renvoyer en jugement devant les juridictions nationales les auteurs de féminicides.

❼ Quelle est la part du PIB national qu'un pays membre de l'OTAN doit consacrer à cette organisation ?
A. 1 %
B. 2 %
C. 4 %
D. 8 %

8 En 2021, quel est en France le taux moyen d'imposition sur les sociétés ?
A. 19,6 %
B. 24,2 %
C. 28,4 %
D. 33 %

9 En juin 2021, les ministres des finances des pays du G7 sont parvenus à un accord concernant la mise en place d'un impôt mondial sur les sociétés, en s'engageant sur un taux minimum ; quel est le montant de ce taux ?
A. 12 %
B. 15 %
C. 20 %
D. 25 %

10 Quelle est la plus longue ligne ferroviaire en activité dans le monde en 2021 ?
A. Shanghai-Lhassa
B. Toronto-Vancouver
C. Sydney-Perth
D. Moscou-Vladivostok

11 Quelle est la ligne commerciale aérienne sans escale en activité la plus longue au monde ?
A. Auckland-Doha
B. New York-Singapour
C. Perth-Londres
D. Chicago-Buenos Aires

12 Quel est le pays au monde (hors France) qui compte en 2021 le plus de francophones ?
A. L'Algérie
B. Le Maroc
C. Le Canada
D. Le Congo

13 Quel est, en 2021, le principal partenaire économique de l'Union européenne ?
A. Les États-Unis
B. Le Royaume-Uni
C. La Chine
D. La Suisse

14 Quels sont les différents taux de TVA en France en 2021 (hors Corse et Outre-mer) ?

A. 20,0 %	10,0 %	5,5 %	2,1 %
B. 19,6 %	10,0 %	7,0 %	2,1 %
C. 20,0 %	7,0 %	5,0 %	2,0 %
D. 20,0 %	7,0 %	5,5 %	2,0 %

15 En juin 2021, le président Macron décide de retirer les forces françaises de l'opération extérieure Barkhane. Dans quelle zone ces forces étaient-elles déployées ?
A. Le Sahel
B. La Libye
C. Le Liban
D. La Syrie

⑯ Qui a gagné le tournoi de tennis masculin de Roland-Garros en 2021 ?

A. Rafael Nadal
B. Roger Federer
C. Novak Djokovic
D. Stefanos Tsitsipas

⑰ Le 1er mai 2021, les États-Unis commencent officiellement à retirer leurs troupes d'une zone de conflit ; laquelle ?

A. La Libye
B. La Syrie
C. Le Mali
D. L'Afghanistan

⑱ En 2021, est commémoré un événement important de la vie de Napoléon ; quel est cet événement ?

A. Le 150e anniversaire de sa naissance
B. Le 150e anniversaire de sa mort
C. Le bicentenaire de sa naissance
D. Le bicentenaire de sa mort

⑲ Quel pays remporte le Concours Eurovision de la chanson 2021 qui s'est tenu à Rotterdam ?

A. L'Italie
B. La France
C. La Serbie
D. La Suède

⑳ Le 23 mai 2021, un vol Athènes-Vilnius a été détourné pour arrêter un opposant à un gouvernement en place. De quel gouvernement s'agit-il ?

A. Du gouvernement russe
B. Du gouvernement biélorusse
C. Du gouvernement hongrois
D. Du gouvernement polonais

㉑ Quel océan est reconnu comme le cinquième océan de la Terre par la National Geographic Society en juin 2021 ?

A. L'océan Arctique
B. L'océan Antarctique
C. L'océan Austral
D. L'océan subtropical

㉒ En février 2021, le tribunal administratif de Paris condamne l'État pour inaction contre…

A. le réchauffement climatique
B. les féminicides
C. les actes racistes
D. l'immigration clandestine

㉓ Quelle est l'équipe de football qui, depuis 1918, a remporté le plus de Coupes de France ?
A. L'Olympique de Marseille
B. L'Olympique Lyonnais
C. Le Stade de Reims
D. Le PSG

㉔ En 2021, est commémoré un événement important de la vie de Jean de La Fontaine ; quel est cet événement ?
A. Le 400e anniversaire de sa naissance
B. Le 400e anniversaire de sa mort
C. Le 300e anniversaire de sa naissance
D. Le 300e anniversaire de sa mort

㉕ Depuis 2017, la Route de la soie ferroviaire initiée par la Chine rejoint deux villes à ses deux extrémités ; lesquelles ?
A. Yiwu et Londres
B. Qingqing et Duisbourg
C. Shanghai et Amsterdam
D. Ningbo et Gênes

㉖ Pour contrer la Route de la soie chinoise, les pays membres du G7 ont décidé en juin 2021 de lancer un projet alternatif. Quel est son nom ?
A. Peace Road (PR)
B. Better Development Link (BDL)
C. Build Back Better World (B3W)
D. Equal Responsibilities for an Equal World (EREW)

㉗ Quels sont, par ordre décroissant, les cinq pays dont les dépenses militaires sont les plus élevées en 2020 ?
A. Chine, États-Unis, Russie, France, Royaume-Uni
B. États-Unis, Chine, Inde, Russie, Royaume-Uni
C. États-Unis, Chine, Arabie saoudite, France, Russie
D. Chine, Russie, États-Unis, Inde, Arabie saoudite

㉘ Quel pays possède, en 2020, le plus grand nombre de sites classés au patrimoine mondial de l'UNESCO ?
A. La France
B. L'Italie
C. La Chine
D. La Grèce

㉙ L'administration Biden veut faire figurer sur les billets de vingt dollars le portrait d'Harriet Tubman. Qui est-elle ?
A. Une activiste féministe
B. Une ancienne juge de la Cour suprême
C. Une militante noire contre l'esclavage
D. La première américaine ayant reçu le Prix Nobel

30 L'Exposition universelle prévue en 2025 se tiendra à :
A. Osaka au Japon
B. Canton en Chine
C. Médine en Arabie saoudite
D. Buenos-Aires en Argentine

31 Face aux réticences d'une partie de l'opinion publique quant à la mise en place de la 5G, E. Macron a évoqué le « modèle Amish » ; de quoi s'agit-il ?
A. D'une secte américaine hostile aux technologies fondées sur les ondes
B. D'un mouvement de réflexion mettant en avant l'idée d'un progrès technique clé du bonheur
C. D'une communauté religieuse chrétienne connue pour mener une vie simple, pacifique et austère
D. D'un groupe hostile aux GAFA

32 Qui était Philip Mountbatten ?
A. Dernier vice-roi des Indes britanniques, premier gouverneur général des Indes indépendantes
B. Le Général en chef des forces militaires du Royaume-Uni durant la Seconde Guerre mondiale
C. Le Général en chef des forces militaires américaines durant la Seconde Guerre mondiale
D. Le prince consort du Royaume-Uni, époux de la reine Élisabeth II

33 Quelle est l'administration publique qui, en 2020, prélève le plus (en % du PIB) ?
A. L'État via les organismes divers d'administration centrale (ODAC)
B. Les administrations publiques locales (APUL)
C. Les administrations de sécurité sociale (ASSO)

34 En 2021, quel est en France le niveau du taux de dépendance des retraites (taux rapportant la population de plus de 60 ou 65 ans à la « population d'âge actif » de 15 ou 20 à 59 ou 64 ans) ?
A. 45 %
B. 50 %
C. 60 %
D. 65 %

35 En 2020, les inégalités de revenus primaires sont en France :
A. inférieures à la moyenne des pays membres de l'Union européenne
B. égales à la moyenne des pays membres de l'Union européenne
C. supérieures à la moyenne des pays membres de l'Union européenne

36 En France en 2020, l'écart interdécile des revenus primaires (par unité de consommation et y compris retraites) est de :
A. 3,5
B. 5,8
C. 7,1
D. 8,4

37 En mars 2020, le porte-conteneurs « Ever-Given », battant pavillon du Panama, a bloqué pendant plusieurs jours un important accès maritime ; de quel accès s'agit-il ?
A. Le Canal de Suez
B. Le Canal de Panama
C. Le Détroit de Malacca
D. Le Détroit du Bosphore

38 Entre 2008 et 2020, quels sont les faits de délinquance qui ont le plus augmenté ?

A. Les vols avec armes
B. Les vols avec violence
C. Les violences sexuelles
D. Les escroqueries

39 En juin 2021, l'Union européenne et les États-Unis ont décidé de suspendre leurs droits de douane punitifs et réciproques à l'encontre de deux grandes entreprises, pour une durée de sept ans. De quelles entreprises s'agit-il ?

A. L'ESA et la NASA
B. Nestlé et Pepsico
C. Airbus et Boeing
D. Volkswagen et General Motors

40 Quelle est, en 2021, l'entreprise pharmaceutique au monde réalisant le plus gros chiffre d'affaires ?

A. Novartis
B. Sanofi
C. Johnson & Johnson
D. Roche

Corrigé

Analyse documentaire

Questions de repérage

1. D
2. A
3. A
4. C
5. D

Questions d'analyse

6. A
7. BD
8. CD
9. ACD
10. AB

Questions de synthèse

11. C
12. A
13. A
14. A
15. B
16. B
17. D
18. B
19. C
20. B

Connaissance des enjeux contemporains

1. C
2. A
3. D
4. C
5. A
6. A
7. B
8. C
9. B
10. D
11. B
12. D
13. C
14. A
15. A
16. C
17. D
18. D
19. A
20. B
21. C
22. A
23. D
24. A
25. A
26. C
27. B
28. B
29. C
30. A
31. C
32. D
33. C
34. C
35. A
36. B
37. A
38. C
39. C
40. C

SUJET N° 2 : Analyse documentaire et connaissance des enjeux contemporains

DURÉE : 3 HEURES

Analyse documentaire

Questions de repérage

Pour chacune des questions, **une seule proposition est correcte**. Seules les bonnes réponses sont prises en compte.

❶ Quelle est la durée légale du temps de travail ?

A. 1 407 heures par an
B. 1 507 heures par an
C. 1 607 heures par an
D. 1 707 heures par an

❷ Par quoi sont définies les générations X, Y et Z ?

A. Leur âge
B. Leur relation au travail
C. Leur utilisation des réseaux sociaux
D. Leurs rapports amoureux

❸ Comment la sociologue Dominique Méda qualifie-t-elle le chômage volontaire ?

A. Fantastique
B. Fantasmatique
C. Fanatique
D. Fantasmagorique

❹ Quelle part des Français sont insatisfaits de leur temps de trajet jusqu'au travail ?

A. 75 % de ceux qui passent plus de deux heures dans les transports par jour
B. 75 % de ceux qui passent plus d'une heure dans les transports par jour
C. 75 % de ceux qui passent plus 40 minutes dans les transports par jour
D. 75 % de ceux qui passent plus 80 minutes dans les transports par jour

❺ Le salaire net moyen des Français est égal à :

A. 2 220 € par mois
B. 26 220 € par mois
C. 6 220 € par mois
D. 16 220 € par mois

Questions d'analyse

Plusieurs propositions permettent de construire la bonne réponse à chaque question posée. Sélectionnez uniquement **les** propositions appropriées.
Notation :
1. Le candidat qui sélectionne toutes les propositions attendues obtiendra la totalité des points.
2. Le candidat qui identifie au moins la moitié des propositions attendues obtiendra la moitié des points à condition que sa réponse ne contienne aucune erreur.
3. Le candidat qui sélectionne moins de la moitié des propositions attendues n'obtiendra aucun point.
4. Le candidat qui sélectionne trop de propositions (même si certaines comportent les propositions attendues) n'obtiendra aucun point.

6 La génération X est globalement :
A. Respectueuse des règles
B. Passionnée par le travail
C. Fidèle à l'entreprise
D. Toujours épanouie au travail

7 Pour intégrer la génération Z en entreprise, il faudra :
A. Du tout numérique
B. Un management intergénérationnel
C. Des formations soutenues pour la concentration
D. Éviter de les salarier

8 Le travail représente pour les Français, en moyenne :
A. 12 % de leur temps de vie
B. Un traumatisme après le départ en retraite
C. Un lieu de rencontre amoureuse systématique
D. L'occasion de rencontrer son conjoint

9 Les travailleurs « ubérisés » :
A. Peuvent être en situation précaire
B. Sont heureux d'être indépendants
C. Sont victimes de risques psychosociaux
D. Travaillent tous *via* l'application Uber

10 Les open spaces sont intéressants car :
A. Ils permettent des gains de place
B. Ils respectent l'intimité de chacun
C. Ils favorisent la communication entre les salariés
D. Ils créent un espace favorable à la concentration individuelle

Questions de synthèse

Pour chacune des questions, **une seule** proposition est correcte. Seules les bonnes réponses sont prises en compte.

Introduction

11 Sélectionnez la problématique appropriée pour traiter ce sujet.

A. Le travail : un lieu de rencontre ?
B. L'intégration multifactorielle par le travail
C. Comment le travail profite à l'individu ?
D. Pour ou contre le travail salarié ?

Développement

12 Sélectionnez un titre approprié pour la première partie du raisonnement.

A. Le travail est la source d'angoisse
B. Le travail est la source du bonheur
C. Le travail : un contrat pour une rémunération
D. L'amour est dans le travail

Construisez le résumé de la première partie en complétant le texte ci-dessous.

Le travail, en tant qu'emploi suppose un contrat avec une durée légale du travail définie par **(13).** Une fois le contrat signé, l'employé se rend au travail avec une durée moyenne de trajet qui, idéalement ne devrait pas excéder **(14).** Grâce à cela, l'activité professionnelle permet aux travailleurs de percevoir une rémunération mais également une **(15)**.

13

A. Le gouvernement *via* le Code du Travail
B. L'employeur
C. Le salarié
D. L'Union européenne

14

A. 20 minutes, l'aller
B. 40 minutes, l'aller
C. 60 minutes, l'aller
D. 30 minutes, l'aller

15

A. Reconnaissance de ses pairs
B. Reconnaissance sociale
C. Reconnaissance professionnelle
D. Reconnaissance familiale

16 Sélectionnez un titre approprié pour la deuxième partie du raisonnement.

A. Le travail ne garantit pas l'intégration sociale
B. Le travail ne permet pas forcément d'être riche
C. Le travail peut être source de dépression
D. Le rapport au travail dépend d'une génération à l'autre

Construisez le résumé de la deuxième partie en complétant le texte ci-dessous.

Être un actif occupé suppose des conditions de travail très variables d'une situation professionnelle à l'autre. Certains vont y trouver **(17)** que ce soit au sein d'open spaces ou en tant que travailleurs indépendants. Le rapport au travail, quant à lui dépend de la génération des actifs considérée. Celle qui serait la plus sensible à l'épanouissement au travail serait **(18).** Le bonheur au travail est d'ailleurs un nouvel enjeu pour les entreprises qui cherchent à accroître la productivité de leurs salariés. En la matière, le *think tank* **(19)** est force de proposition.

⓱
A. L'amour
B. La retraite
C. Le management intergénérationnel
D. La génération Z

⓲
A. La génération W
B. La génération X
C. La génération Y
D. La génération Z

⓳
A. La Fabrique Spinoza
B. La Tentation d'Eden
C. Le Happiness office
D. La French Pépite

Construisez l'ouverture de la conclusion en complétant le texte ci-dessous.

Plus que jamais, d'après Dominique Méda, le travail est au cœur de l'intégration sociale avec un nouvel enjeu d'épanouissement personnel. L'importance du travail dans la vie personnelle de chacun est d'autant plus flagrante au regard de la vulnérabilité de nombreux **(20)**.

⓴
A. Salariés loin de leur lieu de travail
B. Retraités
C. Différentiels salariaux
D. Jeunes actifs

Énoncé

Document 1

La durée légale du travail pour un temps complet est fixée à :

- **35 heures** par semaine
- **151,67 heures** par mois
- **1 607 heures** par an

Cependant, des dispositions conventionnelles ou collectives peuvent prévoir une durée de travail hebdomadaire supérieure ou inférieure à 35 heures.

Les heures effectuées au-delà de la durée légale (ou conventionnelle) sont considérées comme des heures supplémentaires.

Si la durée de travail est inférieure à la durée légale (ou conventionnelle), le salarié travaille à temps partiel.

« Durée du travail d'un salarié à temps plein », *Service-public.fr.*

Document 2

Avec la transformation digitale, l'avènement du travail collaboratif et une envie plus affirmée de s'accomplir personnellement, les jeunes actifs qui entrent sur le marché du travail bousculent les organisations en place. Retour le concept de générations X, Y, Z.

À l'origine, on ne parle que de théorie X et théorie Y. C'est Douglas McGregor, un professeur de management à la prestigieuse université du Massachusetts Institute of Technology (MIT), qui a développé ce concept à partir des années 1960. L'idée originale : les travailleurs n'ont pas les mêmes attentes au travail en fonction de leur génération. McGregor fait ainsi la différence entre deux générations :

• **La génération X désigne les Occidentaux nés entre 1961 (parfois 1966) et 1981.** En raison de l'ancienneté, c'est celle qui tient aujourd'hui les manettes de l'entreprise et du monde du travail en général. Cette génération est décrite comme respectueuse des règles et de la hiérarchie et se montre fidèle à l'entreprise qui l'emploie (les individus ne connaissent que quelques entreprises dans leur carrière). Et cela même si elle n'aime pas toujours le travail qu'elle fait.

• **La génération Y regroupe les individus nés entre 1981 et 1995** présentant des traits de caractère très affirmés. Pour eux, travail doit rimer avant tout avec plaisir et épanouissement. Pas de routine, des activités stimulantes… Les « Y » veulent tout faire plus vite et réclament plus de responsabilités : les articles et études sur cette génération soulignent une impatience et un rejet de la hiérarchie.

ET LA GÉNÉRATION Z DANS TOUT ÇA ?

Nés après 1996, les « Z » ne sont pas encore entrés dans le monde du travail. Leur particularité : ils sont nés avec des technologies matures. Cette génération est d'ailleurs surnommée « génération du pouce » en référence à l'usage ininterrompu du smartphone. Elle se caractérise par un manque de concentration lié à l'usage des réseaux sociaux (contenus courts et éphémères) et « google » – du nouveau verbe « googler » – dès qu'elle se pose une question ou fait face à un problème. Dans ce nouveau contexte, l'enjeu des années à venir sera celui du management intergénérationnel.

VOIR AU-DELÀ DE LA THÉORIE ET DES DIFFÉRENCES

Le Web et les réseaux sociaux influencent grandement les *digital natives* qui impulsent de la technologie dans toutes les activités. Oui, les « Y » et les « Z » sont majoritairement plus habiles avec un smartphone que leurs aînés. Mais les plus de 40 ans sont aussi connectés : plus de 1 personne sur 2 de la tranche 40-59 ans est équipée d'un smartphone (57 %). Autre exemple : les générations Y et Z contesteraient davantage l'autorité et les organisations traditionnelles. Comme beaucoup de jeunes l'ont fait à chaque époque. Mai-68 constitue encore un des événements références de la contestation en France alors même que les « Y » n'étaient pas encore nés.

Une étude IBM de février 2016 montre que les comportements au travail et les aspirations ne sont pas différents entre les vieux et les jeunes salariés. En fait, chaque génération vit avec son temps et dans son époque. Et aujourd'hui, face au travail, chacun cherche un peu la même chose, à savoir une mission épanouissante dans une bonne ambiance de travail.

De nos jours, l'entreprise idéale doit être connectée grâce aux outils collaboratifs, flexible avec le télétravail, et décontractée à travers le *team building*. La faute (ou grâce) à un monde qui a changé et qui touche toutes les générations, de A à Z.

« Générations X, Y, Z : un rapport au travail vraiment différent ? », *Pole-emploi.fr*.

Document 3

Plusieurs enquêtes récentes[1] témoignent de l'attachement au travail de nos concitoyens : le chômage volontaire est largement fantasmatique, et aucune étude n'a réussi à prouver qu'il existerait un lien entre les « indemnités sociales » versées aux personnes en quête d'emploi et le prolongement de leur inactivité ; l'enquête sur les bénéficiaires du RMI (1997-1998) établit qu'un tiers de ceux qui ont repris un emploi n'en retirent aucun avantage financier au regard de l'indemnité sociale auparavant reçue, et qu'un ancien RMIste sur cinq retrouvant un emploi est financièrement perdant. Plus généralement, il apparaît que les individus sont d'autant plus attachés au travail qu'ils n'ont pas d'emploi, et que la tendance n'est pas à la revendication d'une « société de loisirs » : le travail est bien perçu comme une « valeur sûre » parce que ceux et celles qui n'ont pas de fortune ou de talent particulier (c'est-à-dire la grande majorité de la population) trouvent dans l'exercice d'une activité économique le support pour se composer un personnage digne et estimable, même si c'est une valeur contradictoire parce qu'elle contient souvent une part de souffrance. Reste un paradoxe : incontestablement, le temps libre a augmenté et les historiens attestent d'une tendance plus que séculaire de la baisse du temps de travail, que la RTT viendrait renforcer[2]. Pourtant, ce phénomène objectivement mesurable n'est pas perçu par nos concitoyens[3] : une très forte majorité de personnes se plaignent de manquer de temps, tout simplement de temps de repos pour récupérer, et aussi de temps pour se consacrer à leurs proches, en particulier à leurs enfants.

1. D. Méda, *Le Travail, une valeur en voie de disparition,* Paris, Aubier-Montaigne, 1995 ; C. Baudelot, M. Gollac, *Travailler pour être heureux ? Le bonheur et le travail en France,* Paris, Fayard, 2003.
2. D. Méda, *Le Travail,* Paris, PUF, coll. « Que sais-je ? », 2004. Pour une rapide présentation de ces enquêtes, voir chapitre 1, § III.
3. Le processus est plus complexe : les catégories les plus qualifiées travaillent davantage que les moins qualifiées, de sorte que s'opèrent des déplacements des temps et des charges de travail ; l'augmentation du temps libre n'est pas également répartie.

Marcel Drulhe, « S'épanouir au travail : une utopie ? », Empan, 2004/3, n° 55, 2004.

Document 4

L'insatisfaction des salariés franciliens explose au-delà d'une heure de trajet pour se rendre de leur domicile à leur lieu de travail, selon le baromètre Paris Workplace 2018. Moins de 40 minutes de transport serait la durée idéale.

75 % de salariés insatisfaits lorsqu'il faut plus de 60 minutes pour se rendre au travail

Que se passe-t-il lorsque le temps de trajet des salariés franciliens s'allonge ? C'est à cette question centrale qu'a voulu répondre le 5e baromètre Paris Workplace 2018. 2 000 salariés d'Île-de-France ont ainsi été interrogés sur l'impact du temps de trajet domicile-bureau.

Un seuil de tolérance apparaît : 60 minutes, soient 2 heures de transport au total par jour. Si l'on dépasse ce seuil, les trois quarts des salariés franciliens considèrent que leur trajet domicile-travail est « désagréable » ; c'est quasiment trois fois plus que les salariés ayant un trajet inférieur à 40 minutes.

La durée du trajet domicile-bureau affecte également le bien-être au travail

Concernant le bien-être des salariés, il est mis à mal par ces trajets qui durent plus de 40 minutes. **Les salariés qui ont besoin de moins de 40 minutes pour aller travailler sont les plus heureux**, même s'ils passent un peu plus de temps au bureau (8 h 36 en moyenne, soit 16 minutes de plus par jour que les autres). En résumé : **plus de temps dans les transports = moins de temps de présence au bureau.**

En toute logique, la note de bien-être au travail chute chez les salariés franciliens dont le trajet excède les 60 minutes.

Plus surprenante est la corrélation entre la durée du trajet domicile-travail et la sociabilité…

Collègue ou ami ?

Seulement 29 % des salariés franciliens habitant à plus d'une heure de leur bureau considèrent les personnes avec lesquelles ils travaillent comme des amis et pas juste des collègues (contre une moyenne de 40 % pour ceux qui ont moins de trajet). Avec le stress des transports, la sociabilité en prend un coup.

Le temps de trajet impacte la qualité des relations sociales au bureau

Les salariés habitant à plus de 40 minutes de leur lieu de travail sont deux fois moins nombreux à boire très souvent des verres avec leurs collègues à l'extérieur du bureau.

« Combien de temps pour aller au travail ? », *Nouvelleviepro.fr,* mai 2019.

Document 5

Retraite et dépression : la perte de son statut social

La retraite est un moment de changement de rythme de vie où le sujet peut perdre en gratification sociale : c'est donc une phase de grande vulnérabilité.

La perte du statut social et des relations professionnelles consécutive à la prise de retraite peut provoquer un traumatisme si la personne ne recrée pas des rapports sociaux.

Comme tout choc affectif majeur, ce traumatisme psychologique génère une dépression qui entraîne la résignation progressive de l'individu à sa propre mort.

À cela s'ajoutent le déclin des capacités physiques et intellectuelles et les disgrâces physiques qui peuvent susciter un sentiment de perte, des blessures narcissiques, conduisant à la dépression.

Personnes âgées : forte prévalence retraite et dépression

Des études récentes montrent que :

- 10 à 15 % des personnes âgées de plus de 65 ans souffrent de dépression ;
- 20 % des plus de 75 ans souffrent de dépression majeure.

Fréquente chez les jeunes retraités, la dépression est souvent ignorée des proches et sous-estimée par le médecin, ce qui explique le fort taux de suicide au troisième âge :

- en France : un taux de 50 pour 100 000 habitants parmi les hommes âgés de 65 à 74 ans ;
- avec ce taux, la France se situe au 2e rang en Europe, derrière l'Autriche (55 pour 100 000 habitants).

En constante augmentation dans les pays développés, le suicide des personnes âgées représente environ 1/3 des suicides.

« Retraite et dépression », *Depression.ooreka.fr.*

Document 6

À l'occasion de la Saint-Valentin, *Le Figaro* revient sur les relations complexes que le monde professionnel entretient avec les élans du cœur.

Si l'amour ne choisit pas son heure, il ne choisit pas non plus son lieu. À en croire le sociologue Jean Viard, les Français passent en moyenne 12 % de leur vie sur leur lieu de travail. Entre la machine à café, la cantine souterraine ou l'exotisme convenu d'un séminaire d'entreprise, la chance est grande de trouver l'âme sœur, ou de se laisser aller au flirt. À l'occasion de la Saint-Valentin, considérée chez nous comme la fête des amoureux, le cabinet de recrutement PageGroup s'est penché sur les relations complexes que le monde professionnel entretient avec les épanchements du cœur.

« Les rencontres amoureuses : plutôt sur Meetic ou autour de la machine à café ? » s'interrogent les auteurs de l'étude en préambule. Si un Français sur quatre s'est déjà inscrit sur une plateforme de rencontre en 2018, 26 % de salariés français ont déjà envisagé d'avoir une relation amoureuse au travail. Parmi eux, 62 % ont déjà franchi un premier cap et sont passés à l'action, cependant que 38 % sont actuellement en couple avec une personne rencontrée dans le cadre professionnel. Ces statistiques, récoltées auprès de 1 097 personnes entre octobre et novembre 2018, varient néanmoins à la hausse ou à la baisse selon plusieurs facteurs.

L'équilibre de vie, facteur important de la quête d'amour au travail

La taille de l'entreprise d'abord. « Plus l'entreprise est grande, plus l'on a de chance de trouver la perle rare. » Autrement dit : plus l'entreprise est petite, plus la chance de trouver la perle est rare. On constate ainsi que 33 % des salariés de groupes de plus de 5 000 collaborateurs ont déjà envisagé d'être en couple avec un collègue, contre 22 % des entreprises de moins de 10 salariés. Dans certains secteurs, et notamment chez les GAFA, cette tendance à développer des relations sentimentales entre collègues s'accentue sous la pression d'une forte culture d'entreprise. L'étude démontre encore que c'est chez les jeunes générations que la projection d'un lien amoureux est la plus présente au travail. Dans les faits, c'est-à-dire au moment de passer à l'acte, les 35-44 ans sont néanmoins plus courageux que leurs cadets de 25 à 34 ans. Ils sont 71 % des 35-44 ans à franchir le pas, contre 55 % pour la tranche du dessous.

Plus étonnant est l'impact de l'équilibre de vie sur la tentation d'une histoire d'amour. « Il s'avère que le temps passé au travail joue pour beaucoup dans le choix des relations privées. » Ce qui pourrait vouloir dire que les ambitieux, dont la vie privée passe en second plan, ont plus de chance de rencontrer l'âme sœur au travail. Selon PageGroup, 32 % des répondants ne s'estimant pas satisfaits de leur équilibre de vie se seraient ainsi laissé tenter par une histoire d'amour au bureau, contre seulement 24,5 % de ceux qui en sont satisfaits.

Mannequin et secrétaire, métiers les plus « sexy »

Côté sexe enfin, les hommes sont plus nombreux à envisager de nouer des relations amoureuses avec un collègue. Ils sont 31 %, contre 21 % pour les femmes. Mais ces dernières sont plus nombreuses à passer à l'action. Seulement 58 % des hommes osent déclarer leur flamme, contre 68 % de femmes. Ce n'est d'ailleurs pas la seule chose qui sépare hommes et femmes dans l'univers sexué du travail.

D'après une autre étude, menée simultanément par le cabinet d'experts-comptables en ligne Wity, les métiers jugés « sexy » divergent selon chaque sexe, en fonction de la représentation qu'ils se font du sexe opposé. Pour les femmes, le top 3 des « jobs » les plus attractifs est occupé par les mannequins, les médecins/infirmiers puis les entrepreneurs, ce qui relègue les emblématiques pompiers en quatrième place. Pour les hommes, c'est le métier de secrétaire qui domine, suivi des mannequins et des avocates. À noter qu'à l'inverse les femmes trouvent très peu « sexy » les secrétaires et avocats, tout comme les professeurs, qui ont pourtant la cote chez les hommes. Quant aux pilotes d'avion, profession jugée très attirante pour les femmes, elle l'est très peu pour les hommes.

« Saint-Valentin : sociologie de l'amour sur le lieu de travail », *lefigaro.fr*, 14 février 2019.

Document 7

Le travail en open space est un agencement qui suscite de plus en plus l'intérêt des entreprises françaises. Plus qu'une organisation, il tend à devenir un style de vie au bureau. Quels sont les **avantages et les inconvénients de l'open space** ?

Les avantages du travail en open space

Il existe de nombreux **avantages à travailler dans un open space** autant pour les entreprises que pour les salariés. Quels sont-ils ?

Les avantages pour l'entreprise

Le travail en open space peut être très intéressant pour l'entreprise. En effet, il permet de profiter :

• d'un gain de place important

Pour une entreprise, faire le choix d'un espace de travail non cloisonné permet d'économiser des mètres carrés et de faciliter l'installation de nouveaux collaborateurs.

• d'un gain économique

L'avantage de l'open space réside également dans le fait qu'il peut constituer une solution intéressante d'un point de vue économique pour les entreprises qui souhaitent s'établir en région parisienne ou dans une grande ville de province.

Les avantages de l'open space pour les salariés

Outre les avantages liés à l'activité de l'entreprise, l'open space présente des avantages pour les salariés :

• Amélioration de la communication entre collaborateurs

L'absence de cloisons et de murs permet de faciliter le dialogue entre les collaborateurs ayant besoin d'échanger. Cela influe grandement sur le dynamisme et de la réactivité de chacun.

• « Gommage » des positions hiérarchiques

Le **travail en open space** permet souvent d'appréhender de manière plus sereine les rapports hiérarchiques entre employés. Les niveaux ne sont pas effacés mais le fait d'être dans le même espace peut contribuer à apaiser les tensions.

• Une convivialité plus importante

Le fait de pouvoir être entouré et de pouvoir échanger en cas de besoin avec ses collègues peut être très bénéfique sur le moral du salarié.

Les inconvénients du travail en open space

Le **travail en open space** connaît également des revers. Voici la liste des inconvénients les plus couramment évoqués par les salariés au sujet de l'open space :

• L'open space est bruyant

Selon le nombre de personnes travaillant sur un même plateau et les activités de chacun, le niveau sonore peut vite devenir insupportable.

• L'open space diminue le niveau de concentration des employés

Cet inconvénient peut affecter la productivité des salariés et nuire par conséquent, aux performances de l'entreprise.

• L'open space manque d'intimité

Les salariés français sont généralement très attachés à leur espace personnel au sein de l'environnement de travail. Le fait d'être exposé aux yeux de tous peut susciter un malaise chez certains salariés.

• L'open space et la compétitivité
Le fait de se savoir observé par ses collègues peut jouer sur l'attitude d'un salarié qui souhaitera être le meilleur. Pour transformer en **avantages les inconvénients de l'open space**, il convient généralement de faire évoluer les comportements des salariés et de prévoir des aménagements particuliers.

« Avantages et inconvénients du travail en open space », *Immobilier.jll.fr*, juin 2013.

Document 8

Salaire net annuel moyen par sexe

Les dernières données disponibles pour le salaire moyen en France ont été rendues publiques en novembre 2017 et portent sur l'année 2015. Cette année-là, le salaire net annuel moyen en équivalent temps plein pour l'ensemble des salariés s'élève à 26 634 euros, contre 26 327 euros en 2014, soit une hausse de 1,2 %, après + 1 % en 2014.

Des disparités existent entre hommes et femmes : **en 2015, le salaire net annuel moyen des hommes reste plus élevé que celui-des femmes, à 28 794 euros contre 23 634 euros, soit une différence de 5 226 euros**. Un écart qui se creuse, après trois années de réduction consécutives. Le rythme de progression est le même chez les hommes que chez les femmes : +1,2 %. La dernière fois que le taux d'augmentation du salaire net annuel moyen des hommes a dépassé celui des femmes, c'était en 2007.

« Salaire moyen en France 2020 : net, brut, par sexe, par CSP », *Journaldunet.fr,* mai 2019.

Document 9

Ces travailleurs souffrent notamment de l'isolement social et du morcellement des tâches. Au total, quelque 200 000 personnes sont concernées.

La montée en puissance des plateformes numériques qui mettent en relation des prestataires avec des particuliers expose davantage les travailleurs à certains risques, notamment psychosociaux, d'après une étude rendue publique ce vendredi.

Parmi les risques pointés par l'Institut national de recherche et de sécurité pour la prévention des accidents du travail et des maladies professionnelles (INRS) : l'isolement, car ces travailleurs n'ont plus de contacts quotidiens avec des collègues ou une hiérarchie, ainsi que la faible autonomie dans le travail, les tâches étant standardisées et fixées par un algorithme.

« Un principe de prévention est d'adapter le travail à l'homme », or ici, « c'est plutôt l'homme qui s'adapte au travail », a expliqué Benjamin Paty, expert à l'INRS, lors d'une présentation de l'étude.

Perte de sens

Au total, quelque 200 000 travailleurs sont concernés en France, notamment dans les secteurs de la livraison, mais aussi de l'aide à domicile ou du bâtiment, rappelle l'INRS. Dans ce travail, l'institut s'est livré à un exercice de prospective en imaginant plusieurs scénarios d'expansion des plateformes d'ici à 2027 pour identifier les conséquences possibles sur la sécurité et santé au travail.

Au-delà du sentiment d'insécurité professionnelle que peut engendrer la dépendance à une plateforme, le travailleur privé d'autonomie ne peut plus faire preuve d'innovation dans l'exécution de ses tâches, notent les experts. Celles-ci sont morcelées, ce qui entraîne une perte de sens préjudiciable.

Par ailleurs, l'absence de collègues accroît les risques car « on sait que les collectifs de travail jouent un rôle fort dans *[leur]* mise en visibilité », souligne l'étude. Comme l'absence de manager, avec qui le travailleur d'une plateforme aurait pu discuter, par exemple de sa charge de travail.

« Les travailleurs «ubérisés» exposés à des risques pour leur santé », *lexpress.fr* avec AFP, janvier 2018.

Document 10

Temps partiel, bas salaires... près de 8 % des Français en activité vivent sous le seuil de pauvreté.

Selon une étude de novembre 2017 de l'Observatoire des inégalités, 700 000 salariés disposent en France d'un niveau de vie inférieur au seuil de pauvreté, soit parce qu'ils travaillent à temps partiel avec de très bas salaires, soit parce qu'ils n'ont travaillé qu'une partie de l'année. « Si l'on ajoute les indépendants, on arrive à un million de personnes qui exercent un emploi mais disposent d'un niveau de vie inférieur au seuil de pauvreté, fixé à la moitié du revenu médian [850 euros par mois pour une personne seule], explique Anne Brunner, chef de projet à l'Observatoire des inégalités. Et en prenant le seuil utilisé par l'Union européenne [60 % du niveau de vie médian, soit 1 015 euros], on en compte deux millions. »

C'est ainsi que 7,9 % des travailleurs français sont pauvres, selon Eurostat. Preuve que travailler ne protège pas de la précarité. De quoi tordre le cou au tweet de Benjamin Griveaux, le porte-parole du gouvernement. Le 26 août dernier, il écrivait : « C'est par l'activité et le travail que notre pays prospérera. » Un avis que ne partage pas Valérie Porcaro, 43 ans, en contrat unique d'insertion (CUI) dans une école à Armentières (Nord) depuis mars 2017. Diplômée d'un DUT carrières sociales, elle enchaîne les contrats précaires. Avec ses 20 heures par semaine, cette auxiliaire de vie scolaire gagne 688 euros. « Entre le gaz, l'électricité, l'eau, le loyer, l'assurance habitation, le téléphone, difficile de s'en sortir. Il faut arrêter de croire que dès que l'on travaille, on s'en sort. » La mère de Valérie Porcaro lui offre de temps en temps le coiffeur. Sinon, parmi ses petits plaisirs, il lui reste l'entrée gratuite dans les musées tous les premiers dimanches du mois.

« À découvert chaque fin de mois »

Face au phénomène des travailleurs pauvres, depuis 2016, le conseil régional a mis en place différentes aides pour améliorer leur pouvoir d'achat : 20 à 30 euros pour l'aide à la garde d'enfants et 20 euros pour le transport par mois, la possibilité de louer une voiture pour 2 euros par jour...

En plus des coups de pouce régionaux ou municipaux, par le centre communal d'action sociale (CCAS), de nombreuses associations viennent en aide à ces travailleurs précaires. Dans sa petite épicerie solidaire et sociale créée en 2012 dans le quartier populaire de Moulins à Lille, Linda Motrani voit défiler retraités, étudiants, chômeurs et travailleurs aux petits salaires. *« Beaucoup de personnes qui travaillent galèrent,* explique la présidente de l'association La Passerelle. *À la fin du mois, il ne leur reste pas grand-chose de plus que ceux qui touchent les minima sociaux. »*

« Les travailleurs pauvres, ces invisibles », *Le Monde*, septembre 2018.

Document 11

Le bonheur au travail. Le sujet fait partie des thématiques RH les plus en vogue du moment. Mais que recouvre cette notion ? Travail et bonheur sont-ils objectivement compatibles ? Alors que l'Université du bonheur au travail (UBAT) ouvre ses portes début juillet, à Paris, Parlons RH s'est entretenu avec Gilberte Caron, copilote de l'événement. Membre du think tank La Fabrique Spinoza, leader sur la réflexion du bonheur citoyen, elle explique pourquoi le concept n'est ni une mode, ni une fantaisie. Mais une discipline qui s'enseigne au même titre que les mathématiques ou la physique.

Le bonheur au travail, une responsabilité à part entière

Pour redresser la barre, les organisations se doivent d'évoluer. Certaines structures s'y attellent déjà. « Lâcher prise », « happy management », « droit à l'erreur », « confiance », « transparence »... font partie du vocable qui entre petit à petit dans l'entreprise. L'apparition également de nouveaux métiers témoigne de cette volonté de changement. Arrêtons-nous sur le poste de Chief Happiness Officer, pour ne citer que le plus symbolique. Car tout est dans le titre : responsable du bonheur.

De l'organisation d'un petit déjeuner hebdomadaire pour créer du lien, à la gestion des environnements de travail pour gagner en mieux-être, ses tâches sont multiples et plus ou moins stratégiques. Son rôle est de faire entrer le bonheur dans l'entreprise et de le faire circuler. Des mastodontes de la Silicon Valley aux pépites de la French Tech, chacun veut le sien.

Car si les salariés se sentent bien, ils l'expriment. L'entreprise se classe alors parmi les sociétés où il fait bon travailler et in fine elle séduit les talents. CQFD. Et comme nous le précisions ci-dessus, les salariés, plus engagés, voient leur productivité et leurs performances améliorées. Cercle vertueux ou rapport gagnant-gagnant ? Peu importe me direz-vous, tant que ce scénario s'achève par un happy end.

« Le bonheur au travail : une science qui s'apprend », *Parlonsrh.com*, juin 2017.

Connaissance des enjeux contemporains

❶ L'euro a été adopté comme unité de compte le :

A. 1er janvier 1998
B. 1er janvier 1999
C. 1er janvier 2000
D. 1er janvier 2002

❷ Quelle proposition Donald Trump a-t-il faite au Danemark au sujet du Groenland ?

A. Y installer le plus grand port du monde dans la zone arctique
B. Acheter l'île au Danemark
C. Y bâtir le plus grand pont du monde
D. Y installer une base militaire permanente

❸ Quel est le nom du chef d'État syrien actuel, en 2020 ?

A. Hafez el-Assad,
B. Abdallah II
C. Bachar el-Assad
D. Hussein

❹ Qu'est-ce que BlackRock ?

A. Un groupe d'ultra gauche, activiste, et connu pour ses violences lors de manifestations
B. Un groupe de rap américain ayant obtenu de multiples récompenses musicales en 2019
C. Une entreprise américaine spécialisée dans la gestion d'actifs
D. Le nom d'une falaise célèbre en Irlande

❺ Le Forum économique mondial de Davos :

A. Est la réunion institutionnelle du FMI
B. Est une organisation internationale indépendante
C. Est une institution de régulation du commerce mondial
D. Est une organisation caritative internationale

❻ Combien l'OCDE compte-t-il de membres ?

A. 25
B. 32
C. 37
D. 38

❼ 2020 est une année importante dans le domaine de la musique ; il s'agit :

A. Du 250e anniversaire de la naissance de Beethoven
B. Du 200e anniversaire de la mort de Bach
C. Du 250e anniversaire de la mort de Beethoven
D. Du 200e anniversaire de la naissance de Bach

❽ Quel pays a remporté en 2019 la Coupe du monde de rugby à 15 au Japon ?

A. L'Australie
B. La Nouvelle-Zélande
C. L'Afrique du Sud
D. L'Angleterre

❾ Quel important basketteur américain est décédé dans un accident d'hélicoptère en Californie en janvier 2020?
A. Michael Jordan
B. Shaquille O'Neal
C. Kobe Bryant
D. LeBron James

❿ Le siège de l'Organisation mondiale de la santé (OMS) est à:
A. Genève
B. New York
C. Paris
D. Rome

⓫ Quelle est, en France en 2020, l'espérance de vie moyenne en bonne santé?
A. Environ 55 ans
B. Environ 63 ans
C. Environ 68 ans
D. Environ 73 ans

⓬ Le footballeur Emiliano Sala est décédé deux jours après la signature de son transfert d'un club français vers un club étranger; de quels clubs s'agit-il?
A. Du FC Nantes et de Cardiff City
B. De l'AS Saint-Étienne et de Manchester City
C. Du Stade de Reims et d'Everton
D. De l'Olympique de Marseille et de Manchester United

⓭ L'acronyme EHPAD signifie:
A. Établissement d'hébergement permanent pour personnes âgées dépendantes
B. Établissement hospitalier privé d'admission départementale
C. Établissement d'hébergement pour personnes âgées dépendantes
D. Établissement pour handicapés âgés et dépendants

⓮ Qu'appelle-t-on le *fact checking* ?
A. Un processus d'intervention dans les forums de discussion pouvant perturber le fonctionnement
B. Une fausse information
C. Une stratégie de certaines firmes de presse consistant à réserver certaines informations à ceux qui peuvent les payer
D. Une technique journalistique consistant à vérifier l'exactitude des affirmations alléguées par des personnalités ou des sites en ligne

⓯ L'équivalent chinois des GAFA se nomme les BATX pour:
A. Baobao, Alibaba, Tianjin et Xiaomi
B. Baidu, Adidas, Tienanmen et Xi
C. Baidu, Alibaba, Tencent et Xiaomi
D. Baolian, Aliou, Triumph et Xian

⓰ La grippe espagnole qui a frappé le monde en 1918 aurait tué:
A. 20 millions de personnes
B. 30 millions de personnes
C. 40 millions de personnes
D. 50 millions de personnes

⑰ En France, le chef de l'administration est:
A. Le Président de la République
B. Le Premier ministre
C. Le ministre de l'Intérieur
D. Le ministre de la Fonction publique

⑱ Quel est le nom de la monnaie que souhaite lancer Facebook?
A. Le Libra
B. Le Moneybook
C. Le Coinface
D. Le Free

⑲ Comment se nomme la société mère de Google?
A. Alphabet
B. Google Group
C. Tencent
D. Oracle

⑳ Quelle est la population française lors du dernier recensement réalisé?
A. 55,3 millions d'habitants
B. 60,6 millions d'habitants
C. 66,99 millions d'habitants
D. 71,6 millions d'habitants

㉑ En 2019, quel type d'avion de la compagnie Boeing est cloué au sol suite à deux accidents en vol?
A. Le Boeing 727 Max
B. Le Boeing 737 Max
C. Le Boeing 747 Neo
D. Le Boeing 777 New

㉒ Qui préside actuellement la Banque centrale européenne?
A. Mario Draghi
B. Thierry Breton
C. Ursula von der Leyen
D. Christine Lagarde

㉓ Quel est le premier pays exportateur vers la France en valeur?
A. L'Allemagne
B. La Chine
C. Les États-Unis
D. Le Royaume-Uni

㉔ Quel est le premier pays importateur de la France en valeur?
A. L'Allemagne
B. La Chine
C. Les États-Unis
D. Le Royaume-Uni

㉕ En 2021, Israël a annoncé la réouverture d'une mission diplomatique…
A. en Ukraine
B. en Iran
C. au Maroc
D. en Algérie

㉖ Quel footballeur reçoit le Ballon d'or 2020 ?
A. Personne, il n'a pas été attribué
B. Cristiano Ronaldo
C. Luka Modric
D. Neymar

㉗ En cas de vacance ou d'empêchement du président de la République française, qui exerce l'intérim ?
A. Le président de l'Assemblée nationale
B. Le président du Sénat
C. Le Premier ministre
D. Le ministre de l'intérieur

㉘ Parmi ces noms, lequel n'est pas un musée parisien ?
A. Le palais de Tokyo
B. L'Ermitage
C. Le musée du Luxembourg
D. Le musée Marmottan

㉙ Quel monument n'est pas classé au patrimoine mondial de l'UNESCO ?
A. La cathédrale de Reims
B. La cathédrale de Chartres
C. La basilique du Sacré-Cœur à Paris
D. La cathédrale d'Amiens

㉚ En quelle année l'esclavage a-t-il été aboli en France ?
A. 1789
B. 1830
C. 1848
D. 1900

㉛ Les départements ont été dessinés en 1790 en prenant pour base une donnée pratique :
A. Être à une journée de marche de la préfecture
B. Être à une journée de cheval de la préfecture
C. Être à deux jours de cheval de la préfecture
D. Être près d'une demeure royale

㉜ Sous quel nom est né le boxeur Mohamed Ali ?
A. Sonny Liston
B. Cassius Clay
C. Rocky Marciano
D. Bob Foster

33 L'Union européenne est:

A. Un État
B. Une fédération
C. Une confédération
D. Une organisation internationale

34 Dans lequel de ces pays, l'islam chiite est majoritaire?

A. L'Irak
B. La Turquie
C. Le Liban
D. L'Afghanistan

35 Comment s'appelait le PDG d'Apple décédé en 2011?

A. Steeve Jobs
B. Jeff Besos
C. Steve Jobs
D. Jeff Bezos

36 Qu'est-ce que le *greenwashing* ?

A. Une expression de *street art* qui consiste à peindre des figures vertes sur les murs des grandes villes
B. Une pratique qui consiste, pour une entreprise, à mettre en avant des vertus écologiques sans pour autant que des actions suivent
C. Le développement des produits bio dans le domaine alimentaire
D. Le blanchiment d'argent sale provenant du trafic de drogue

37 Qu'est-ce qu'un bilan carbone?

A. Un outil de mesure des émanations de gaz à effet de serre
B. Un outil de comptabilisation des émissions de gaz carbonique
C. Un outil de comptabilisation des émissions de gaz à effet de serre
D. Un instrument de mesure de contrôle des émissions de particules fines

38 Combien de pays compte l'OPEP?

A. 5
B. 8
C. 10
D. 14

39 L'UNICEF est la principale organisation internationale d'aide:

A. Aux plus pauvres
B. À l'enfance
C. À la famille
D. Aux réfugiés

40 Aux termes de l'article 1er de la Constitution, la France est une République:

A. Sociale
B. Socialiste
C. Sociale-démocrate
D. Libérale

Corrigé

Analyse documentaire

Questions de repérage

1. C
2. A
3. B
4. A
5. A

Questions d'analyse

6. AC
7. B
8. AD
9. A
10. AC

Questions de synthèse

11. B
12. C
13. A
14. B
15. B
16. B
17. A
18. C
19. A
20. B

Connaissance des enjeux contemporains

1. B
2. B
3. C
4. C
5. B
6. D
7. A
8. C
9. C
10. A
11. B
12. A
13. C
14. D
15. C
16. D
17. B
18. A
19. A
20. C
21. B
22. D
23. A
24. A
25. C
26. A
27. B
28. B
29. C
30. C
31. B
32. B
33. D
34. A
35. C
36. B
37. C
38. D
39. A
40. A

SUJET N° 3 : Analyse documentaire et connaissance des enjeux contemporains

DURÉE : 3 HEURES

Analyse documentaire

Questions de repérage

Pour chacune des questions, **une seule proposition est correcte**. Seules les bonnes réponses sont prises en compte.

1 Qu'est-ce que le Big Data ?
A. Un data center localisé dans les pays émergents
B. Un gros serveur chargé de collecter les dates d'offres et d'achats boursiers
C. Un ensemble de données numériques massives
D. Un ensemble d'entreprises leader sur le marché de l'e-commerce

2 Quels sont les deux grands types de big data ?
A. Les big data gérant des données chiffrées et alphabétiques
B. Les big data gérant le stockage et le traitement de données
C. Les big data gérant des données vidéo et écrites
D. Les big data gérant des données antérieures et ultérieures à l'an 2000

3 Qu'est-ce que le Data Privacy Day ?
A. Une journée de privatisation de ses données personnelles
B. Une journée privée organisée par les leaders du Big Data
C. Une journée de sensibilisation à la protection des données
D. Une journée de prévention contre les risques d'addictions numériques

4 Qu'est-ce que le rôle de la CNIL ?
A. Elle protège la vie personnelle dans le traitement informatique des données
B. Elle subventionne la création de start-up
C. Elle protège les droits de propriété des détenteurs de big data
D. Elle intervient dans la diffusion des informations d'intérêt général

5 Le Big Data représenterait à lui seul, selon un article du CNRS :
A. 3 % de la consommation mondiale d'électricité
B. 7 % de la consommation mondiale d'électricité
C. 10 % de la consommation mondiale d'électricité
D. 14 % de la consommation mondiale d'électricité

Questions d'analyse

Plusieurs propositions permettent de construire la bonne réponse à chaque question posée. Sélectionnez uniquement **les** propositions appropriées.
Notation :
1. Le candidat qui sélectionne toutes les propositions attendues obtiendra la totalité des points.
2. Le candidat qui identifie au moins la moitié des propositions attendues obtiendra la moitié des points à condition que sa réponse ne contienne aucune erreur.
3. Le candidat qui sélectionne moins de la moitié des propositions attendues n'obtiendra aucun point.
4. Le candidat qui sélectionne trop de propositions (même si ces dernières comportent des propositions attendues) n'obtiendra aucun point.

6 Le Big Data peut présenter un atout pour le marketing en permettant :
A. La collecte de données sur les préférences des consommateurs
B. La reconnaissance vocale des clients au moment du paiement à la caisse
C. La possibilité de cibler les publicités sur les sites consultés par les clients
D. La disparition des supermarchés trop engorgés les week-ends

7 En matière de santé, le Big Data peut contribuer à :
A. Améliorer les diagnostics
B. Anticiper les épidémies
C. Soigner au laser les patients
D. Permettre un meilleur suivi des patients traités par un même médicament

8 Le Big data peut avoir une influence sur la cybercriminalité en :
A. Permettant de repérer des attaques éventuelles
B. Offrant plus de moyens pour les malintentionnés d'agir
C. Permettant la fabrication de fusils numériques
D. Créant des espaces numériques de communications peu transparents

9 Le Big data est très polluant parce que :
A. Il suppose la fabrication de matériels informatiques conséquents
B. Il nécessite du stockage très énergivore
C. Il augmente la probabilité d'utilisation de la voiture dans le monde
D. Il utilise des logiciels qualifiés d'obésitiels

10 Le Big Data peut nuire au respect de la vie privée des individus en :
A. Facilitant la diffusion d'information sur les réseaux sociaux
B. En piratant éventuellement les ordinateurs des internautes
C. En démarchant des clients les soirs et les week-ends
D. En livrant des biens et services directement à domicile

Questions de synthèse

Pour chacune des questions, **une seule** proposition est correcte. Seules les bonnes réponses sont prises en compte.

L'utilisation du numérique, à l'aide d'ordinateurs, tablettes ou smartphones est monnaie courante aujourd'hui, dans les pays développés. Elle s'est accompagnée d'un développement considérable de mégadonnées, ou Big Data.

Introduction

⓫ Sélectionnez la problématique appropriée pour traiter ce sujet.

A. Le Big Data : espoirs ou risques en devenir ?
B. Vers un développement mondial du Big Data ?
C. Le Big Data concerne-t-il tous les pays ?
D. Pourquoi le Big Data se développe tant ?

Développement

⓬ Sélectionnez un titre approprié pour la première partie du raisonnement.

A. Le Big Data est un système très complexe de calcul numérique
B. Le Big Data permet des échanges entre les individus
C. Le Big Data offre un potentiel de progrès favorable à la population
D. Le Big Data s'est développé depuis l'Asie jusqu'aux États-Unis

Construisez le résumé de la première partie en complétant le texte ci-dessous.

Les données massives sont sources de progrès, tant pour la croissance économique, la santé, que la lutte contre **(13)**. En effet, la collection et le traitement de données de clients permettent aux entreprises de mieux cibler les attentes et de gagner en **(14)**. Par ailleurs, les données statistiques offrent une formidable mine d'informations pour les médecins et laboratoires pharmaceutiques afin d'éviter les risques ou de mieux soigner. Enfin, grâce à des **(15)** et du learning machine, le Big Data contribue à la lutte contre le terrorisme en analysant des communications des suspects afin d'anticiper leurs actes.

⓭
A. Le terrorisme
B. La famine
C. L'exclusion
D. Le chômage

⓮
A. Confiance
B. En permanence
C. Compétitivité
D. Publicité

⓯
A. Algorithmes
B. Ordinateurs
C. Techniciens
D. Caméras

⑯ Sélectionnez un titre approprié pour la deuxième partie du raisonnement.

A. Le Big Data doit être développé au nom de l'humanité
B. Le Big Data, un marché à exploiter pour les pays développés
C. Le Big Data inquiète car il peut porter atteinte aux individus
D. Le Big Data, une chance à ne pas laisser passer

Construisez le résumé de la deuxième partie en complétant le texte ci-dessous.

Le Big Data peut fragiliser le respect de la vie privée, l'environnement et participe à la cybercriminalité. Tout d'abord, il porte atteinte à la protection des données **(17)** via des entreprises telles que Facebook ou Google ou sous couvert de lutte contre le **(18)**.
De plus, le Big Data, via les soft/hardwares, est énergivore. À lui seul, il absorbe 10 % de l'électricité mondiale.
Pour finir, le Big Data, en déléguant la gestion des données à la technologie numérique, accroît le risque de cybercriminalité. L'accès à l'électricité, aux billets de banques ou encore le contrôle des véhicules **(19)** pourraient être détournés à mauvais escient, créant paniques, vols ou meurtres.

⑰
A. Secret-défense
B. Compromettantes
C. Personnelles
D. Financières

⑱
A. Le mensonge
B. La famine
C. Le terrorisme
D. La guerre commerciale

⑲
A. Électriques
B. Connectés
C. Hybrides
D. Neufs

Construisez l'ouverture de la conclusion en complétant le texte ci-dessous.

Ainsi, les 2,5 trillions d'octets de données quotidiennes annoncent conjointement des jours heureux ou sombres pour l'humanité. Afin de se prémunir des risques qui le guettent, il est nécessaire de veiller à un développement **(20)** du Big Data.

⑳
A. Éthique
B. Biologique
C. Politique
D. Systématique

Énoncé

Document 1

Le Big Data, c'est quoi ?

Littéralement, ces termes signifient **mégadonnées**, grosses données ou encore **données massives**. Ils désignent un ensemble très volumineux de données qu'aucun outil classique de gestion de base de données ou de gestion de l'information ne peut vraiment travailler. En effet, nous procréons **environ 2,5 trillions d'octets de données tous les jours**. Ce sont les **informations provenant de partout** : messages que nous nous envoyons, vidéos que nous publions, informations climatiques, signaux GPS, enregistrements transactionnels d'achats en ligne et bien d'autres encore. **Ces données sont baptisées Big Data ou volumes massifs de données**. Les géants du Web, au premier rang desquels Yahoo (mais aussi Facebook et Google), ont été les tout premiers à déployer ce type de technologie. [...]

L'arrivée du Big Data est maintenant présentée par de nombreux articles comme **une nouvelle révolution industrielle semblable à la découverte de la vapeur** (début du 19e siècle), de l'électricité (fin du 19e siècle) et de l'informatique (fin du 20e siècle). D'autres, un peu plus mesurés, qualifient ce phénomène comme étant **la dernière étape de la troisième révolution industrielle**, laquelle est en fait celle de « l'information ». Dans tous les cas, le Big Data est considéré comme une source de bouleversement profond de la société. [...]

Les évolutions technologiques derrière le Big Data

Les créations technologiques qui ont facilité la venue et **la croissance du Big Data** peuvent globalement être catégorisées en **deux familles** : d'une part, **les technologies de stockage**, portées particulièrement par le déploiement du **Cloud Computing**. D'autre part, l'arrivée de **technologies de traitement ajustées**, spécialement le développement de nouvelles bases de données adaptées aux données non-structurées (Hadoop) et la mise au point de modes de calcul à haute performance (MapReduce). [...]

Les principaux acteurs du marché

La filière Big Data en a attiré plusieurs. Ces derniers se sont positionnés rapidement dans divers secteurs. **Dans le secteur IT**, on retrouve les fournisseurs historiques de solutions IT comme Oracle, HP, SAP ou encore IBM. Il y a aussi **les acteurs du Web** dont Google, Facebook, ou Twitter. Quant aux spécialistes **des solutions Data et Big Data**, on peut citer MapR, Teradata, EMC ou Hortonworks. CapGemini, Sopra, Accenture ou Atos sont des intégrateurs, toujours des acteurs principaux dans les méga données. Dans **le secteur de l'analytique**, comme **éditeurs BI**, on peut citer SAS, Micro-strategy et Qliktech. Cette filière comporte aussi des **fournisseurs spécialisés dans l'analytique** comme Datameer ou Zettaset. En parallèle à ces principaux participants, de nombreuses PME spécialisées dans le Big Data sont apparues, sur toute la chaîne de valeur du secteur. **En France, les pionniers ont été Hurence et Dataiku pour les équipements et logiciels de Big Data** ; Criteo, Squid, Captain Dash et Tiny Clues pour l'analyse de données et Ysance pour le conseil. [...]

Loïc Bremme, « Définition : Qu'est-ce que le Big Data ? », www.lebigdata.fr

Document 2

Accelerate the future !

Big Data Paris revient les 11 & 12 mars 2019 pour sa 8e édition.

L'objectif de cet événement est de vous proposer un panorama complet des opportunités, perspectives, technologies et de réunir l'écosystème français et international du Big Data.

À travers **2 jours** de **conférences, ateliers, rendez-vous d'affaires, rencontres** avec **250 exposants** et **17 000 visiteurs**…

Big Data Paris 2019 vous offre une opportunité unique de vous informer et networker avec l'ensemble des acteurs du marché.

Corp.

Document 3

Big data : ami ou ennemi du marketing de demain ?

Alors que les techniques de marketing évoluent au rythme des nouvelles technologies, les entreprises sont confrontées à un défi de taille : comment s'adapter efficacement aux opportunités offertes par le Big Data ?

20 milliards. Voici, selon un rapport du cabinet d'études **Gartner**, le nombre d'objets connectés que nous utiliserons en 2020. Amenée à toucher l'ensemble des activités humaines, cette véritable révolution annonce l'effritement, si ce n'est l'abolition, de la distinction entre les mondes réel et virtuel.

En effet, de la vie quotidienne au champ professionnel, nos modes de vie seront bouleversés par ces innovations technologiques. Leur accélération influence déjà notre écosystème et entérine le recul de la territorialité au profit de relations fondées sur la dimension virtuelle et le partage de données.

En témoigne la prééminence actuelle des réseaux sociaux qui aboutit à un stockage massif des données de leurs utilisateurs et, partant, à la naissance de nouveaux modèles marketing. Dès lors, il importe aux acteurs économiques de s'adapter à de tels changements afin d'être en phase avec leurs clients, et avec le public en général.

Le Big data, une opportunité formidable à saisir avec précaution

On l'aura compris, les bénéfices de l'ouverture généralisée de l'accès aux données induits par ces transformations numériques ne sont envisageables que dans le cas d'une exploitation de masse de ces données. C'est dans ce cadre qu'intervient le Big data. Ce dernier permet le traitement en temps réel d'informations différentes, mais interdépendantes. Ces informations sont automatiquement stockées et agencées pour être exploitées grâce à la statistique et aux algorithmes. Ainsi, le rôle du Big data est de « polir » une information brute, de la trier à partir de filtres préalablement fixés par l'utilisateur, pour la rendre utilisable dans l'élaboration d'une stratégie marketing.

Par exemple, le Big data s'avère particulièrement utile dans l'analyse sémantique du web. Le cas le plus connu est Google Analytics qui propose une analyse du trafic sur un site internet en temps réel. Ce service permet, entre autres, à une entité de comprendre qui sont les individus qui visitent sa page et quels sont les contenus les plus regardés. En fonction de cette analyse, il est alors possible pour une organisation d'adapter ses publications à son lectorat.

Néanmoins, la difficulté est de « trier le bon grain de l'ivraie ». En effet, face à la masse de données collectées, la clé du succès réside dans l'utilisation de logiciels réellement adaptés à la recherche. C'est justement l'efficacité de cette gestion des méga données et leur correspondance à des orientations stratégiques qui est amenée à devenir un enjeu majeur pour les entreprises.

L'analyse des données, préalable indispensable pour percevoir leurs résultats concrets

Toutefois, la prudence reste de mise. L'enjeu apparaît d'élaborer des dispositifs permettant de transformer les méga données en informations exploitables et utilisables. Si cela n'est pas réalisé, le risque est de se noyer « dans un océan d'insignifiance », pour reprendre les mots de l'essayiste Niel Postman, lui-même emprunteur de l'expression à Aldous Huxley.

Concrètement, ce flot d'informations serait inexploitable, voire trompeur, puisqu'en l'absence de filtres efficaces, les données pourraient être non-pertinentes, incomplètes ou erronées.

Un exemple pratique de ce manque de filtrage de l'information provient de Google Flu Trends, un service offert par Google et qui avait vocation à prévoir les épidémies de grippes. Or, lancée en 2008, l'expérience a tourné au vinaigre en raison d'une surestimation de ces épidémies à hauteur de 50 %. Fermé en 2015, Google Flu Trends n'en demeure pas moins la preuve que l'oeil humain reste une variable éminemment nécessaire à l'interprétation d'une information issue du Big data.

S'en remettre aveuglément à la technologie n'est par conséquent pas une réponse adéquate et il appartient au consultant, à l'analyste ou au chercheur de s'atteler à l'analyse des données recueillies. C'est en cela que l'expert marketing - et à travers lui les entreprises en général - pourra enrichir et faire fructifier les promesses liées au Big data.

Emmanuel Bercault, Lesechos.fr, 09/02/19.

Document 4

Big data en santé

Des défis techniques, humains et éthiques à relever

Dans le domaine de la santé, le big data (ou données massives) correspond à l'ensemble des données socio-démographiques et de santé, disponibles auprès de différentes sources qui les collectent pour diverses raisons. L'exploitation de ces données présente de nombreux intérêts : identification de facteurs de risque de maladie, aide au diagnostic, au choix et au suivi de l'efficacité des traitements, pharmacovigilance, épidémiologie…

Comprendre l'importance du big data en santé

En santé comme dans bien d'autres domaines, les progrès technologiques ont fait exploser la quantité d'informations recueillies à chaque instant. Ainsi, si dix ans ont été nécessaires pour obtenir la première séquence d'un génome humain, en 2003, il faut aujourd'hui moins d'une journée pour parvenir au même résultat. Cette accélération technologique fait croître le volume de données disponibles de manière exponentielle. Une aubaine pour la recherche en santé pour qui le big data est une source presque inépuisable de nouvelles connaissances, indispensables à l'innovation et aux progrès médicaux ! [...]

Mieux prévenir et prendre en charge les maladies

Les données multidimensionnelles récoltées à long terme sur de larges populations, permettent d'**identifier des facteurs de risque** pour certaines maladies comme le cancer, le diabète, l'asthme ou encore les maladies neurodégénératives. Ces facteurs servent ensuite pour construire des messages de prévention, et mettre en place des programmes à destination des populations à risque.

Le big data permet en outre le développement de **systèmes d'aide au diagnostic** et d'outils permettant la **personnalisation des traitements**. Ces systèmes se fondent sur le traitement de grandes masses de données cliniques individuelles. Dans cette veine, le super-ordinateur Watson d'IBM permet par exemple d'analyser en quelques minutes le résultat du séquençage génomique de patients atteints de cancer, de comparer les données obtenues à celles déjà disponibles, et de proposer ainsi une stratégie thérapeutique personnalisée. En l'absence de cet outil, ce travail d'analyse prend plusieurs semaines. Les cliniques et hôpitaux intéressés passent un partenariat avec IBM qui détient ce super-ordinateur et fournit les résultats.

Le big data peut également permettre de **vérifier l'efficacité d'un traitement**. Par exemple, dans le domaine des vaccins, les cliniciens mesurent aujourd'hui des centaines de paramètres au cours des essais cliniques : comptages cellulaires, fonctionnalité cellulaire, expression de gènes d'intérêt... alors qu'il y a quelques années, on se limitait à la concentration des anticorps d'intérêt. À terme, cette évolution, les données massives qu'elle génère et la capacité à les analyser, pourrait permettre de vérifier qu'une vaccination a bien fonctionné au bout d'une heure seulement, à partir d'une micro goutte de sang.

Prédire des épidémies

Disposer de nombreuses informations sur l'état de santé des individus dans une région donnée permet de repérer l'élévation de l'incidence de maladies ou de comportements à risque, et d'alerter les autorités sanitaires.

Ainsi, le site HealthMap a pour objectif de prédire la survenue d'épidémies à partir de données provenant de nombreuses sources. Développé par des épidémiologistes et des informaticiens américains en 2006, ce site fonctionne en collectant les notes de départements sanitaires et d'organismes publics, les rapports officiels, des données internet… Le tout est mis à jour en continu pour **identifier des menaces sanitaires et alerter les populations**. Citons aussi le simulateur GLEAM, destiné à prédire la dissémination d'une épidémie en particulier, en exploitant les données de transport aérien.

En France, depuis 1984, le réseau Sentinelles suit plusieurs maladies infectieuses et alerte sur les épidémies grâce à la contribution de 1 300 médecins généralistes et d'une centaine de pédiatres répartis sur tout le territoire. Ces derniers rapportent au moins une fois par semaine le nombre de cas observés pour sept maladies transmissibles (diarrhée aiguë, maladie de Lyme, oreillons, syndromes grippaux, urétrite masculine, varicelle et zona) ainsi que les actes suicidaires. Les données sont transmises, via un réseau sécurisé, auprès de l'institut Pierre Louis d'Épidémiologie et de Santé Publique France, en collaboration avec l'Institut de veille sanitaire (InVS).

Améliorer la pharmacovigilance

L'analyse des données issues de cohortes ou des bases médico-économiques sur le long terme peut donc permettre d'observer beaucoup de phénomènes, et notamment de faire des rapprochements entre des traitements et la survenue d'événements en santé. Cette pratique permet de **repérer des événements indésirables graves** et d'alerter sur certains risques. En 2013, la base de données du SNIIRAM avait ainsi permis d'étudier le risque d'AVC et d'infarctus du myocarde chez les femmes utilisant une pilule contraceptive de 3e génération.

Inserm.

Document 5

Terrorisme et Big Data – Le Big Data pour lutter contre le risque d'attentats

Le terrorisme est l'un des principaux problèmes du 21e siècle à l'échelle mondiale. La menace est omniprésente et les attentats peuvent survenir à tout moment. Pour lutter contre ce fléau, le Big Data se présente comme un atout précieux. Dans l'Union Européenne, et dans les autres grandes puissances de la planète, les technologies analytiques sont utilisées pour anticiper le terrorisme et la menace d'attentats. Découvrez la relation entre terrorisme et Big Data.

On parle bien souvent de la façon dont le Big Data révolutionne les entreprises, mais moins souvent de la façon dont cette technologie peut être appliquée au domaine de la sécurité et de la surveillance. Dans un futur proche, **il sera possible de prédire les attaques terroristes en combinant des informations en provenance des réseaux sociaux, des recherches internet, des achats effectués et de la géolocalisation des smartphones**.

En effet, comme tout le monde, les terroristes génèrent de plus en plus de données. Depuis leurs **smartphones, mais aussi par l'intermédiaire de la surveillance satellite, des caméras de surveillance et des capteurs intégrés aux véhicules, tout ce que ces êtres malfaisants font sur internet peut être suivi, stocké et analysé**. Ainsi, grâce à la technologie d'analyse prédictive, reposant sur les techniques statistiques, le machine Learning et le forage de données, il est possible d'analyser les faits courants et historiques pour prédire les événements futurs. Par exemple, il est possible d'anticiper les agissements terroristes et autres menaces de sécurité.

Dans plusieurs pays, **les forces de police analysent Twitter et les SMS pour anticiper le terrorisme, et utilisent des algorithmes pour déterminer à quel endroit doivent patrouiller les officiers en fonction des agissements des suspects**. Bien entendu, l'utilisation des analyses prédictives pour la prévention terroriste risque d'avoir un impact profond sur nos sociétés et nos démocraties. Même si les algorithmes permettent de prédire avec précision les futurs attentats, certaines personnes innocentes risquent d'être considérées à tort comme des suspects. Il est nécessaire de trouver un moyen de minimiser les risques d'erreurs.

Bastien L, www.lebigdata.fr, juillet 2017.

Document 6

J'ai enquêté sur ce que Facebook, Google, Uber et Netflix savent de moi (et ça fait peur)

Notre journaliste a téléchargé toutes les données sur sa vie privée collectées par les réseaux sociaux et les applis qu'il utilise. Stupéfiant !

Je suis pris de vertige.

Je me savais profilé, mais je n'imaginais pas à quel point ! Un mois avant l'arrivée du nouveau règlement général sur la protection des données européen, j'ai voulu faire le point sur les éléments collectés sur ma personne. Par Facebook et Google évidemment, mais aussi par Amazon, Twitter, Snapchat, Uber et Netflix*.

Au total, j'ai récupéré plus de 62 gigaoctets d'informations. Concrètement, cela représente, imprimé, l'équivalent d'un livre de plus de 37 000 pages ! Et tout, absolument tout, y est, répertorié dans 193 dossiers, consigné dans 4 084 fichiers, essentiellement des tableurs plus ou moins lisibles.

Je frissonne.

Facebook et la déprime

Je plonge avec effarement dans ces documents en débutant par ceux transmis par Facebook, le réseau controversé du moment.

La synthèse de mon « profil » s'ouvre sur une page visuellement sommaire, mais extrêmement détaillée. J'y retrouve mes différentes adresses e-mails, mon numéro de portable, ma date de naissance, mes emplois... Jusqu'ici, je me souviens bien avoir – un jour – tout renseigné.

Mon malaise s'installe à la lecture de la mention « Relations précédentes », qui liste mes ex connues du réseau. Facebook a enregistré ça ? Oui.

Même trouble au rayon « Messages », qui reprend l'intégralité de mes 1 072 conservations depuis 2008 (ex comprises, malgré la suppression des échanges).

Déprime assurée.

Twitter et Snapchat, petits joueurs

Les autres réseaux sociaux ont-ils aussi toutes mes correspondances ? Pas vraiment. Twitter dispose bien d'une sauvegarde de mes 7 795 tweets (publics), mais pas de mes DM (eux, privés).

Pareil sur Snapchat : aucun Snap, aucune Story, et même, aucun inventaire de mes amis ! Les deux réseaux sociaux, qui reposent pourtant sur la vente de pubs, s'avèrent remarquablement pauvres en infos sur ma personne. Tout juste le petit fantôme tente-t-il de déterminer mon âge : « Entre 25 et 34 ans. »

Des broutilles... comparées au grand F, qui liste allègrement l'ensemble de mes « J'aime » intempestifs, l'intégralité des pubs aperçues, et toutes les marques qui ont récupéré mes informations (tiens... beaucoup de compagnies aériennes). Pas besoin d'algorithme poussé, Facebook, qui n'oublie rien, dispose de tout ce qu'il faut pour me cribler de publicités.

Google, une arrière-toile

L'autre qui n'oublie rien, c'est Google. Je m'aperçois combien le géant de la recherche s'est étendu telle une arrière-toile du web, collectant les empreintes de mes passages sur son moteur, ses plans Maps, son stockage Drive, son appli YouTube... Et il arrive à tout regrouper, que ça vienne de mon PC au bureau, de mon Mac perso ou de mon iPhone.

Stupéfait, je découvre que toutes mes interactions avec le groupe de Mountain View sont classifiées depuis... avril 2007. Je ne suis plus le même qu'il y a onze ans, pourtant Google se souvient de ma recherche pour « personnaliser des icônes » d'ordinateur, pour voir ma maison d'enfance sur Google Earth, ou pour écouter « Umbrella » de Rihanna.

Pérégrinations audio et vidéo, fautes de frappe, questionnements philosophiques et de santé… Tout y est recensé, à la seconde précise. Le tournis monte d'un cran devant l'« historique des localisations » avec 5 975 lieux archivés ! Pour quoi faire ? !

C'est mon intimité !

Un autre acteur se souvient des lieux où je suis allé : Uber. L'appli conserve le détail de mes 49 trajets : date, parcours, chauffeur et montant. Bon, le service de VTC, lui, ne compte pas sur ces informations pour gagner de l'argent...

Même réflexion face au relevé de Netflix, où il y a tout ce que j'ai regardé depuis quatre ans. L'entreprise s'en sert pour promouvoir ses productions, mais (a priori) pas pour vendre mon profil aux publicitaires.

Amazon est finalement le seul à adopter une position étrange : il ne dispose que d'un tableur (peu fiable) de mes achats passés – ce qui explique peut-être son piètre ciblage...

À la fin de ma recherche, face à la précision des informations qu'ont accumulées Facebook et Google sur ma vie, j'ai la boule au ventre. Il y a là bien plus qu'une identité numérique hors-sol, c'est mon intimité qu'ils s'autorisent à commercialiser. Le pire, c'est que cette collecte a été faite avec mon consentement. Il est grand temps de faire un ménage de printemps.

Boris Manent, *L'Obs*, publié le 3 mai 2018.

* J'ai également demandé mes données à Airbnb, Hotels.com, Le bon coin ou La Redoute, mais la réponse par voie postale s'avérait trop tardive pour le bouclage de cet article. Sur Instagram et Apple, le dispositif n'est pas encore en place, mais le sera « courant mai ». Je ne dispose plus d'aucun compte chez Microsoft.

Document 7

Compteur Linky* et données personnelles : la Cnil met en demeure Direct Énergie

La Cnil a annoncé avoir mis en demeure ce mardi Direct Énergie au sujet du compteur communiquant Linky. La Commission reproche au fournisseur d'électricité de collecter les données des clients sans leur consentement.

Le compteur Linky n'a pas fini de faire parler de lui. La Commission nationale de l'informatique et des libertés (Cnil) a indiqué ce mardi avoir mis en demeure le fournisseur d'électricité Direct Énergie pour la collecte des données de consommation des clients sans leur consentement, dans le cadre de l'installation des nouveaux compteurs communiquants. L'autorité en charge de la protection de la vie personnelle dans les traitements informatiques donne trois mois à l'entreprise pour « se conformer à la loi » sur les demandes de consentement. Dans le cas contraire, des sanctions pourraient être prononcées. [...]

Sensibiliser les consommateurs sur leurs droits de maîtrise sur leurs données

Dans sa décision, la Commission met en avant la nécessité de « sensibiliser les personnes quant à leurs droits et leur capacité de maîtrise sur leurs données de consommation énergétique », en raison du grand nombre de compteurs déjà installés dans les foyers français. « Ces données peuvent en effet révéler de nombreuses informations relatives à leur vie privée (heures de lever et de coucher, périodes d'absence ou nombre d'occupants du logement) », indique la Cnil.

Salomé Garganne, *Le Figaro.fr*, 27 mars 2018, mis à jour le 31 mai 2018.

* Selon la définition de Direct Energie : Le compteur communicant, Linky, est une nouvelle génération de compteur. Il transmet des données de consommation et reçoit des ordres à distance. Linky répond au besoin de modernisation des réseaux d'électricité en France. Pour maintenir notre niveau d'exigence, nous remplaçons un matériel devenu obsolète et qui, dans certains cas, peut avoir été installé il y a plus de 40 ans.

Document 8

Data Privacy Day : Une journée pour tout changer ?

Fuites de données, hacking, phising, utilisations abusives... Les problèmes liés aux data sont devenus si fréquents qu'il existe désormais une journée de sensibilisation européenne à la protection des données personnelles.

Mais ce Data Privacy Day peut-il suffire à changer les mentalités ? Rien n'est moins sur...

Lundi 28 janvier 2019 c'est le Privacy Day ! À l'instar du 14 février pour la St Valentin, cette journée dédiée est oh combien plus sérieuse et ne concerne pas seulement les amoureux mais toutes les personnes qui se servent d'internet.

Cette journée de la protection de la vie privée souligne que notre vie privée peut être mise à mal à tout moment.

Conduites à risque

À l'ère du smartphone et des nouvelles technologies, nos connexions non protégées en ligne sont fréquentes. Le monde de l'internet ne paraît pas pour autant dangereux pour tout le monde.

En effet une étude réalisée au cours des 12 derniers mois, pointe du doigt que 61 % de français ont donné leurs numéros de carte bancaire à un service en ligne ou une application et sont les premiers à donner régulièrement leur numéro de téléphone avec 70 % d'entre eux. Autant de moyens pour que l'on récolte nos données privées.

Des Français peu prudents

Et malgré les attaques récentes qui ont défrayé la chronique, les Français sont ceux qui ont le moins changé leur manière de protéger leurs données personnelles alors qu'ils se disent plus concernés par la protection de leurs données personnelles qu'auparavant pour 56 %. 41 % sont globalement d'accord sur le fait que la responsabilité revient avant tout aux fournisseurs de services et d'applications en ligne.

Pour autant les Français ne semblent pas nombreux à vouloir changer leur façon de se connecter à des services en ligne. Seulement 31 % souhaitent faire des efforts dans ce sens.

Bonnes intentions *vs* réalité

Mais alors, de quelle façon les Français vont-ils s'y prendre pour changer leur mode de connexion à des services en ligne ? 41 % de Français pensent arrêter de se connecter à Facebook et 10 % pensent ne plus utiliser du tout Facebook dans le futur. Par ailleurs, 48 % des Français disent être prêt à réduire ou arrêter d'utiliser un service en ligne.

Mais sommes-nous vraiment prêts dans la réalité à changer notre façon de nous connecter quand on constate que si peu de personnes songent seulement à faire en sorte que leur vie privée soit protégée ?

En espérant que cette journée servira de réflexion pour tous et que des actions seront mises en place afin que notre vie privée reste vraiment privée !

Arnaud Gallut, Co-marketing-news.fr, 28 janvier 2019.

* Chiffres issus de l'Enquête consommateur Ping Identity 2018 : attitudes et comportements à l'ère du piratage, Ping a interrogé plus de 3 000 personnes aux États-Unis, au Royaume-Uni, en France et en Allemagne pour savoir ce qu'elles attendaient des marques concernant la protection de leurs données personnelles. En France, 754 personnes ont été interrogées.

Document 9

L'ingérence dans la vie privée de la NASA

Plus l'État met de l'argent sur la table pour les services de renseignements, plus les firmes du big data en profitent. Quand le Patriot Act a autorisé la NASA et la CIA à solliciter, au nom de la sécurité nationale, les entreprises privées américaines qui détenaient les données numériques, Google a, dans ce cadre, surveillé entre 1 000 et 2 000 comptes par an à la demande des agences gouvernementales.

Jusqu'où est allée la collaboration entre l'appareil sécuritaire américain et les big data ? Certains croient savoir pourquoi Apple a fabriqué des smartphones dont la batterie est très compliquée à retirer : « Le premier réflexe de ceux qui craignent d'être espionnés est d'enlever la batterie de leur portable. L'énergie résiduelle d'une batterie permet de faire beaucoup de choses », nous explique un homme du renseignement français. Il y a deux ans, l'hebdomadaire allemand Der Spiegel révélait, documents à l'appui, que la NSA disposait d'un accès libre aux informations contenues dans les iPhone. En l'occurrence, le logiciel d'intrusion Dropoutjeet permettait à l'agence depuis 2008 de télécharger des fichiers contenus dans le smartphone, de consulter les SMS, le carnet d'adresses, l'agenda, d'écouter les messages téléphoniques et même d'acti-ver le microphone et la caméra. Apple avait aussitôt démenti avoir « jamais travaillé avec la NSA afin de créer une porte dérobée dans ses produits ».

Marc Dugain et Christophe Labbé, *L'homme nu - La Dictature invisible du numérique*, Robert Laffont, 2016.

Document 10

Impact environnemental du numérique, des scientifiques tirent la sonnette d'alarme

Dans un article publié sur le journal du CNRS, des chercheurs dénoncent la pollution invisible du net. Le numérique représenterait, ainsi, à lui seul environ 10 % de la consommation mondiale.

Les données immatérielles que nous consommons et produisons quotidiennement ont une empreinte écologique bien réelle. Face au gouffre énergétique que représente le Big Data, les scientifiques tirent la sonnette d'alarme. Dans un article publié sur le site du CNRS, ils pointent un « *mode de fonctionnement peu optimisé et très énergivore* ».

Les chiffres parlent d'eux-mêmes, les « *ordinateurs, data centers, réseaux… engloutissent près de 10 % de la consommation mondiale d'électricité* ». Un chiffre en constante augmentation. En effet, nous générons environ 2,5 trillions d'octets de données chaque jour. Ce sont les informations provenant de partout : messages, vidéos, météos, signaux GPS, achats en ligne… La liste est infinie.

« *Le secteur des nouvelles technologies représente à lui seul entre 6 et 10 % de la consommation mondiale d'électricité, selon les estimations – soit près de 4 % de nos émissions de gaz à effet de serre* », dénonce Françoise Berthoud informaticienne au Gricad et fondatrice du groupement de recherche EcoInfo. « *Et la tendance est franchement à la hausse, à raison de 5 à 7 % d'augmentation tous les ans.* »

Une industrie énergivore

L'on oublie en effet souvent que derrière chaque compilation des « chatons les plus mignons de l'Univers » visionnée, se trouvent des équipements (ce qu'on appelle le « hardware ») extrêmement gourmands en énergie. Selon Laure Cailloce, auteure de l'article en question, « *environ 30 % de cette consommation électrique est imputable aux équipements terminaux – ordinateurs, téléphones, objets connectés –, 30 % aux data centers qui hébergent nos données et, plus surprenant, 40 % de la consommation est liée aux réseaux, les fameuses autoroutes de l'information* ». Ces dernières sont d'ailleurs parsemées d'antennes et de routeurs qui, eux aussi, consomment de l'énergie.

Quant aux data centers, les plus gros d'entre eux peuvent consommer l'équivalent de 100 millions de watts (100 MW), soit un dixième de la production d'une centrale thermique. En plus de l'énergie nécessaire pour faire tourner leurs serveurs, ils doivent être constamment climatisés. Ceux-ci continuent d'ailleurs d'être utilisés à 100 % de leur capacité jour et nuit, et ce malgré les recherches affirmant qu'éteindre, au moins en partie, ces équipements pendant les heures creuses n'affecterait en rien la performance du service. Même constat concernant les box qui fonctionnent elles aussi en continu et consomment 1 % de l'électricité française.

Les logiciels (« software ») ne sont pas en reste. Qualifiés d'*obésitiels*, ceux-ci accumulent les lignes de code inutiles rendant ainsi chaque application extrêmement gourmande en énergie. « *C'est le cas des applications pour smartphones développées à la va-vite pour pouvoir être mises rapidement sur le marché, qui consomment d'autant plus d'énergie qu'elles sont toujours ouvertes* », rappelle l'article du CNRS.

Un enjeu environnemental

Des solutions ont été adoptées pour tenter de réduire la consommation énergétique du numérique. Il existe, notamment, des data centers refroidis par géothermie, ou alimentés grâce aux énergies renouvelables. Quant aux téléphones, une entreprise néerlandaise créée depuis 2013 des smartphones dont la conception et la production ont été pensées pour intégrer des contraintes environnementales et de commerce équitable.

Mais ces initiatives demeurent marginales. L'article rappelle ainsi qu'en Europe à peine 18 % des métaux présents dans nos ordinateurs portables sont ainsi récupérés. Une partie importante des équipements en fin de vie continue, ainsi, d'atterrir dans des décharges sauvages, notamment en Asie ou en Afrique, où ils sont entassés avant d'être ensevelis ou brûlés.

Les conséquences environnementales de la dématérialisation sont, elles, bien réelles. Si les principaux acteurs du marché présentent le Big Data comme une solution dessinée pour permettre à tout le monde d'accéder en temps réel à des bases de données géantes, ils omettent d'informer les utilisateurs sur le coût environnemental de ces technologies. Il devient plus qu'urgent de renouveler Internet, car d'ici 2020 le trafic Internet mondial pourrait bien avoir triplé.

Maxime Lambert, www.maxisciences.com, 23 mai 2018.

Document 11

Big Data et environnement, un enjeu loin d'être virtuel

Les données personnelles récoltées et leur traitement représentent un impact climatique majeur dans notre société

Des milliards de kilowatts sont nécessaires aujourd'hui pour sauvegarder nos tweets, nos mails, nos recherches, nos clouds, nos SMS et les informations issues des appareils connectés. Les données des entreprises et des institutions publiques sont elles aussi concernées. Les informations stockées se multiplient à un rythme effréné et leur sauvegarde se doit de le suivre, d'autant plus que des données sont conservées ad vitam aeternam. Selon Greenpeace, la consommation d'énergie que cela nécessite représente aujourd'hui 2 % de l'énergie mondiale.

Data Centers et énergie

Les informations numériques sont stockées dans des Data Centers, immenses hangars à serveurs. Le fonctionnement des machines consomme d'autant plus d'énergie que leur fonctionnement est continu. Les températures engendrées par leur activité sont élevées et afin de garantir un bon fonctionnement, il est nécessaire de garder une température constante de 25 °C. Des systèmes de refroidissement eux aussi gourmands en énergie sont donc indispensables. En 2008 : 56 milliards de kilowatts étaient nécessaires à leur fonctionnement. Ce chiffre devrait atteindre 104 milliards en 2020 [1], soit presque le double.

Les initiatives d'économie d'énergie en cours

L'enjeu environnemental est évidemment important mais l'aspect économique qui en découle est lui aussi majeur. C'est plutôt pour cette deuxième raison que les grandes entreprises, telles que Apple, Facebook, Google entre autres, ont opté pour des solutions écologiques. Mais des chercheurs ainsi que des instances politiques se posent également la question. À présent, plusieurs directions sont envisagées pour faire face à ce problème. On peut citer les trois plus répandues :

• L'infrastructure

• Utilisation de moyens physiques afin de réduire la consommation d'énergie due au stockage de données. Par exemple, Facebook a installé son Data Center près du cercle polaire afin de profiter du refroidissement naturel.

• Le recyclage

• Réutilisation de l'énergie thermique produite par le fonctionnement des serveurs comme celui de la start-up iséroise Stimergy qui compte chauffer, à l'automne prochain, la piscine du 13e arrondissement à Paris. Ou encore la société Jerlaure qui chauffe déjà les locaux de l'université de Bourgogne (28 000 étudiants).

• La production de données

• Des initiatives visant les développeurs et autres acteurs du web à tenir compte du prix environnemental des données afin de travailler sur des supports « verts ». Analyser et évaluer la pertinence de la création de données afin de réduire le gaspillage.

Quelles solutions durables ?

Avant d'arriver au scénario provocateur et très pessimiste de la société Cisco [2], dans lequel est envisagé d'appliquer le principe d'utilisation alternée comme pour les voitures, il reste encore quelques pistes à explorer. Au-delà de la question de l'infrastructure, de la sauvegarde et de la production de données à grande échelle, il y a la sensibilisation des usagers du web au prix énergétique de leurs actions. Pourquoi ne pas se désabonner d'une newsletter au lieu de la faire disparaître dans les spams, ou alors rationaliser l'utilisation des clouds et des sauvegardes en ligne…

Mais ce qui est urgent, c'est la nécessité de repenser la société du Big Data en ajoutant aux questionnements éthiques, de droit et sociétales, les questions environnementales. Devons-nous garder la totalité de nos données ? Est-il indispensable d'y avoir accès 24 h/24 ? Est-il possible de faire le tri ? Autant de questions cruciales qui renforcent le besoin de repenser le numérique.

Alejandra Fayad, www.influenceursduweb.org, 21/02/2017.

[1] Source : Journal *Le Monde* – Planète

[2] Source : CNRS – *Le journal*

Document 12

Aux États-Unis, Jeff Bezos dénonce un chantage politique

Dans une tribune publiée jeudi 7 février sur Internet, Jeff Bezos, fondateur d'Amazon et propriétaire depuis 2013 du *Washington Post*, accuse l'éditeur du tabloïd *National Enquirer*, réputé proche de Donald Trump, de tenter de le faire chanter en le menaçant de publier des clichés intimes.

Jeff Bezos contre le National Enquirer

C'est par une tribune publiée jeudi 7 février sur le site Medium, une plate-forme consacrée à la diffusion de blog, que Jeff Bezos a révélé, e-mails à l'appui, le chantage dont il est victime.

Amazon dans la ligne de mire de Donald Trump

Selon lui, le groupe American Media Inc (AMI), propriétaire du *National Enquirer*, aurait menacé de publier des photos embarrassantes s'il ne renonçait pas à enquêter sur l'origine d'une fuite ayant permis au tabloïd de publier, fin janvier, des textos intimes de l'homme d'affaires. Ces éléments démontraient que le fondateur d'Amazon avait eu une liaison extraconjugale au printemps 2018, soit plus de six mois avant l'annonce de son divorce.

Soucieux de connaître les origines de cette soudaine animosité, le patron d'Amazon a engagé Gavin de Becker, un enquêteur réputé parmi les célébrités vulnérables au chantage, afin d'en découvrir la cause. Une initiative qui a suffisamment inquiété AMI pour qu'elle contacte Jeff Bezos et exige le silence. Ou, mieux encore, qu'il rend publique une déclaration assurant que *« la couverture d'AMI était politiquement motivée »*.

Jeff Bezos, cible de récurrente de Donald Trump

Que redoute donc AMI ? Sans apporter de précision, Jeff Bezos évoque deux pistes. la première remonte… à la Maison-Blanche. « *Il est inévitable,* écrit-il, *que certaines personnes puissantes concernées par la couverture du Washington Post tirent la conclusion erronée que je suis leur ennemi. Le président Trump est l'une de ces personnes, à en juger par ses nombreux tweets.* »

Se disant attaché au *« grand journalisme »*, Jeff Bezos a racheté le *Washington Post* en 2013 en assurant qu'il laisserait au célèbre quotidien toute son indépendance éditoriale. Il est l'une des cibles favorites du chef de l'État : ce dernier qualifie régulièrement le quotidien d'*« ennemi du peuple »*, de source de *« fake news »*. Il s'en prend aussi fréquemment à Amazon.

Or Gavin de Becker a découvert que le frère de la nouvelle amie de Jeff Bezos, Michael Sanchez, était non seulement un ardent soutien de Donald Trump, mais également un proche de Roger Stone, ex-conseiller du président, et Carter Page, ex-conseiller diplomatique du candidat Trump. Il aurait donc pu communiquer, pour des raisons politiques, textos et photos compromettantes à AMI. […]

Gilles Biassette, *La Croix*, 10/02/2019.

Document 13

Big Data, Big risque à venir

[…] Le marché des Big Data devrait atteindre 25 milliards de dollars d'ici fin 2016 et la demande d'emplois dans ce secteur est en train d'exploser.

En dehors des formidables atouts qu'ils représentent, ce qui n'est pas prévisible avec les Big Data ce sont les risques à venir. Ces gigantesques masses de données travaillées aujourd'hui par les algorithmes que nous avons fabriqués sont en effet aujourd'hui capables de nous construire et de prédire l'avenir à l'aide de nos gestes quotidiens, de nos déplacements, de nos achats et de nos pérégrinations sur la toile.

Cependant les données numérisées et l'extraction que l'on en fera ne sont pas sans menaces sur notre vie privée. Sachons le nul ne sera épargné. Le cybercrime dans ce domaine s'organise et le secteur de la cybersécurité aussi.

Il est grand temps de sensibiliser les entreprises et les particuliers à ces Data et des exemples comme les attaques de TV5 Monde, Sony et Target sont là pour nous le rappeler ainsi qu'une étude récente publiée par Price-waterhouse Coopers indiquant que le nombre de cyberattaques en 2015 a augmenté de 51 % en France.

Les modes opératoires ont évolué à une allure hallucinante au même titre que la rapidité des attaques qui sont de plus en plus professionnelles.

Fini le hacker ou le Geek souhaitant prouver qu'il a réussi à pénétrer une machine, un système. L'heure est à l'argent rapidement et facilement gagnée. Toute une organisation souterraine est en train de se mettre en place avec parfois des marchés noirs de la cybercriminalité.

Les infrastructures au même titre que nos données personnelles sont à prendre au sérieux dans ce cadre. Une simple attaque ou prise en main de système pourrait à lui seul immobiliser toute ou partie de notre société.

« Imaginez tout simplement des coupures d'électricité massives, des distributeurs de billets bloqués ou encore des réseaux de téléphonie GSM inopérants. Cela peut entraîner rapidement des paniques collectives, voire des émeutes urbaines » s'inquiète Guillaume Poupard, directeur de l'Anssi.

Se pose aussi la confidentialité de nos données qui ne manquera pas de faire des émules avec l'émergence des objets connectés. Qui peut aujourd'hui affirmer qu'il est au courant que ses données personnelles sont dans le cloud ainsi que sa consommation d'énergie, ses déplacements, ses images et toute son appartenance à des réseaux sociaux …

Il est urgent que tout ce petit monde sache comment accéder à ses données et comment elles sont protégées.

Idem pour nos véhicules sur lesquels nous n'aurons bientôt plus tous les pouvoirs. Ainsi dans un récent rapport, les chercheurs de Mc-Afee, la filiale sécurité d'Intel, prévoient les premières attaques cybercriminelles sur des voitures dès 2016 avec *« des risques de perte de vies humaines, une dégradation de la sécurité routière et des menaces d'embouteillages géants ».* Les futurs véhicules autonomes comme la Google Car ne seront pas épargnés. Dès aujourd'hui les constructeurs ayant investi dans la voiture connectée doivent en penser les failles car déjà, *« 75 % des vols de voiture en France se font grâce au "mouse jacking", une méthode qui s'appuie sur des boîtiers électroniques vendus quelques dizaines d'euros sur Internet et qui permettent d'ouvrir et de faire démarrer une voiture sans effraction. »* (Source : *Le Monde*) […]

J.-P. Pinte, blog.educpros.fr, 17 novembre 2015.

Connaissance des enjeux contemporains

❶ Le traité de Rome créant la Communauté économique européenne est signé:

A. Le 11 novembre 1946
B. Le 21 décembre 1956
C. Le 25 mars 1957
D. Le 26 juillet 1958

❷ Qui sont les présidents américains pour lesquels la Chambre des représentants a voté la mise en place d'une procédure d'*impeachment* ?

A. Andrew Johnson, Richard Nixon, Bill Clinton et Donald Trump
B. Andrew Johnson, Bill Clinton et Donald Trump
C. Herbert Hoover, Richard Nixon et Donald Trump
D. Harry Truman, Gérald Ford et Donald Trump

❸ Quelle est la nationalité de Greta Thunberg?

A. Norvégienne
B. Danoise
C. Finlandaise
D. Suédoise

❹ Quel est le nom de l'usine dans laquelle, à Rouen, s'est déclaré un important incendie en 2019?

A. Lactalis
B. Lubrizol
C. Continental
D. Total

❺ La Communauté économique européenne se transforme en Union européenne à la faveur du traité de:

A. Paris
B. Maastricht
C. Vienne
D. Rome

❻ Quelle grande première spatiale la Chine a-t-elle réalisée en 2019?

A. La pose de la première sonde sur Saturne
B. Le premier atterrissage sur la face cachée de la lune
C. La collecte de pierres de la planète Mars
D. La pose d'une sonde sur une comète

❼ En 2020, le SMIC fête:

A. Ses 20 ans
B. Ses 30 ans
C. Ses 40 ans
D. Ses 50 ans

❽ Quelle est la devise de l'Union européenne?

A. Toujours plus grande, toujours plus forte
B. Paix et liberté
C. Unie dans la diversité
D. Une Union solidaire

❾ Quelle est la part de la nourriture produite dans le monde qui est jetée chaque année?

A. 5 %
B. 15 %
C. 28 %
D. 40 %

❿ En France, la loi de séparation des Églises et de l'État date de:

A. 1870
B. 1901
C. 1905
D. 1918

⓫ Une entreprise chinoise fait l'objet, depuis 2018, d'importantes sanctions de la part de l'administration Trump. Il s'agit de:

A. Alibaba
B. Huawei
C. Mi
D. Tencent

⓬ Il n'existe pas de prix Nobel de:

A. Physique
B. Chimie
C. Économie
D. Médecine

⓭ Qu'est ce que Boko Haram?

A. Une région du Sahel revendiqué par de nombreux États riverains
B. Un mouvement religieux du Nigéria, considéré comme une organisation terroriste
C. Le titre d'un film nigérian sélectionné au festival de Cannes en 2017
D. Un groupe de musique africain très populaire en Afrique de l'Ouest

⓮ Le siège social de l'entreprise Coca-Cola est situé à:

A. Atlanta
B. Dallas
C. Las Vegas
D. Miami

⓯ Combien y a-t-il de symboles officiels de la République française?

A. 5
B. 6
C. 7
D. 8

⓰ La lettre « G » utilisé dans les communications (3G, 4G...) est l'acronyme de:

A. General
B. Gravity
C. Growth
D. Génération

⑰ Parmi les propositions, quel est le premier pays à avoir autorisé l'avortement?

A. Le Royaume-Uni
B. La France
C. L'Allemagne
D. Les Pays-Bas

⑱ Quand furent organisés les premiers Jeux olympiques modernes?

A. En 1822
B. En 1848
C. En 1896
D. En 1910

⑲ Quelle est la capitale du Qatar?

A. Dubaï
B. Doha
C. Riyad
D. Abu Dhabi

⑳ Quelle unité de mesure a fait l'objet, en 2019, d'une importante modification quant à la méthodologie de sa définition?

A. Le mètre
B. Le kilogramme
C. La seconde
D. La pression atmosphérique

㉑ La Covid-19 est dû à:

A. Une bactérie
B. Un virus
C. Un champignon
D. Un protozoaire

㉒ Le Royaume-Uni a quitté officiellement l'Union européenne le:

A. 15 octobre 2018
B. 1er février 2019
C. 15 octobre 2019
D. 1er février 2020

㉓ Qui était Mary Higgins Clark, décédée en janvier 2020?

A. Une écrivaine britannique
B. Une écrivaine américaine
C. La première spationaute américaine
D. Une artiste sud-africaine

㉔ Aux César 2020, le film *J'accuse*, sur l'affaire Dreyfus a été récompensé trois fois. Quel en est le réalisateur?

A. Luc Besson
B. Roman Polanski
C. Kevin Spacey
D. Harvey Weinstein

㉕ Le « prix Nobel d'économie » a été attribué, en 2019, à trois économistes, dont une française. Qui est ce ?
A. Christine Lagarde
B. Agnès Bénassy Quéré
C. Laurence Boone
D. Esther Duflo

㉖ Qui a réussi l'exploit de traverser la Manche à bord d'un Flyboard Air en 2019 ?
A. Franky Zapata
B. Bertrand Piccard
C. Richard Branson
D. Elon Musk

㉗ Quel président un tribunal des États-Unis a-t-il inculpé en avril 2020 pour « narcoterrorisme » ?
A. Le président du Brésil Jair Bolsonaro
B. Le président du Mexique Andrés Manuel López Obrador
C. Le président de l'Argentine Alberto Fernández
D. Le président du Venezuela Nicolás Maduro

㉘ *Parasite*, de Bong Joon-ho obtient la Palme d'or à l'unanimité du jury du Festival de Cannes 2019. Quelle est la nationalité du réalisateur ?
A. Sud-Coréen
B. Nord-Coréen
C. Japonais
D. Taiwanais

㉙ En février 2020 a été découvert un astéroïde. En quoi cette découverte est-elle exceptionnelle ?
A. Il s'agit d'un astéroïde happé par la gravité de la Terre, transformé ainsi en satellite naturel temporaire de celle-ci
B. Il s'agit d'un astéroïde dont la « chute » dans un trou noir a été observée durant toute une nuit
C. Il s'agit d'un astéroïde qui a frappé le sol de Mars à 100 km seulement de la sonde américaine Phoenix
D. Il s'agit d'un astéroïde dont la probabilité qu'il frappe la Terre en 2152 est très élevée

㉚ Quelle ancienne championne de patinage artistique française accuse l'un de ses anciens entraîneurs de viol en janvier 2020 ?
A. Sarah Abitbol
B. Surya Bonaly
C. Laetitia Hubert
D. Nathalie Péchalat

㉛ Dans de nombreuses crises sanitaires affectant l'homme, l'un des vecteurs de transmission du virus de l'animal à l'homme est la civette. Qu'est-ce qu'une civette ?
A. Un insecte
B. Une espèce du sous-ordre des Feliformia s'apparentant au chat
C. Une espèce de loup
D. Une espèce de chien

32 Où se situe la province d'Idleb?

A. En Turquie
B. Au Liban
C. En Irak
D. En Syrie

33 En 2020, le gouvernement envisage de faire entrer ensemble au Panthéon deux poètes français. Qui sont-ils ?

A. Pierre de Ronsard et Joachim Du Bellay
B. Paul Eluard et Jacques Prévert
C. Rimbaud et Verlaine
D. Charles Baudelaire et Guillaume Apollinaire

34 Quelle est, en France en 2020, la part des personnes de 60 ans et plus?

A. 15 %
B. 20 %
C. 25 %
D. 30 %

35 Lequel de ces pays appartient à l'espace Schengen?

A. L'Irlande
B. La Roumanie
C. Le Royaume-Uni
D. L'Estonie

36 Au début de l'année 2020, quel est le principal actionnaire de l'avionneur Airbus?

A. L'État français
B. L'État allemand
C. Air France
D. Dassault

37 Quand le baccalauréat a-t-il été créé en France?

A. En 1808
B. En 1870
C. En 1910
D. En 1919

38 Quelle était la capitale de la RFA?

A. Berlin
B. Nuremberg
C. Bonn
D. Munich

39 Lorsque Carlos Ghosn a été arrêté au Japon en novembre 2018, il était PDG d'une alliance industrielle; laquelle?

A. Peugeot General Motors Nissan
B. Renault Nissan Mitsubishi
C. Peugeot Fiat Mitsubishi
D. Renault Toyota Nissan

40 Quel est le nom du lanceur d'alerte quant à l'apparition du nouveau coronavirus responsable de la Covid-19, arrêté par le bureau de la Sécurité publique de Wuhan puis décédé du virus?

A. Li Keqiang
B. Ai Weiwei
C. Li Wenliang
D. Liu Xiaobo

Corrigé

Analyse documentaire

Questions de repérage

1. C
2. B
3. C
4. A
5. C

Questions d'analyse

6. A et C
7. A, B et D
8. A, B et D
9. A, B et D
10. A et B

Questions de synthèse

11. A
12. C
13. A
14. C
15. A
16. C
17. C
18. C
19. B
20. A

Connaissance des enjeux contemporains

1. C
2. B
3. D
4. B
5. B
6. B
7. D
8. C
9. D
10. C
11. B
12. C
13. B
14. A
15. D
16. D
17. A
18. C
19. B
20. B
21. B
22. D
23. B
24. B
25. D
26. A
27. D
28. B
29. A
30. A
31. B
32. D
33. C
34. C
35. D
36. A
37. A
38. C
39. B
40. C

Langues

DURÉE 2 HEURES

1. Planning de révisions 206

2. Méthodologie et conseils 207

3. Anglais. Tout le cours 208

4. Anglais. Entraînements 273

5. Anglais. Sujets blancs corrigés 286

Planning de révisions

L'année d'un concours, il est très important de se soumettre à une discipline de travail.

En anglais, comme dans d'autres matières, il faut travailler régulièrement pour couvrir les différentes notions à connaître ou à revoir, acquérir une bonne connaissance lexicale, adaptée aux exigences des concours postbac, et s'entraîner.

L'idéal est de **commencer à la rentrée scolaire ou au début de l'été qui précède l'année du concours** et de **se fixer une somme de travail raisonnable à effectuer chaque semaine de l'année.**

Il faut aussi **prévoir des révisions régulières du travail effectué**, notamment pour **le lexique**, un aspect difficile. Il est en effet nécessaire de réviser plusieurs fois le vocabulaire que l'on étudie pour vraiment l'acquérir et ne pas l'oublier au fur et à mesure de son apprentissage.

Il serait judicieux d'**étudier, chaque semaine, un ou deux points de grammaire et un thème de vocabulaire.**

Après trois semaines à ce rythme, il faut consacrer la quatrième semaine à ce qui a été appris, et ainsi de suite chaque mois.

Il serait bon de prévoir également, par exemple à chaque période de vacances, de faire **une pause dans les apprentissages et les révisons grammaticales et lexicales pour s'entraîner au QCM.**

De même qu'il est primordial de réviser ce qui a été vu et travaillé, il est nécessaire de **refaire les sujets blancs corrigés au moins deux fois avant le concours.**

Les sujets diffèrent chaque année, mais les mêmes points de grammaire et de vocabulaire reviennent régulièrement.

NOTIONS À ABORDER	PÉRIODICITÉ	NOS OUTILS
Grammaire	**Chaque mois, semaines 1, 2 et 3 :** un ou deux points de grammaire par semaine **Chaque mois, semaine 4 :** revoir les acquis des semaines 1, 2 et 3 **Vacances scolaires :** révision des acquis + un QCM **Avant le concours :** sujets blancs corrigés	Tout le cours page 208 Entraînements page 273 Sujets blancs corrigés 286
Vocabulaire	**Chaque mois, semaines 1, 2 et 3 :** un thème de vocabulaire par semaine **Chaque mois, semaine 4 :** revoir les acquis des semaines 1, 2 et 3 **Vacances scolaires :** révision des acquis + un QCM **Avant le concours :** sujets blancs corrigés	Tout le cours page 247 Entraînements page 273 Sujets blancs corrigés 286

Méthodologie et conseils

1. Présentation de l'épreuve

L'épreuve de langues du concours Sésame consiste en un QCM de 40 questions en anglais et en un QCM de 40 questions dans une deuxième langue vivante. Les questions du QCM portent sur **la grammaire, la conjugaison, le vocabulaire, la compréhension et la culture de la langue**.

Seules les bonnes réponses sont prises en compte.

2. Préparation

Pour préparer les écrits, il faut tout d'abord :

- **Apprendre, revoir** et **s'entraîner**

  Voir le planning de révisions de la page précédente.

- **Écouter régulièrement de l'anglais authentique**

  Vous pouvez le faire sur votre radio ou à la télévision. Privilégiez les **bulletins d'information**. Petit à petit, vous vous familiariserez avec ce langage. Faites-vous plaisir en regardant vos séries, films ou émissions préférés en version originale sous-titrée.

- **Lire régulièrement en anglais**

  Vous pouvez consulter la presse anglophone sur Internet. Sur le site de la BBC, par exemple, vous pouvez lire tout au long de la journée de brefs bulletins d'information sur l'actualité mondiale, des retranscriptions d'émissions et des articles de presse sur tous les sujets d'actualité.

Il faut aussi, progressivement, travailler sur les sujets blancs corrigés en temps réel. Le **temps** et le **stress** sont des paramètres importants sur lesquels vous devez travailler en vous entraînant.

Les **sujets blancs corrigés** vous permettent également de bien comprendre les exercices demandés, ce qui est nécessaire avant de passer le concours.

1. Grammaire

Les notions de grammaire abordées dans ce chapitre constituent des connaissances indispensables pour effectuer le QCM de grammaire. Il faut les revoir progressivement, une par semaine par exemple (voir planning de révisions, p. 212).

Pour chaque notion étudiée, une question de type QCM vous est proposée.

Les notions de grammaire abordées dans ce chapitre sont plus ou moins développées, en fonction de leur difficulté. En fin de chapitre, vous trouverez d'autres notions que vous devez connaître, mais qui n'y sont pas développées. Vous pourrez, si besoin, consulter une grammaire anglaise afin de les réviser.

Enfin, ce chapitre se termine avec des tableaux de conjugaison et les emplois des différents temps.

1. Le *s* à la 3e personne du singulier et le *s* des pluriels

Testez vos connaissances !

Complétez la phrase suivante à l'aide de l'une des quatre propositions.

Kate usually ___' car.

- **A.** *drives her parents*
- **B.** *drives her parent*
- **C.** *drive her parents*
- **D.** *drive her parent*

Corrigé

A.

A. Le présent simple

a. Construction

	Forme affirmative	Forme interrogative
Présent simple	*I, you, we, they* ***work****.* *He, she, it* ***works****.*	***Do*** *I, you, we, they* ***work****?* ***Does*** *he, she, it* ***work****?*
	Forme négative	**Forme interro-négative**
	I, you, we, they ***don't work****.* *He, she, it* ***doesn't work****.*	***Don't*** *I, you, we, they* ***work****?* ***Doesn't*** *he, she, it* ***work****?*

b. Valeurs

Le présent simple **ne concerne pas uniquement le moment présent** ; il a une valeur plus **générale**.

Il sert à exprimer :

- **l'habitude**
  Exemple : *I always* ***get up*** *at 7.* (Je me lève toujours à 7 heures.)
- **une propriété, une caractéristique du sujet**
  Exemple : *Iron* ***rusts****.* (Le fer rouille.)
- **le goût, l'envie, l'opinion, le souhait, les sentiments** avec les verbes ***to agree*** (être d'accord), ***to believe*** (croire), ***to like*** (apprécier), ***to love*** (aimer), ***to think*** (penser), ***to want*** (vouloir)…
  Exemple : *She* ***loves*** *him.* (Elle l'aime.)

B. Le présent continu (*be + -ing*)

a. Construction

	Forme affirmative	Forme interrogative
Présent continu	***I am working.***	***Am I working?***
	Forme négative	**Forme interro-négative**
	I am not working.	***Aren't I working?***

b. Valeurs

Le présent continu (*be + -ing*) est toujours lié à une **situation**, à un **moment** et à un **lieu précis**.

Celui qui parle **décrit** et **commente** au présent.

Il sert à :

- **décrire ce qui est en train de se passer**
  Exemple : *They* ***are playing*** *football.* (Ils sont en train de jouer au football.)
- **commenter, donner un avis**
  Exemple : *You're always* ***complaining****!* (Tu te plains toujours !)
- **exprimer l'avenir avec un adverbe de temps**
  Exemple : *He's* ***working*** *tomorrow.* (Il travaille demain.)

ATTENTION

Tous les *s* finaux s'entendent en anglais. Ne les oubliez donc pas, à l'écrit comme à l'oral.
Attention notamment à l'expression « *one of the* + nom au pluriel ».
Exemple : *one of the best pupils...*

2. Les adjectifs invariables (et adverbes)

Testez vos connaissances !

Complétez la phrase suivante à l'aide de l'une des quatre propositions.

He gave many ___ reasons, ___.

- ❍ **A.** *different - reluctantly*
- ❍ **B.** *differents - reluctantly*
- ❍ **C.** *different - reluctant*
- ❍ **D.** *differently - reluctantly*

Corrigé

A.

A. Les adjectifs

a. Accord

Les adjectifs sont **invariables** en anglais. Ils ne s'accordent pas.

Exemple : *There are so many* ***different*** *colours.* (Il existe tellement de couleurs différentes.)

b. Ordre

En présence de plusieurs adjectifs devant le nom, ceux-ci apparaissent dans un ordre hiérarchique bien établi qu'il faut connaître et respecter.

Exemple : *A* ***pretty small young blonde French*** *actress.* (Une jeune et jolie petite actrice blonde française.)

A ***pretty***	***small***	***young***	***blonde***	***French*** *actress.*
appréciation, jugement	taille, forme, dimension	âge	couleur	nationalité, religion, marque

Exemple : *A* ***big old blue American*** *car.* (Une grosse et vieille voiture bleue américaine.)

Lorsque plusieurs adjectifs qualifient un nom, l'anglais n'utilise pas *and* (et), sauf pour faire référence à différentes parties d'un tout.

Exemple : *A* ***black and white*** *scarf.* (Une écharpe noire et blanche.)

B. Les adverbes

a. Accord

En anglais, comme en français, l'adverbe est un mot **invariable**.

b. Forme

En anglais, les adverbes se forment le plus souvent à partir de l'adjectif, auquel on ajoute le suffixe ***-ly***.

Adjectifs	Adverbes
sad (triste)	*sad**ly*** (tristement)
kind (gentil)	*kind**ly*** (gentiment)

Les adverbes concernés par cette règle peuvent subir des **modifications orthographiques**. Il faut ainsi souvent se référer au dictionnaire.

Adjectifs	Adverbes
lucky (chanceux)	*luck**ily*** (avec de la chance)
simple (simple)	*simp**ly*** (simplement)
full (plein)	*ful**ly*** (pleinement)

ATTENTION

Certains mots se terminant en *-ly* sont des adjectifs et non des adverbes. Ils sont rares.

Adjectifs	Formes adverbiales
friendly (amical)	***in a friendly way*** (amicalement)
lovely (joli, mignon)	***in a lovely way*** (d'une jolie façon)
silly (sot)	***in a silly way*** (de façon idiote)

De même que, en français, tous les adverbes ne se terminent pas en -ment, en anglais **ils ne se terminent pas tous en *-ly*.**

Certains adverbes ont la même forme que l'adjectif qui leur correspond. C'est le cas des adverbes/adjectifs suivants : ***daily***, ***weekly***, ***monthly***, ***yearly***, ***early/late***, ***back***, ***close***, ***fast***, ***first/last***, ***hard***, ***inside/outside***, ***little***, ***long***, ***loud***, ***low***, ***near***, ***next***, ***only***, ***opposite***, ***quick***, ***round***, ***slow***, ***very***…

Exemples : *This is a **daily*** [adjectif] *newspaper.* (C'est un journal quotidien.)

*I read it **daily*** [adverbe]. (Je le lis quotidiennement.)

Certains adverbes ne correspondent à aucun adjectif. C'est le cas des adverbes suivants : ***almost***, ***always***, ***often***, ***sometimes***, ***usually***, ***occasionally***, ***rarely***, ***never***…

c. Place dans la phrase

- Les **adverbes de manière** se placent généralement **après le complément, mais parfois aussi avant le verbe.**

  Exemples : *I speak English* ***fluently. [après le complément]*** (Je parle anglais couramment.)

  I ***really*** *enjoy dancing.* ***[avant le verbe]*** (J'aime vraiment bien danser.)

- Les **adverbes de fréquence** se placent toujours **avant le verbe** (et après l'auxiliaire s'il y en a un), sauf avec le verbe ***to be***.

  Exemples : *She* ***often*** *gets up early.* [avant le verbe] (Elle se lève souvent tôt.)

  She has ***never*** *driven a car.* [avant le verbe et après l'auxiliaire] (Elle n'a jamais conduit de voiture.)

  He is ***sometimes*** *late.* [après le verbe to be] (Il est parfois en retard.)

RAPPEL DU FORMATEUR

Les adverbes de fréquence sont : *rarely* (rarement), *sometimes* (parfois), *occasionally* (occasionnellement), *frequently* (fréquemment), *often* (souvent), *usually* (habituellement), *always* (toujours), *never* (jamais).

- Les **locutions adverbiales de fréquence** comme *every day* (tous les jours), *once a week* (une fois par semaine), *twice a month* (deux fois par mois), *three times a year* (trois fois par an)… se placent **en début ou en fin de phrase**.

  Exemple : *We see her* ***every day.*** (Nous la voyons tous les jours.)

- Les **adverbes de lieu et de temps** comme *here* (ici), *there* (là-bas), *yesterday* (hier), *tomorrow* (demain), *today* (aujourd'hui)… se placent généralement en fin de phrase.

  Exemple : *We're leaving* ***tomorrow.*** (Nous partons demain.)

- Les **adverbes de degré** comme *too* (trop), *very* (très), *more* (plus), *totally* (totalement), *nearly* (presque), *enough* (assez)… se placent **immédiatement avant l'adjectif ou l'adverbe qu'ils modifient**.

  Exemple : *These boots are* ***too*** *small.* (Ces bottes sont trop petites.)

- Les **adverbes négatifs** comme *barely, hardly, scarcely* (à peine, presque pas) se placent **avant le verbe (et après l'auxiliaire s'il y en a un)**.

ATTENTION

Leur sens étant négatif, le verbe apparaît toujours à la forme affirmative.
Exemple : *I could scarcely believe it.* (Je pouvais à peine y croire.)

3. Les comparatifs et superlatifs

Testez vos connaissances !

Complétez la phrase suivante à l'aide de l'une des quatre propositions.

Which one of these two brands is ___?

- **A.** *the stronger*
- **B.** *the strongest*
- **C.** *stronger*
- **D.** *strongest*

Corrigé

A.

Quand on compare **un élément à un autre**, on utilise **un comparatif.**
Quand on compare **un élément à tous les autres**, on utilise **un superlatif.**

A. Le comparatif

Il existe trois formes de comparatif.

a. Le comparatif d'égalité : aussi ... que

L'adjectif est précédé et suivi de *as*.

as* + adjectif + *as

Exemple : *He is* ***as*** *tall* ***as*** *his father.* (Il est aussi grand que son père.)

b. Le comparatif de supériorité : plus ... que

- **Adjectifs d'une syllabe (ex. : *tall, small, cold*...)**

adjectif *-er* + *than*

Exemple : *I'm tall****er than*** *you.* (Je suis plus grande que toi.)

- **Adjectifs de deux syllabes terminés en *-y*, *-er*, *-ow*, *-le* (ex. : *happy, funny, tidy, clever, narrow, noble*...)**

adjectif *-er* + *than*

Exemple : *She's happ****ier than*** *her sister.* (Elle est plus heureuse que sa sœur.)
Si l'adjectif se termine en *-y*, *y* se transforme en *i* au comparatif de supériorité.

- **Adjectifs de deux syllabes et plus (ex. : *modern, expensive*...)**

more* + adjectif + *than

Exemple : *He drives* ***more*** *carefully* ***than*** *his wife.* (Il conduit plus prudemment que sa femme.)

On peut renforcer le comparatif de supériorité à l'aide de l'adverbe *much* ou par *way*.

Exemple : *I'm* ***much/way*** *taller than you.* (Je suis bien plus grande que toi.)

c. Le comparatif d'infériorité : moins ... que

L'adjectif (quel que soit le nombre de syllabes) est précédé de *less* et suivi de *than*.

less* + adjectif + *than

Exemple : *His car is **less** fast **than** mine.* (Sa voiture est moins rapide que la mienne.)

ATTENTION

Il existe des adjectifs et adverbes qui possèdent un comparatif *irrégulier.*

Adjectifs et adverbes irréguliers	
Bases	**Comparatifs**
good, ***well*** (bon, bien)	***better than*** (meilleur que, mieux que)
bad (mauvais)	***worse than*** (plus mauvais que)
far (loin)	***farther than***, ***further than*** (plus loin que)
old (vieux, âgé au sens d'aîné)	***elder*** (plus vieux)
much, ***many*** (beaucoup)	***more*** (plus)
little (peu)	***less*** (moins)

B. Le double comparatif

Pour exprimer une **progression** (de plus en plus..., de moins en moins...), on emploie le verbe ***get* à la forme progressive et deux fois le comparatif.**

Exemples : *The weather **is getting hotter and hotter**.* (Il fait de plus en plus chaud.)

*It **is getting more and more interesting**.* (C'est de plus en plus intéressant.)

*It **is getting less and less interesting**.* (C'est de moins en moins intéressant.)

C. *The* + comparatif

Pour exprimer une **double progression**, augmentation ou diminution proportionnelle (plus ... plus ..., moins ... moins ..., plus ... moins ..., moins ... plus ...), on emploie des **comparatifs introduits par *the*.**

Exemples : ***The more, the merrier***. (Plus on est de fous, plus on rit.)

***The less** she talks, **the happier** I am.* (Moins elle parle, plus je suis heureux.)

***The more** I see you, **the more** I love you.* (Plus je te vois, plus je t'aime.)

***The less** I work, **the less** I want to work.* (Moins je travaille, moins j'ai envie de travailler.)

Lorsque la comparaison porte sur **deux éléments, et deux seulement**, la langue anglaise utilise **un comparatif de supériorité** précédé de l'article **the**.

Exemples : *He is **the younger** of the two.* (Il est le plus jeune des deux.)

*Kate is **the taller** of the twins.* (Kate est la plus grande des jumeaux.)

D. Le superlatif

Il existe deux formes de superlatif.

a. Le superlatif de supériorité : le plus...

- **Adjectifs d'une syllabe (ex. : *tall, small, cold…*)**

the + adjectif -est

Exemple : *Tom is **the tallest** boy* in *the class.* (Tom est le plus grand garçon de la classe.)

> **NOTE DU FORMATEUR**
> Le complément est toujours introduit par la préposition *in* s'il s'agit d'un lieu et par la préposition *of* s'il s'agit d'un groupe.

- **Adjectifs de deux syllabes terminés en *-y, -er, -ow, -le* (ex. : *happy, funny, tidy, clever, narrow, noble…*)**

the + adjectif -est

Exemple : *She's **the funniest** girl I've ever met.* (C'est la fille la plus drôle que j'aie jamais rencontrée.)

Si l'adjectif se termine en *-y*, *y* se transforme en *i* au superlatif.

- **Adjectifs de deux syllabes et plus (ex. : *modern, expensive…*)**

the + most + adjectif

Exemple : *It's **the most** expensive restaurant in town.* (C'est le restaurant le plus cher de la ville.)

b. Le superlatif d'infériorité : le moins...

L'adjectif (quel que soit le nombre de syllabes) est précédé de *the least*.

the least + adjectif

Exemple : *This is **the least** interesting book I've ever read.* (C'est le livre le moins intéressant que j'aie jamais lu.)

> **ATTENTION**
> Il existe des adjectifs et des adverbes qui possèdent un superlatif *irrégulier*.

Adjectifs et adverbes irréguliers

Bases	Superlatifs
good, well (bon, bien)	***the best*** (le meilleur, le mieux)
bad (mauvais)	***the worst*** (le plus mauvais)
far (loin)	***the farthest, the furthest*** (le plus loin)
old (vieux, âgé au sens d'aîné)	***the eldest*** (le plus vieux, l'aîné)
much, many (beaucoup)	***the most*** (le plus)
little (peu)	***the least*** (le moins, le moindre)

4. Le cas possessif

Testez vos connaissances !

Complétez la phrase suivante à l'aide de l'une des quatre propositions.

James ___ stepfather ought to have arrived by now.

- **A.** '
- **B.** ø
- **C.** *his*
- **D.** *'s*

Corrigé

D.

Le cas possessif, appelé aussi génitif saxon, sert à exprimer un **rapport de possession ou d'appartenance** entre deux éléments.

A. Construction

En anglais, on place le « possesseur » en **première position**.

Dans la plupart des cas, le premier élément, le « possesseur », est une **personne** ou un **animal**.

Il se construit de la manière suivante :

- **possesseur (singulier) + 's + nom**
  Exemples : *John's house.* (La maison de John.)
  My sister's friends. (Les amis de ma sœur.)
  Mrs Moss's son. (Le fils de Mrs Moss.)
- **possesseurs (pluriel régulier) + ' + nom**
  Exemples : *My parents' garden.* (Le jardin de mes parents.)
  The boys' bedroom. (La chambre des garçons.)
- **possesseurs (pluriel irrégulier) + 's + nom**
  Exemple : *The children's toys.* (Les jouets des enfants.)

Au cas possessif, on peut omettre le second élément de la construction s'il a été mentionné précédemment.

Exemple : *Whose book is it?* It's Sam's. (À qui est ce livre ? C'est celui de Sam.)

B. Emplois

- Outre le rapport de possession et d'appartenance, le cas possessif peut servir à traduire « **chez** ».

Exemple : *She's going to Mr Won's and on the way she'll stop at the baker's.* (Elle va chez M. Won et, sur le chemin, elle s'arrêtera chez le boulanger.)

- Il est fréquent dans des **expressions de temps ou de distance**.

Exemples : *today's paper* (le journal d'aujourd'hui), *a week's holiday* (une semaine de vacances), *last year's events* (les événements de l'année dernière), *a mile's walk* (une marche d'un kilomètre et demi)

- On l'utilise également pour parler d'**éléments du monde**, de **repères connus de tous**.

Exemples : *France's workers* (les travailleurs français), *London's underground* (le métro de Londres), *the world's population* (la population du monde entier), *the government's policy* (la politique du gouvernement)

5. « Ne pas » : *not to*

Testez vos connaissances !

Complétez la phrase suivante à l'aide de l'une des quatre propositions.

She's been told ___ that letter before she's arrived.

- **A.** *not to read*
- **B.** *to reading*
- **C.** *to not read*
- **D.** *to not reading*

Corrigé

A.

L'expression « **de ne pas** » se traduit par ***not to*** et non l'inverse.

Exemple : *She's been told **not to** read that letter before she's arrived.* (On lui a dit de ne pas lire cette lettre avant d'être arrivée.)

6. *Than* et *that*

Testez vos connaissances !

Complétez la phrase suivante à l'aide de l'une des quatre propositions.

The results are much better ___ expected.

- **A.** ø
- **B.** *than*
- **C.** *that*
- **D.** *as*

Corrigé

B.

« **Que** » peut se traduire en anglais par *than*, *that*, *which*… Il faut donc réfléchir au sens de « que » dans la phrase avant de le traduire.

7. *Which* et *who*

Testez vos connaissances !

Complétez la phrase suivante à l'aide de l'une des quatre propositions.

These are the countries ___ are developing.

- **A.** *whose*
- **B.** *who*
- **C.** *which*
- **D.** *whom*

Corrigé

C.

A. Fonction

Les pronoms relatifs, comme leur nom l'indique, **introduisent** une **proposition subordonnée relative**.

Ils peuvent être **soit sujet soit complément** du verbe de cette subordonnée.

Exemples : *The man* **who** *is here is my brother.* [pronom relatif sujet de la subordonnée] (L'homme qui est là est mon frère.)

The man **(that)** *you can see is my brother.* [pronom relatif complément de la subordonnée] (L'homme que tu vois est mon frère.)

B. Emploi

En anglais, à l'oral, et même à l'écrit lorsque le contexte n'est pas trop formel, le pronom relatif complément est souvent **omis**. Il est en fait sous-entendu. On parle parfois dans ce cas du **relatif zéro.**

ATTENTION

Lorsque le pronom relatif est sujet, il ne peut jamais être omis, comme dans l'exemple *The man who is…*

Exemples : *She is the woman you wrote to.* (C'est la femme à qui tu as écrit.)

The last book I read was fascinating. (Le dernier livre que j'ai lu était fascinant.)

REMARQUE DU FORMATEUR

Lorsque le pronom relatif est sous-entendu et que le verbe comprend une préposition, celle-ci est rejetée après le verbe et son complément.

Exemple : *She is the woman you wrote to.*

Dans un anglais plus formel, on écrira :
She is the woman ***to whom*** *you wrote.*
The last book ***that*** *I read was fascinating.*

C. Choix du pronom relatif

Pour choisir un pronom relatif, il faut repérer le nom qu'il remplace et qui le précède (son **antécédent**). Il faut aussi déterminer sa **fonction** dans la phrase.

Fonction du relatif dans la subordonnée	Antécédent animé	Antécédent inanimé
Sujet	***who*** ex. : *The girl* ***who*** *lives next door.*	***which*** ou ***that*** ex. : *The car* ***which/that*** *we want to buy.*
Complément	**omis le plus souvent** sinon ***whom**** ou ***that*** ex. : *The man I love.* *The man* ***whom/that*** *I love.* *The man I talked to.*	**omis le plus souvent** sinon ***which*** ou ***that*** ex. : *The car we want.* *The car* ***which/that*** *we want.* *The car we looked at.*
Génitif	***whose*** ex. : *The boy* ***whose*** *name is John.*	***Whose*** ou, rarement, ***of which*** ex. : *The house* ***whose*** *door is blue.* *The house the door* ***of which*** *is blue.*

**whom* a tendance à disparaître

a. Ce que/ce qui

What annonce quelque chose qui va être précisé.

Exemples : *I didn't understand* ***what*** *he said.* (Je n'ai pas compris ce qu'il a dit.)

What *I like best is music.* (Ce que je préfère, c'est la musique.)

Which reprend ce qui a déjà été énoncé.

Exemples : *It didn't rain at all,* ***which*** *surprised me.* (Il n'a pas du tout plu, ce qui m'a surpris.)

She was a famous singer, ***which*** *I didn't know.* (C'était une chanteuse célèbre, ce que j'ignorais.)

ATTENTION

N'oubliez pas la virgule avant *which*, obligatoire entre les deux propositions.

b. Dont

On traduit « dont » en anglais par ***whose*** (pronom relatif, complément du nom) si l'antécédent est animé et même parfois s'il est inanimé, les constructions avec ***of which*** étant rares.

Exemples : *This is the boy* ***whose*** *sister is our neighbour.* (C'est le garçon dont la sœur est notre voisine.)

Is this the house ***whose*** *windows were broken?* ou *Is this the house the windows* ***of which*** *were broken?* (Est-ce la maison dont les fenêtres ont été cassées ?)

> **ATTENTION**
>
> On ne traduit « dont » par *whose* et *of which* que lorsque le pronom exprime la possession. Or, « dont » apparaît en français chaque fois que le verbe est suivi de la préposition « de », alors qu'il n'est pas toujours question de possession.
> **Exemple :** L'homme dont tu parlais est mort. (*The man you were talking about is dead.*)
> Dans ce cas, si une préposition en anglais est obligatoire (ex. : *about*), on la maintient immédiatement après le verbe et on n'utilise pas de pronom relatif.

c. Traductions de « où »

- ***Where***

  Exemple : *Paris is the city* ***where*** *I was born.* (Paris est la ville **où** je suis né.)

- ***When***

  Exemple : *I'll always remember the day* ***when*** *I saw him.* (Je me souviendrai toujours le jour **où** je l'ai vu.)

D. *Whatever/Whoever/Wherever/Whenever*

Ces mots sont formés à partir de relatifs (***what***, ***who***, ***where***, ***when***) et de ***-ever***, qui ajoute à chacun des relatifs l'idée de **quelconque**.

whatever	quoi que ce soit qui … quoi que ce soit que …	***Whatever*** happens, don't panick! ***Whatever*** she thinks, she's wrong!	**Quoi qu'**il arrive, ne panique pas ! **Quelle que** soit sa pensée, elle a tort !
whoever	qui que ce soit qui … qui que ce soit que …	***Whoever*** calls her, she mustn't go out. ***Whoever*** you meet, don't stop!	**Quiconque** l'appelle, elle ne doit pas sortir. **Qui que** ce soit que tu rencontres, ne t'arrête pas !
wherever	où que ce soit que …	***Wherever*** you go, I'll follow you.	Je te suivrai **où que** tu ailles.
whenever	à quelque moment que ce soit que …	You can leave ***whenever*** you like!	Tu peux partir **quand** tu veux.

8. Les indénombrables

Testez vos connaissances !

Complétez la phrase suivante à l'aide de l'une des quatre propositions.

The news ___ good today!

- ❍ **A.** *seem*
- ❍ **B.** *is*
- ❍ **C.** *are*
- ❍ **D.** *look*

Corrigé

B.

A. La notion de dénombrement

- Les noms **dénombrables désignent ce que l'on peut compter.**
  Un nom dénombrable existe **au singulier et au pluriel.**
  Exemples : ***a*** *cat* (un chat), ***three*** *cats* (trois chats)
- Les noms **indénombrables** désignent **ce que l'on ne peut pas compter.**
  Un nom indénombrable n'est **jamais précédé de l'article *a/an*** et il est **toujours accompagné d'un verbe au singulier.**
  Exemple : *My hair* ***is*** *long and fair.* (Mes cheveux sont longs et blonds.)

> **ATTENTION**
> Certains noms sont indénombrables en anglais, mais leurs équivalents français sont des dénombrables pluriels.

B. Les indénombrables en anglais

Sont **indénombrables** en anglais :

- les noms de **matériaux** et d'**aliments** : *wool* (de la laine), *bread* (du pain), *tea* (du thé), *milk* (du lait)…
- les noms renvoyant à une **notion** ou à un **ensemble d'éléments :**
  - **concrets** : *furniture* (des meubles), *rubbish/refuse* (des détritus), *luggage* (des bagages), *hair* (des cheveux), *fruit* (des fruits)…
  - **abstraits** : *advice* (des conseils), *news* (des nouvelles), *information* (des renseignements), *progress* (des progrès), *evidence* (des preuves)…

Les dictionnaires utilisent le signe (*U*) (*uncountable*) ou (I) (indénombrable) pour indiquer qu'un nom est indénombrable en anglais.

ATTENTION

Certains noms peuvent être employés dans un sens indénombrable ou dénombrable.
Exemples : *There were* ***times*** *when*... [dénombrable pluriel] (Il y eut des périodes où...)
Time *is money.* [indénombrable] (Le temps, c'est de l'argent.)

C. Le dénombrement d'un indénombrable

Pour un certain nombre de noms indénombrables, on peut obtenir un singulier à l'aide de ***a piece of***.

Exemples : ***a piece of*** *news* (une nouvelle), ***a piece of*** *advice* (un conseil)

9. *There is/are*

Testez vos connaissances !

Complétez la phrase suivante à l'aide de l'une des quatre propositions.

___ weren't here yesterday. ___ weren't many people.

- ❍ **A.** *They - There*
- ❍ **B.** *There - They*
- ❍ **C.** *Their - They*
- ❍ **D.** *They - Their*

Corrigé

A.

A. Emploi

On emploie le verbe ***to be*** précédé de ***there,*** et éventuellement d'un auxiliaire de modalité, pour indiquer que quelque chose existe, a existé, existera, aurait pu exister…

La structure ***there*** + ***be*** conjugué correspond aux structures françaises « il y a », « il y avait », « il y aura », « il y aurait »…

Cette structure existe à tous les temps et peut être associée à tous les auxiliaires modaux.

ATTENTION

Il existe des cas où « il y a » ne se traduit pas par *there is/****are***:

- Pour exprimer la **durée** :

Exemples : **Il y a** trois mois qu'ils se sont mariés. → *They got married three months* ***ago.***
Il y a trois mois que je ne les ai pas vus. → *I haven't seen them* ***for*** *three months.*

- Pour exprimer la **distance** :

Exemple : **Il y a** quatre kilomètres d'ici à l'école. → *The school is four kilometres* ***away.***

B. Accord

Si « il y a » ne varie pas en nombre en français, il existe en revanche **un singulier et un pluriel en anglais**.

Exemples : ***There is** a book on the table.* (Il y a un livre sur la table.)

***There are** books on the table.* (Il y a des livres sur la table.)

***There was** a book on the table.* (Il y avait un livre sur la table.)

***There were** books on the table.* (Il y avait des livres sur la table.)

***There can** be a problem.* (Il peut y avoir un problème.)

La structure *there* + *be* conjugué existe à la **forme interrogative** et **négative**.

Exemples : ***Is there** enough milk left for me?* (Est-ce qu'il reste assez de lait pour moi ?)

***There aren't** any apples any more.* (Il n'y a plus de pommes.)

10. Les démonstratifs

Testez vos connaissances !

Complétez la phrase suivante à l'aide de l'une des quatre propositions.

Look at ___ shoes! I have never seen ___ before.

- A. *this - these*
- B. *that - these*
- C. *those - these*
- D. *these - those*

Corrigé

D.

A. Accord

En anglais, les **démonstratifs** s'accordent **uniquement en nombre**.

B. Emplois

This (***these*** au pluriel) et ***that*** (***those*** au pluriel) servent à désigner un objet ou une personne. Ils sont **adjectifs** ou **pronoms**.

a. *This/These*

This (*these* au pluriel) désigne un objet **qui appartient à la situation présente** (d'où l'idée de **proximité** à laquelle on a coutume d'associer *this*).

Exemple : ***This** is our neighbour.* [Le voisin est devant celui qui parle.] (Voici notre voisin.)

On emploie *this* (*these* au pluriel) pour un objet **dont on parle pour la première fois.**

Exemple : *Look at **this**!* [L'interlocuteur n'est pas censé avoir remarqué l'objet en question.] (Regarde ça !)

b. *That/Those*

On utilise *that* (*those* au pluriel) pour tout objet ou fait **qui n'est pas dans la situation présente** (d'où l'idée d'**éloignement** à laquelle on a coutume d'associer *that*).

Exemples : *Things were much easier **in those days**.* [passé] (Les choses étaient bien plus faciles **en ce temps-là**.)

*Things are much easier **these days**.* [présent] (Les choses sont bien plus faciles de nos jours.)

On emploie *that* (*those* au pluriel) lorsque celui auquel on s'adresse **sait de quel objet il s'agit**.

Exemple : *Yes, **that**'s great.* (Oui, c'est super.)

Dans la mesure où *that* peut exprimer une idée d'éloignement, il prend parfois une valeur de **jugement** (souvent **négatif**).

Exemples : *Look at **that**!* [Le ton peut exprimer le dégoût, le mépris, le reproche…] (Regarde-moi ça !)

*Look at **those** awful paintings!* (Regarde ces horribles tableaux !)

11. Les verbes prépositionnels en *to* + *–ing*

Testez vos connaissances !

Complétez la phrase suivante à l'aide de l'une des quatre propositions.

I am so looking forward to ___ you.

- **A.** *see*
- **B.** *have seen*
- **C.** *seeing*
- **D.** *saw*

Corrigé

C.

RAPPEL DU FORMATEUR

To peut être tantôt la **marque de l'infinitif** (ex. : *to read*, lire) tantôt une **préposition**.

Exemple : *She looks forward* to *seeing you again.* (Il lui tarde de te revoir.)

Il existe un certain nombre de verbes, comme *to look forward to* (avoir hâte de, attendre avec impatience), construits avec la préposition *to*; **s'ils sont suivis d'un verbe, celui-ci est nécessairement un gérondif**, comme *seeing* dans la question en début de cours.

En voici une liste non exhaustive:

to be used to	être habitué à
to devote time to	consacrer du temps à
to get used to	s'habituer à
to object to	désapprouver
to look forward to	avoir hâte de, attendre avec impatience
to take to	se mettre à (une habitude)
to accustom to	s'accoutumer à
to amount to	équivaloir à/revenir à
to be given to	être enclin à
to be reduced to	(en) être réduit à
to confess to	avouer
to confine oneself to	se borner à, se cantonner à
to contribute to	contribuer à

ATTENTION

Ne pas confondre *to be used to* (être habitué), *to get used to* (s'habituer) et *used to* (avant...).

Exemples : ***I'm not used to*** *working so early.* (Je ne suis pas habitué[e] à travailler si tôt.)

I never got used to *working so early.* (Je ne me suis jamais habitué[e] à travailler si tôt.)

I used to *work earlier. I didn't use to wake up at 8 o'clock.* (Avant, je travaillais plus tôt. Je ne me levais pas à huit heures.)

12. Les majuscules

Testez vos connaissances !

Complétez la phrase suivante à l'aide de l'une des quatre propositions.

I met my ___ friends last ___ when they came to ___.

- ❍ **A.** *American - january - France*
- ❍ **B.** *American - January - France*
- ❍ **C.** *american - January - France*
- ❍ **D.** *American - January - france*

Corrigé

B.

L'anglais utilise des majuscules pour tout ce qui a rapport au calendrier (jours, mois, fêtes) et à la nationalité (pays, peuples, nationalités, langues). **C'est une faute de les oublier.**

13. Les articles *a/an*, *the* et l'article zéro

Testez vos connaissances !

Complétez la phrase suivante à l'aide de l'une des quatre propositions.

___ Queen Elisabeth has been reigning for more than 60 years.

- ❍ **A.** *a*
- ❍ **B.** *the*
- ❍ **C.** ø
- ❍ **D.** *an*

Corrigé

C.

A. L'article indéfini *a/an*

a. *A* ou *an* : comment les distinguer ?

L'article indéfini ***a*** (un, une) s'emploie :

- **devant les mots qui commencent par une consonne**
  Exemples : ***a*** *girl* (une fille), ***a*** *cat* (un chat)

- devant les mots qui commencent par le son **['j]**
  Exemples : ***a*** *uniform* (un uniforme), ***a*** *European man* (un Européen), ***a*** *year* (une année)
- devant les mots qui commencent par le son **['w]**
  Exemple : ***a*** *one-way ticket* (un aller simple)

L'article indéfini ***an*** (un, une) s'emploie :

- devant les mots qui commencent par une **voyelle** (sauf lorsque la voyelle introduit le son ['j] ou ['w])
  Exemples : ***an*** *animal* (un animal), ***an*** *umbrella* (un parapluie)
- devant les mots qui commencent par un *h* muet
  Exemples : *an hour* (une heure), *an honest person* (une personne honnête), *an heir* (un[e] héritier[e]), *an honour* (un honneur)

b. Emplois

On emploie ***a/an*** :

- devant les **noms de métier** au singulier
  Exemple : *His mother is* ***a*** *nurse.* (Sa mère est infirmière.)
- dans les expressions de temps et de mesure
  Exemples : *She works eight hours* ***a*** *day.* (Elle travaille huit heures par jour.)
  It's £7 ***a*** *kilo.* (C'est 7 livres le kilo.)
- **après *what* et *such*** dans les phrases exclamatives au singulier
  Exemples : *What* ***a*** *nice horse!* (Quel joli cheval !)
  It's such ***a*** *pity!* (Quel dommage !)

> **ATTENTION**
> Il ne faut jamais utiliser *a/an* devant un nom indénombrable (ex. : *furniture, advice, information, news*...).
> **Exemple :** *I've got good news.* (J'ai une bonne nouvelle/de bonnes nouvelles.)

B. L'article défini *the* (le, la, les, l')

L'article défini ***the*** est **invariable en genre et en nombre.** Il se prononce ['ðə] devant les consonnes (ex. : ***the*** *cat* [le chat], ***the*** *milk* [le lait]) et ['ði:] devant les voyelles (ex. : ***the*** *animal* [l'animal], ***the*** *umbrella* [le parapluie]).

On emploie *the* :

- pour faire référence à **quelque chose de spécifique, de déterminé**
  Exemples : ***The*** *boy in black.* (Le garçon en noir.) [Ce garçon-là en particulier.]
  The *apples she bought.* (Les pommes qu'elle a achetées.) [Et pas d'autres.]
- devant un nom désignant une **notion** ou une **chose unique**, ou que l'on souhaite désigner comme telle.
  Exemples : ***the*** *sun* (le soleil), ***the*** *sea* (la mer), ***the*** *universe* (l'univers)…
- devant un **adjectif représentant un ensemble de personnes**
  Exemples : ***the*** *young* (les jeunes), ***the*** *blind* (les aveugles), ***the*** *Blacks* (les Noirs)…

ATTENTION

The n'est pas employé :

• dans les **concepts généraux**

Exemple : *Time is money.* (Le temps, c'est de l'argent.)

• devant un **titre suivi d'un nom propre ou d'un prénom**

Exemples : *Queen Elizabeth* (la reine Élizabeth), *Duke Philip* (le duc Philippe)

• devant les **noms de pays**

Exemples : *France* (la France), *Great Britain* (la Grande-Bretagne), *Italy* (l'Italie)...

Il existe cependant des exceptions : *the United Kingdom* (le Royaume-Uni), *the United States* (les États-Unis), *the Soviet Union* (l'Union soviétique), *the Netherlands* (les Pays-Bas)

C. L'article zéro Ø

Il existe en anglais une forme d'article qui ne se « voit » pas. L'article zéro, représenté par le symbole Ø, est courant en anglais et n'existe pas en français.

Cette « absence » d'article a toujours un sens.

Il y a absence d'article ou article zéro :

- pour parler des **choses en général**
  Exemples : *Cats like milk.* (Les chats aiment le lait.)
  Love is what we need. (L'amour est ce dont nous avons besoin.)
- pour exprimer l'idée du **partitif** (du, de la, de l', des)
  Exemple : *I drink milk and I eat cereals at breakfast.* (Je bois du lait et je mange des céréales au petit déjeuner.)

14 *Another, other, others*

Testez vos connaissances !

Complétez la phrase suivante à l'aide de l'une des quatre propositions.

Give me ___ plate! This one is broken.

❍ **A.** *an other*
❍ **B.** *other*
❍ **C.** *another*
❍ **D.** *others*

Corrigé

C.

Ne confondez pas :

- ***another*** [toujours en un mot] (un[e] autre)
  Exemple : *Give me* ***another*** *glass of water, please.* (Donne-moi un autre verre d'eau, s'il te plaît.)

- *other* [adjectif] (d'autres)
  Exemple : *I'd like to visit **other** countries.* (J'aimerais visiter d'autres pays.)
- *others* [pronom pluriel, utilisé seul] (d'autres)
  Exemple : *He has got many instruments, he doesn't want others.* (Il a beaucoup d'instruments, il n'en veut pas d'autres.)

15. Les quantifieurs

Testez vos connaissances !

Complétez la phrase suivante à l'aide de l'une des quatre propositions.

There were only ___ pounds left in her purse and ___ in her bank account.

- **A.** *no - any*
- **B.** *few - none*
- **C.** *none - few*
- **D.** *many - no*

Corrigé

B.

A. *Some, any* et *no*

a. Généralités

	Quantifieurs	Exemples
Phrases affirmatives	***some***	• ***Some** drivers are dangerous.* (Certains conducteurs sont dangereux.) • *I need **some** help.* (J'ai besoin d'aide.)
Phrases négatives	***not … any***	• *He wo**n't** give you **any** help.* (Il ne t'aidera pas.) • *There are**n't any** eggs in the fridge.* (Il n'y a pas d'œufs dans le frigo.)
Phrases interrogatives	***some***	• *Would you like **some** wine?* (Voulez-vous du vin ?) • *Can I have **some** milk, please?* (Est-ce que je peux avoir du lait, s'il vous plaît ?)
	any	• *Is there **any** milk?* (Est-ce qu'il y a du lait ?) • *Have you got **any** children?* (Avez-vous des enfants ?)

NOTES DU FORMATEUR

• On peut remplacer *not … any* par ***no***. Le verbe est alors à la forme affirmative.

Exemple : ***There aren't any** eggs in the fridge.* = ***There are no eggs in the fridge.***

• ***None*** signifie « aucun(e) » et s'utilise comme pronom (contrairement à *no* qui ne s'utilise que comme adjectif).

Exemple : *How many gifts did you get? **None!*** (Combien de cadeaux as-tu eus ? Aucun !)

• On utilise **some** lorsque l'on propose ou que l'on souhaite une certaine quantité.
Exemple : *Would you like* ***some*** *wine?* (Voulez-vous du vin ?)
• On utilise **any** lorsque l'on veut simplement se renseigner sur l'existence d'une quantité : « Est-ce qu'il y en a ? ».
Exemple : *Is there* ***any*** *milk?* (Est-ce qu'il y a du lait ?)
• Lorsque **any** est utilisé dans une phrase affirmative, il a le sens de « n'importe lequel ».
Exemple : *Take any train but come!* (Prends n'importe quel train mais viens !)

b. Les composés de *some*, *any* et *no*

- **Élément inanimé et indéfini :** *something* (quelque chose), *anything* (quelque chose), *nothing* (rien)
- **Personne indéfinie :** *somebody/someone* (quelqu'un), *anybody/anyone* (quelqu'un), *nobody/no one* (personne)
- **Lieu indéfini :** *somewhere* (quelque part), *anywhere* (quelque part), *nowhere* (nulle part)

B. Autres quantifieurs

Voici d'autres quantifieurs indéfinis. Il est indispensable de connaître leur compatibilité ou leur incompatibilité avec les noms dénombrables et indénombrables.

Quantité	Traduction	Exemples
Beaucoup	***Much*** + indénombrable	*Has he got* ***much*** *money?* (Est-ce qu'il a beaucoup d'argent ?)
	A lot of/Lots of + indénombrable	*Has he got* ***a lot of*** *money?* (Est-ce qu'il a beaucoup d'argent ?)
	Many + dénombrable pluriel	*She hasn't got* ***many*** *friends.* (Elle n'a pas beaucoup d'ami[e]s.) **ATTENTION** *Much* et *many* s'emploient rarement dans les phrases affirmatives. Dans ce cas, les anglophones préfèrent utiliser *a lot of* ou *lots of*.
	A lot of/Lots of + dénombrable pluriel	*She's got* ***a lot of/lots of*** *friends.* (Elle a beaucoup d'ami[e]s.)
	Plenty of + indénombrable/dénombrable pluriel	*I have* ***plenty of*** *time/friends.* (J'ai beaucoup de temps/d'amis.)
Trop	***Too*** + adjectif/adverbe	*It's* ***too*** *big.* (C'est trop grand.) [adjectif] *He drives* ***too*** *fast.* (Il conduit trop vite.) [adverbe]
	Too much	*You eat* ***too much****.* (Tu manges trop.)
	Too much + indénombrable	*There's* ***too much*** *noise.* (Il y a trop de bruit.)
	Too many + dénombrable pluriel	*There were* ***too many*** *people.* (Il y avait trop de monde.)

Assez	***Enough*** + nom	*I've got **enough money** to pay my rent.* (J'ai assez d'argent pour payer mon loyer.)
	Adjective + ***enough***	*He isn't **rich enough** to buy it.* (Il n'est pas assez riche pour l'acheter.)
Plusieurs	***Several*** + dénombrable pluriel	*We have **several** places to visit.* (Nous avons plusieurs endroits à visiter.)
Tout	***All*** + indénombrable/ dénombrable pluriel	*She has finished **all** her work.* (Elle a fini tout son travail.) ***All** her jewels have been stolen.* (On lui a volé tous ses bijoux.)
	Every + dénombrable singulier	*He gets up at 7 **every** day.* (Il se lève à 7h00 tous les matins.) **ATTENTION** Ne confondez pas *every* (tous) et *each* (chacun). **Exemple :** ***Each** of you must wear a uniform.* (Chacun d'entre vous doit porter un uniforme.)
	Both + dénombrable pluriel	*I like **both** films.* (J'aime les deux films.) *I like them **both**.* (Je les aime tous les deux.) **ATTENTION** Faites attention à la place de *both* et *all* quand ils sont associés à des pronoms. **Exemples :** *I like them **both**./I like **both** of them.* (Je les aime tous les deux.) *We bought them **all**./We bought **all** of them.* (Nous les avons tous achetés.)
Un peu de	***A little*** + indénombrable	*Can I have **a little** sugar?* (Est-ce que je peux avoir un peu de sucre?)
Quelques	***A few*** + dénombrable pluriel	*He only had **a few** friends there.* (Il n'avait que quelques amis ici.)
Peu de	***Little*** + indénombrable	*He had very **little** time.* (Il avait très peu de temps.)
	Few + dénombrable pluriel	***Few** pupils study Latin.* (Peu d'élèves étudient le latin.)
La plupart	***Most*** + indénombrable/ dénombrable pluriel	***Most** people like travelling.* (La plupart des gens aiment voyager.) ***Most** kids don't like spinach.* (La plupart des enfants n'aiment pas les épinards.)
	Most of + déterminant + nom	***Most of** my friends can speak English.* (La plupart de mes amis savent parler anglais.)
Des centaines/ millions/...	Nombres cardinaux au pluriel + ***of***	*They receive **hundreds of** letters.* (Ils reçoivent des centaines de lettres.) ***Thousands/Millions of** tourists come to France every year.* (Des milliers/millions de touristes viennent en France chaque année.) **NOTE** On traduit «des dizaines de...» par ***dozens of***... (des douzaines de...) en anglais.

C. Les autres indéfinis

a. *Either/Neither*

Either et ***neither*** ne s'emploient que dans le cas où l'on désigne deux éléments dans une phrase.

- ***Either*** (forme affirmative) signifie « l'un ou l'autre, n'importe lequel des deux ».
  Exemple : *Do you prefer tea or coffee? – **Either** will be fine.* (Préférez-vous du thé ou du café ? L'un ou l'autre me conviendra.)
- ***Neither*** (forme négative) signifie « ni l'un ni l'autre, aucun des deux ».
  Exemple : *Which do you prefer? – **Neither** of them.* (Lequel préférez-vous ? – Ni l'un ni l'autre.)
- On traduit l'expression « soit … soit …/ou … ou … », quand elle comporte deux éléments, par ***either … or …***
  Exemple : *He's **either** German **or** Swedish.* (Il est soit allemand soit suédois.)
- À l'inverse, on traduit l'expression « ni … ni … » par ***neither … nor …***
  Exemple : *I'm **neither** a liar **nor** a hypocrit!* (Je ne suis ni menteur ni hypocrite !)
- ***Not either*** et ***neither*** signifient « non plus ».
  Exemple : *He told me he didn't like tea but he does**n't** like coffee **either**.* (Il m'a dit qu'il n'aimait pas le thé, mais il n'aime pas le café non plus.)

> **ATTENTION**
> *Neither*, dans le sens de « non plus », est utilisé avec un auxiliaire et un sujet exprimé.
> **Exemple :** *He never drinks tea. – **Neither do I.*** (Il ne boit jamais de thé. – Moi non plus.)

b. *Other, the same*

- ***Other*** (autre, d'autre) est **invariable** lorsqu'il est utilisé comme adjectif indéfini.
  Exemple : *I have no **other** sister.* (Je n'ai pas d'autre sœur.)
  En revanche, en tant que pronom, il peut porter la marque du pluriel.
  Exemple : *I don't know where the **others** are.* (Je ne sais pas où sont les autres.)
- ***The same*** signifie « le même », « la même », « les mêmes ».
  Exemple : *It's always **the same** old story!* (C'est toujours la même histoire !)
  Si l'on veut exprimer **une comparaison**, *the same* se construit comme un comparatif d'égalité, c'est-à-dire avec *as*.
  Exemple : *He likes **the same** books **as** you.* (Il aime les mêmes livres que toi.)
  Si l'on veut exprimer une identité, *the same* se construit avec ***that*** + **proposition verbale**.
  Exemple : *She came by **the same** road **that** you took.* (Elle est venue par la même route que toi.)

16. Les auxiliaires de modalité

Testez vos connaissances !

Complétez la phrase suivante à l'aide de l'une des quatre propositions.

Investigators will conduct a survey of what ___ wrong in the last inquiry.

- **A.** *would go*
- **B.** *will go*
- **C.** *may have gone*
- **D.** *can go*

Corrigé

C.

A. Mode d'emploi

Les auxiliaires de modalité peuvent exprimer de nombreuses notions, essentiellement : la **capacité** et l'**incapacité**, l'**obligation** et l'**absence d'obligation**, la **possibilité** et l'**impossibilité**, la **permission** et l'**interdiction**, l'**éventualité** et la **probabilité**, le **futur**, la **volonté**, le **conseil**, le **reproche** et le **regret**.

a. En tant qu'auxiliaires

- Ils prennent la première place dans les questions.
  Exemple : ***Can*** *she swim?* (Sait-elle nager ?)
- Ils « portent » la négation.
  Exemple : *She* ***can't*** *swim.* (Elle ne sait pas nager.)
- Ils portent toujours une marque de temps, soit celle du présent, soit celle du prétérit.
  Exemple : *can/could, will/would, shall/should.*
- Ils ne se conjuguent jamais avec les auxiliaires *do/did* (puisqu'ils sont eux-mêmes des auxiliaires).

b. En tant que modaux

- Ils ne prennent pas de *s* à la 3e personne du singulier (ils sont invariables).
  Exemple : *She* ***can*** *swim very well.* (Elle sait très bien nager.)
- Ils ne sont jamais suivis de *to* (mais toujours de la base verbale).
  Exemple : *She* ***can*** *swim.* (Elle sait nager.)
- On ne peut employer deux auxiliaires de modalité l'un à côté de l'autre.
  Exemple : ~~*She will can swim*~~ **est impossible**.
- Quand on veut exprimer deux notions de modalité, le futur et la capacité par exemple, il faut employer un **verbe substitut d'auxiliaire de modalité**, c'est-à-dire un **verbe équivalent à un auxiliaire de modalité**.

  Exemple : *She* ***will be able to*** *swim in a few months.* (Elle saura nager dans quelques mois.)

B. Les verbes lexicaux équivalents aux auxiliaires de modalité

Contrairement aux auxiliaires de modalité, et comme les verbes « pouvoir » ou « devoir » en français, **les verbes équivalents aux modaux se conjuguent à tous les temps**. Ils remplacent donc souvent les auxiliaires de modalité au passé et au futur, mais ont un sens presque équivalent au présent. On peut également les combiner avec un auxiliaire de modalité quand on veut exprimer deux notions modales (le futur et la capacité, comme dans l'exemple ci-dessus).

C. Tableau des auxiliaires de modalité (AM) et des verbes équivalents (VE)

Temps	AM et VE	Exemples
		Permission, autorisation
Présent	*Can*	*He* ***can*** *go out.* (Il peut sortir.) ***Can*** *I stay here?* (Est-ce que je peux rester ici ?)
	May/Could	*May* et *could* sont plus polis que *can*. ***May/Could*** *I go now?* (Puis-je/Pourrais-je partir maintenant ?)
Passé	*Could*	*She said we* ***could*** *park here.* [style indirect] (Elle a dit que nous pouvions nous garer ici.)
Tous temps	*Be allowed to*	*You* ***are/were allowed*** *to park here.* (Vous êtes/étiez autorisé à vous garer ici.)
		Refus de permission, interdiction
Présent	*Cannot*	*Cannot* est le moins formel. *He* ***cannot/can't*** *go out.* (Il ne peut pas sortir.)
	Must not	*He* ***mustn't*** *go out.* (Il ne doit pas sortir.)
	May not	*He* ***may not*** *go out.* (Il ne peut pas sortir.)
Tous temps	*Not + be allowed to*	*You* ***are/were not allowed to*** *go out.* (Vous n'êtes/n'étiez pas autorisé à sortir.)
		Obligation
Présent	*Must*	Avec *must*, celui qui parle est d'accord. *You* ***must*** *tell the truth.* (Vous devez dire la vérité.)
	Have to	Avec *have to*, celui qui parle se contente de transmettre. *You* ***have to*** *tell the truth.* (Vous devez dire la vérité.)
Passé	*Had to*	*You* ***had to*** *tell the truth.* (Vous deviez dire la vérité.)
	Must	*Must* ne s'emploie au passé qu'au discours indirect. *She said you* ***must*** *tell the truth.* (Elle a dit que vous deviez dire la vérité.)
Tous temps	*Have to*	*You will* ***have to*** *tell the truth.* (Vous devrez dire la vérité.)

Absence d'obligation, de nécessité		
Présent	***Don't have to***	*You* ***don't have to*** *pay.* (Vous n'êtes pas obligé de payer.)
	Don't need to / Needn't	*Need* au présent se conjugue soit comme un auxiliaire modal, soit avec *do*. *You* ***don't need to*** *pay.* (Vous n'avez pas besoin de payer.) *You* ***needn't*** *pay.* (Vous n'avez pas besoin de payer.)
	Have to	*You* ***won't have to*** *pay.* (Vous ne serez pas obligé de payer.)
Tous temps	***Need to***	*You* ***didn't need to*** *pay.* (Il n'était pas nécessaire que vous payiez.)
Volonté (ordre, refus)		
Présent	***Will***	***Will*** *you listen to me!* (Veux-tu m'écouter !) *Will* est le tag de l'impératif. *Listen to me,* ***will*** *you?* (Écoute-moi, veux-tu ?)
	Won't	I **won't** tell it to you. (Je ne te le dirai pas.)
Conseil, reproche		
Présent	***Should(n't)/ Ought(n't) to***	*Should* et *ought* to sont presque équivalents dans cet emploi. *You* ***should/shouldn't*** *worry.* (Tu devrais/ne devrais pas t'inquiéter.) *You* ***ought/oughtn't*** *to worry.* (Tu devrais/ne devrais pas t'inquiéter.)
(In)capacité, (im)possibilité		
Présent	***Can/Can't***	*He* ***can/can't*** *swim.* (Il sait/ne sait pas nager.)
	Could/Couldn't	*He* ***could/couldn't*** *swim.* (Il savait/ne savait pas nager.)
Passé	***(Not) be able to***	*He* ***was/wasn't*** *able to come yesterday.* (Il pouvait/ne pouvait pas venir hier.)
Tous temps	***(Not) be able to***	*He* ***will/won't*** *be able to come tomorrow.* (Il pourra/ne pourra pas venir demain.)
De la probabilité à la quasi-certitude (en allant du moins certain au plus certain)		
Présent	***Might***	*That* ***might*** *be true.* (Il se pourrait que cela soit vrai.)
	Could	*That* ***could*** *be true.* (Cela pourrait être vrai.)
	May	*That* ***may*** *be true.* (Il se peut que cela soit vrai.)
	Must	*That* ***must*** *be true.* (Cela doit être vrai.)
	Can't	*That* ***can't*** *be true.* (Cela ne peut être vrai.)

17. *Wish* et conditionnel, prétérit modal et « subjonctif »

Testez vos connaissances !

Complétez la phrase suivante à l'aide de l'une des quatre propositions.

He wishes he ___ rich and ___ buy a mansion house.

- ❍ **A.** *is - could*
- ❍ **B.** *were - could*
- ❍ **C.** *was - can*
- ❍ **D.** *were - would*

Corrigé

B et D.

A. Emploi du prétérit modal

On emploie le prétérit modal pour exprimer :

- l'hypothèse après ***if***, ***as if***

Exemples : ***If*** *she* ***knew*** *the truth, she'd (would) be disappointed.* (Si elle savait la vérité, elle serait déçue.)

It is ***as if*** *she* ***didn't know*** *me.* (C'est comme si elle ne me connaissait pas.)

On peut émettre une hypothèse avec le **past perfect modal** pour un **événement qui ne s'est pas réalisé dans le passé** (« **irréel du passé** ») :

Exemple : ***If*** *he* ***had been*** *there, he would have told her what to do.* (S'il avait été là, il lui aurait dit ce qu'il fallait faire.)

- le regret après le verbe ***to wish***

Exemples : *I* ***wish*** *she* ***were*** *here with us.* (Je souhaiterais qu'elle soit ici avec nous./Je regrette qu'elle ne soit pas là avec nous./Si seulement elle était là avec nous.)

I ***wish*** *I* ***weren't*** *so shy.* (Je voudrais être moins timide./Je regrette d'être si timide./Si seulement je n'étais pas si timide.)

Le regret avec le *past perfect* modal

Exemple : *We* ***wish*** *we* ***hadn't bought*** *this house.* (Nous regrettons d'avoir acheté cette maison./Si seulement nous n'avions pas acheté cette maison.)

Les **souhaits encore réalisables** (**potentiels**) peuvent s'exprimer de deux façons, avec ***would*** et avec ***could***.

Exemples : *I* ***wish*** *she* ***would*** *accept my offer.* (J'aimerais qu'elle accepte mon offre.)

I ***wish*** *he* ***could*** *come and see me.* (Je voudrais qu'il vienne me voir.)

- la préférence après ***I had rather*** (plus couramment ***I'd rather***)

Exemple : ***I'd rather*** *she* ***came*** *next week.* (Je préférerais qu'elle vienne la semaine prochaine.)

> **ATTENTION**
> Lorsque la phrase ne comporte qu'un seul sujet, *I'd rather* est suivi de la base verbale.
> **Exemple :** ***I'd rather stay** here.* (Je préférerais rester ici.)

La préférence avec le *past perfect* modal

Exemple : ***I'd rather** he **hadn't come**.* (J'aurais préféré qu'il ne vienne pas.)

- le souhait après ***It's (high) time***

Exemple : ***It's (high) time** you **told** him the truth.* (Il est [grand] temps que tu lui dises [vous lui disiez] la vérité.)

Les prétérits ***could*** et ***might***, quand ils expriment une possibilité ou une éventualité dans le présent ou l'avenir, sont des **prétérits modaux** :

Exemple : *It **might** rain tomorrow.* (Il se pourrait qu'il pleuve demain.)

B. Le subjonctif en anglais

Il est difficile d'évoquer le prétérit modal (et le *past perfect* modal) sans parler du subjonctif en anglais.

Le **prétérit modal** et le ***past perfect* modal** (étudiés ci-avant) représentent une des deux formes du subjonctif en anglais : le subjonctif passé.

Le subjonctif français est le mode qui présente une action envisagée, une action possible. On le trouve après des mots qui expriment un souhait, un sentiment, un doute, un regret.

Exemple : Je suis très **contente** qu'il **soit** là.

En anglais, on emploie **beaucoup moins ce mode** qu'en français.

On parle néanmoins, en anglais, de **subjonctif présent** et de **subjonctif passé** (prétérit modal et *past perfect* modal étudiés ci-avant).

- Les verbes anglais au subjonctif présent apparaissent sous la forme de la **base verbale** :

Exemples : *It's important that he **be** told at once.* (Il est important qu'il soit informé tout de suite.)

*It's essential that she **come** here.* [pas de *s* à la 3e personne du singulier au subjonctif présent). (Il est essentiel qu'elle **vienne** ici.)

- On emploie le subjonctif présent dans une langue soignée pour exprimer un **ordre** ou une **suggestion** après *to order, to insist, to suggest, to demand, to command, to request...* ou une **nécessité** après *it is necessary/essential/desirable/important that...*

Exemples : ***They suggested that** he **come** with us.* (Ils/Elles suggérèrent qu'il vînt avec nous.)

***It is important that** she **attend** the meeting.* (Il est important qu'elle assiste à la réunion.)

Ces formes subjonctives sont plus rares en anglais britannique qu'en anglais américain ; on les remplace généralement par des constructions avec ***should***.

On dira plus couramment : *She **should** attend the meeting.* (Elle devrait assister à la réunion.)

■ On emploie le subjonctif présent dans des **expressions traditionnelles**, pour exprimer un **souhait** ou une **supposition**, et dans la **langue juridique** :

Exemples : *God **save** the Queen! Long **live** the Queen!* (Vive la Reine !)

*God **bless** you!* (Dieu vous bénisse !)

*If this **be** true…* (Si cela est vrai…)

18. Voix passive

Testez vos connaissances !

Complétez les deux phrases suivantes à l'aide de l'une des quatre propositions correspondantes.

❶ ***Her car is out of order. She should have it ___.***
- ○ **A.** *repaired*
- ○ **B.** *repairing*
- ○ **C.** *being repaired*
- ○ **D.** *repair*

❷ ***We debated over that matter. It was most ___.***
- ○ **A.** *interest*
- ○ **B.** *interested*
- ○ **C.** *being interested*
- ○ **D.** *interesting*

Corrigé

❶ **A.** ❷ **D.**

A. Construction

À la voix passive, le COD occupe la place de sujet.

Le COD, devenu sujet à la voix passive, est placé en **première position dans la phrase**.

Exemple :

Mrs White	*has cleaned*	***the house.***	[phrase active] (Mrs White a nettoyé la maison.)
sujet		complément (COD)	

The house	*has been cleaned*	***by Mrs White.***	[phrase passive] (La maison a été nettoyée par Mrs White.)
sujet		complément d'agent	

B. Sens

Dans la phrase passive ci-dessus, ce n'est plus la personne qui a nettoyé la maison qui nous intéresse, mais **le fait que la maison ait été nettoyée**. Le COD *the house* est devenu sujet dans la phrase passive. L'emploi du passif indique que l'on attache plus d'importance à l'action elle-même qu'à la personne qui l'a accomplie. D'ailleurs, le complément d'agent, introduit par *by* (*by Mrs White*), n'est pas toujours mentionné. On aurait pu dire aussi : *The house has been cleaned*. En effet, on ne mentionne le complément d'agent que si celui-ci a une importance particulière.

Exemple : *He was treated* ***by the best doctor***. (Il a été soigné par le meilleur médecin.)

C. Conjugaison

Grammaticalement, on forme le passif à l'aide de l'**auxiliaire *be*** et du **participe passé du verbe lexical**.

On peut utiliser le passif **à tous les temps**.

Pour conjuguer le passif, il suffit de conjuguer l'auxiliaire *be* au temps demandé :

Temps	Exemples	Traductions
Présent simple	*The house* ***is built***.	La maison est construite.
Présent continu	*The house* ***is being built***.	La maison est en construction.
Futur	*The house* ***will be built***.	La maison sera construite.
Prétérit simple	*The house* ***was built***.	La maison a été construite.
Prétérit continu	*The house* ***was being built***.	On construisait la maison.
Present perfect	*The house* ***has just been built***.	La maison vient juste d'être construite.
Past perfect	*The house* ***had been built***.	On avait construit la maison.

On peut aussi combiner les auxiliaires de modalité et le passif pour exprimer, par exemple :

Valeur	Exemples	Traductions
La possibilité	*The house* ***can be built***.	On peut construire la maison.
L'impossibilité	*The house* ***can't be built***.	On ne peut pas construire la maison.
L'obligation	*The house* ***must be built***.	Il faut construire la maison.
L'interdiction	*The house* ***mustn't be built***.	Il ne faut pas construire la maison.
L'éventualité	*The house* ***may be built***.	Il se peut que la maison soit construite.
La permission	*The house* ***may be built***	On peut construire la maison.
Le conseil	*The house* ***should be built***.	Il faudrait construire la maison.

Quand le verbe, à la voix active, est suivi d'une particule ou d'une préposition, celle-ci est maintenue à la voix passive, à la droite du verbe.

Exemples : *Someone will* ***take care of*** *the children*. [phrase active] (Quelqu'un s'occupera des enfants.)

The children will be ***taken care of***. [phrase passive] (On s'occupera des enfants.)

19. *For, since* et *present perfect*

Testez vos connaissances !

Complétez les deux phrases suivantes à l'aide de l'une des quatre propositions correspondantes.

❶ ***Mrs Johnson has been teaching ___ the school was created.***
- ○ **A.** *since*
- ○ **B.** *for*
- ○ **C.** *ever since*
- ○ **D.** *when*

❷ ***President Obama ___ for more than 7 years now.***
- ○ **A.** *was elected*
- ○ **B.** *elected*
- ○ **C.** *has elected*
- ○ **D.** *has been elected*

Corrigé

❶ **A** et **C.** ❷ **D.**

A. *For* ou *since*

■ ***For*** est suivi d'une durée (*for twenty years, for three hours, for two days, for a long time, for ever…*).

Exemple 1 : *She has had this car **for a week**.* (Elle a cette voiture depuis une semaine.)

Exemple 2 : *He has been working with us **for three months**.* (Il travaille avec nous depuis trois mois.)

■ ***Since*** marque toujours une origine : il est suivi d'une date ou d'une information qui marque un point de départ dans le temps (*since 1995, since last week, since the war, since Christmas, since I saw her…*).

Exemple 1 : *She has had this car **since last week**.* (Elle a cette voiture depuis la semaine dernière.)

Exemple 2 : *He has been working with us **since January**.* (Il travaille avec nous depuis janvier.)

ATTENTION

En français, *for* et *since* se traduisent tous deux par « depuis » et le *present perfect* par un présent ou un passé composé.

B. *Present perfect* simple et *present perfect* continu

La plupart du temps, on utilise *for* et *since* avec un *present perfect*, simple (**exemple 1**) ou continu (**exemple 2**).

Avec le ***present perfect*** **continu**, on privilégie la **mise en situation** et l'**activité** plutôt que le simple constat. En effet, le *present perfect* continu nous renseigne surtout sur l'activité du sujet grammatical. L'énonciateur ne se limite pas à constater les faits, mais exprime un point de vue.

Exemple : *It **has been raining** for two weeks!* (Il a plu *ou* Il pleut depuis deux semaines !) [L'énonciateur a des indices pour faire ce constat et il s'en plaint.]

20. Concordance des temps

Testez vos connaissances !

Complétez la phrase suivante à l'aide de l'une des quatre propositions.

When she got back home yesterday night, everybody ___ to bed.

- ❍ **A.** *went*
- ❍ **B.** *have gone*
- ❍ **C.** *go*
- ❍ **D.** *had gone*

Corrigé

A et **D.**

A. Avec le futur

La concordance des temps est fondamentale en anglais comme en français. Il faut retenir, en particulier que, en anglais, lorsque le verbe de la **principale** est au **futur**, on emploie le **présent simple** dans les **subordonnées** introduites par ***when, as soon as, as long as, until, while, before, after, whenever, wherever, who, what, as much as, if, in case.***

Exemple : ***When I'm** eighteen, **I'll** learn to drive.* (Quand j'**aurai** 18 ans, j'**apprendrai** à conduire.)

B. Avec le conditionnel

De la même manière, lorsque le verbe de la **principale** est au **conditionnel**, on emploie le **prétérit** dans les **subordonnées** introduites par les conjonctions ci-dessus.

Exemple : *If I **had** money, I **would buy** a big house.* (Si j'avais de l'argent, je m'achèterais une maison.)

21. La proposition infinitive

Testez vos connaissances !

Complétez la phrase suivante à l'aide de l'une des quatre propositions.

She didn't want ___.

❍ **A.** *that John calls her back*
❍ **B.** *John call her back*
❍ **C.** *her call John back*
❍ **D.** *John to call her back*

Corrigé

D.

A. La proposition infinitive avec *to*

Ce que l'on appelle en grammaire anglaise « la proposition infinitive » n'a pas d'équivalent en grammaire française. C'est une construction propre à la langue anglaise qu'il faut connaître afin d'éviter de nombreuses erreurs de traduction.

Seul un **nombre restreint** de verbes anglais admettent la proposition infinitive, mais ces verbes sont **très courants**. Les utiliser en les accompagnant d'une proposition infinitive demande à l'apprenant français un effort de mémoire et de compréhension pour manipuler et transformer la phrase en une construction grammaticale qui n'existe pas dans sa langue.

Observez les trois phrases suivantes :

1. *I* ***want*** *to help you.* (Je veux t'aider.)
2. *I* ***want*** *Mary to help you.* (Je veux que Marie t'aide.)
3. *I* ***want*** *her to help you.* (Je veux qu'elle t'aide.)

Chacune de ces phrases contient une proposition infinitive ; on reconnaît l'infinitif *to help* dans les trois exemples, mais ce qui fait de la proposition infinitive une construction propre à la langue anglaise est illustré dans les phrases 2 et 3 :

sujet + verbe + nom ou pronom complément + infinitif en *to*

Dans les exemples ci-dessus (1, 2, 3), tout ce qui est souligné, est **complément** de *I want*. C'est pour cette raison que, dans la phrase 3, le pronom qui remplace *Mary* est le pronom complément *her* et non le pronom sujet *she*.

RAPPEL DU FORMATEUR

Les pronoms personnels sujets et compléments en anglais :

Pronoms personnels sujets	*I*	*you*	*he*	*she*	*it*	*we*	*you*	*they*
Pronoms personnels compléments	*me*	*you*	*him*	*her*	*it*	*us*	*you*	*them*

Voici la liste des principaux verbes anglais employés avec la proposition infinitive :

Verbes suivis de propositions infinitives	Traductions
To want *somebody to do something*	Vouloir que quelqu'un fasse quelque chose
To ask *somebody to do something*	Demander à quelqu'un de faire quelque chose
To expect *somebody to do something*	S'attendre à ce que quelqu'un fasse quelque chose
To hate *somebody to do something*	Détester que quelqu'un fasse quelque chose
To need *somebody to do something*	Avoir besoin que quelqu'un fasse quelque chose
To order *somebody to do something*	Ordonner à quelqu'un de faire quelque chose
To prefer *somebody to do something*	Préférer que quelqu'un fasse quelque chose
To remind *somebody to do something*	Rappeler à quelqu'un de faire quelque chose
To teach *somebody to do something*	Apprendre à quelqu'un à faire quelque chose
To allow *somebody to do something*	Permettre à quelqu'un de faire quelque chose
To force *somebody to do something*	Forcer quelqu'un à faire quelque chose
To tell *somebody to do something*	Ordonner à quelqu'un de faire quelque chose
To advise *somebody to do something*	Conseiller à quelqu'un de faire quelque chose
To wish *somebody to do something*	Souhaiter que quelqu'un fasse quelque chose
To wait *for somebody to do something*	Attendre que quelqu'un fasse quelque chose
'd like *somebody to do something*	J'aimerais (Tu aimerais, Il aimerait…) que quelqu'un fasse quelque chose

B. La proposition infinitive sans *to*

Il existe des verbes dont la construction est très proche de la proposition infinitive. Leur schéma est le suivant :

sujet + *make* + nom ou pronom complément + base verbale

Exemple : *He **makes** them laugh.* (Il les fait rire.)

Voici les trois principaux verbes suivis d'une proposition infinitive sans *to* :

Verbes suivis de propositions infinitives sans to	Traductions
To have *somebody do something*	Faire faire quelque chose à quelqu'un
To make *somebody do something*	Faire faire quelque chose à quelqu'un
To let *somebody do something*	Laisser quelqu'un faire quelque chose

NOTE DU FORMATEUR

Les verbes de perception ***see*** (voir) et ***hear*** (entendre) peuvent aussi parfois être suivis d'un nom ou pronom complément et d'une base verbale.

Exemples : *We heard a lion roar.* (Nous avons entendu rugir un lion.)
I saw the man run away. (J'ai vu l'homme s'enfuir en courant.)

22. Tableaux de conjugaison

A. Présent

		FORMES		
		Affirmative	**Interrogative**	**Négative**
ASPECT	**Présent simple**	*I work.* *You work.* *He, she, it works.* *We work.* *You work.* *They work.*	*Do you work?* *Does he, she, it work?*	*I don't work.* *He doesn't work.*
	Présent continu	*I'm working.* *You're working.* *He, she, it's working.* *We're working.* *You're working.* *They're working.*	*Are you working?* *Is he working?*	*I'm not working.* *You're not/You aren't working.* *He's not/He isn't working.*
	Present perfect	*I've worked.* *You've worked.* *He, she, it's worked.* *We've worked.* *You've worked.* *They've worked.*	*Have you worked?* *Has he worked?*	*I've not/I haven't worked.* *He's not/He hasn't worked.*
	***Present perfect* continu**	*I've been working.* *You've been working.* *He, she, it's been working.* *We've been working.* *You've been working.* *They've been working.*	*Have you been working?* *Has he been working?*	*I haven't been working.* *He hasn't been working.*
MODALITÉ	**Ex. : *can***	*I can work.* *You can work.* *He, she, it can work.* *We can work.* *You can work.* *They can work.*	*Can you work?* *Can he work?*	*I can't work.* *He can't work.*

B. Prétérit

		FORMES		
		Affirmative	**Interrogative**	**Négative**
ASPECT	Prétérit simple	*I worked.* *You worked.* *He, she, it worked.* *We worked.* *You worked.* *They worked.*	*Did you work?* *Did he work?*	*I didn't work.* *He didn't work.*
	Prétérit continu	*I was working.* *You were working.* *He, she, it was working.* *We were working.* *You were working.* *They were working.*	*Were you working?* *Was he working?*	*I wasn't working.* *You weren't working.* *He wasn't working.*
	Past perfect	*I had worked.* *You had worked.* *He, she, it had worked.* *We had worked.* *You had worked.* *They had worked.*	*Had you worked?* *Had he worked?*	*I hadn't worked.* *He hadn't worked.*
	Past perfect continu	*I had been working.* *You had been working.* *He, she, it had been working.* *We had been working.* *You had been working.* *They had been working.*	*Had you been working?* *Had he been working?*	*I hadn't been working.* *He hadn't been working.*
MODALITÉ	Ex. : *can*	*I could work.* *You could work.* *He, she, it could work.* *We could work.* *You could work.* *They could work.*	*Could you work?* *Could he work?*	*I couldn't work.* *He couldn't work.*

23 Emploi des temps

A. Temps du présent

a. Présent simple et continu

Voir leçon 1. sur le *s* à la 3e personne du singulier et les *s* des pluriels.

b. *Present perfect* simple

Il permet de porter un regard vers le passé et de le lier au présent pour faire le **bilan d'une situation passée** ou parler d'un **événement qui a démarré dans le passé et qui se poursuit au moment où l'on parle**. On peut le traduire en français par du passé composé ou du présent.

Exemple : *I **have worked** here for many years.* (Je travaille ici depuis des années.)

c. *Present perfect* continu

Il combine la valeur du *present perfect* simple (l'énonciateur fait le constat d'un fait passé) et celle de *be* + *–ing* (il explique/justifie/réagit à ce fait passé).

Exemple : *It **has been raining** for days!* (Il pleut depuis des jours !)

B. Temps du passé

a. Prétérit simple

Temps du récit, il permet de faire référence à un **événement passé**, souvent **daté** et **révolu**. Le prétérit exprime une coupure avec le présent, et, dans certains cas, avec la réalité (voir leçon). On peut le traduire en français par un passé composé, un passé simple ou un imparfait.

Exemple : *She **called me** yesterday.* (Elle m'a appelé hier.)

b. Prétérit continu

Il permet d'expliquer/de commenter des faits qui se sont déroulés dans le passé. On peut le traduire en français par un imparfait.

Exemple : *I **was reading** a novel when my sister called to invite me out.* (Je lisais quand ma sœur m'a appelé pour m'inviter à sortir.)

c. *Past perfect* simple

Il correspond en général au *present perfect* dans un contexte passé. On l'utilise dans des **discours rapportés** ou pour effectuer des **retours en arrière explicatifs.** Il équivaut au plus-que-parfait français.

Exemple : *They told me that they **had not come** because they were sick.* (Ils m'ont dit qu'ils n'étaient pas venus car ils étaient malades.)

d. *Past perfect* continu

Il correspond à du *present perfect* en *be* + *–ing* dans un contexte passé.

Exemple : *I realised she **had been working** too late when I saw her the next day.* (Je me suis rendu compte qu'elle avait travaillé trop tard quand je l'ai vue le jour suivant.)

2. Vocabulaire

1. Les thèmes incontournables[1]

Les thèmes de vocabulaire que vous allez travailler dans ce chapitre sont indispensables à la bonne connaissance du lexique attendue chez des étudiants postbac. Il faut, tout comme la grammaire, les travailler progressivement et les revoir. Un thème par semaine semble raisonnable. Il vous appartient, par ailleurs, de constituer des fiches personnelles à partir du vocabulaire que vous rencontrerez dans l'année.

Liste des thèmes étudiés :

A. *Trade* (le commerce)

B. *Immigration* (l'immigration)

C. *Firms* (les entreprises)

D. *Education* (l'éducation)

E. *The Internet* (Internet)

F. *The environment* (l'environnement)

G. *Exclusion and poverty* (l'exclusion et la pauvreté)

H. *Institutions and politics* (institutions et vie politique)

I. *The media* (les médias)

J. *Health* (la santé)

K. *Justice and laws* (la justice et les lois)

L. *Natural disasters* (les catastrophes naturelles)

M. *The economic crisis* (la crise économique)

N. *Religion* (la religion)

1. Les verbes anglais suivis d'un astérisque sont irréguliers.

A. *Trade* (le commerce)

globalization	la mondialisation
global	mondial
economic	économique
global economy	l'économie mondiale
black economy	l'économie parallèle
fair trade	le commerce équitable
overseas/foreign trade	le commerce extérieur
free trade	le libre-échange
goods	les marchandises
labour	le travail/la main-d'œuvre
labour cost	le coût de la main-d'œuvre
illegal work/moonlighting	le travail au noir
prices	les prix
to relocate	délocaliser
competition, a competitor	la concurrence, un concurrent
profits	les bénéfices
inequality	l'inégalité
unequal	inégal
wages	les salaires
unemployment	le chômage
a policy	une politique
a subsidy	une subvention
a consumer	un consommateur
to go* up, to increase, to rise*	augmenter
to raise/lower prices	augmenter/baisser les prix
to drop	chuter, baisser
the stock exchange	la Bourse
a shareholder	un actionnaire
deregulation	la déréglementation
tax evasion	la fraude fiscale
the flight of capital	la fuite des capitaux
a tax haven	un paradis fiscal
Westernization	l'occidentalisation
standardization	l'uniformisation
to outsource	sous-traiter, externaliser
developed/developing countries	les pays industrialisés/en voie de développement

B. *Immigration* (l'immigration)

illegal immigration	l'immigration clandestine
illegal	clandestin
a host country	un pays d'accueil
a homeland	un pays d'origine
to deport, deportation	expulser, l'expulsion/le renvoi
a political refugee	un réfugié politique
a political asylum	un asile politique
a guest worker	un travailleur immigré
migrant labour	la main-d'œuvre immigrée
undocumented	sans-papiers
the customs	la douane
to settle	s'établir, s'installer
citizenship	la citoyenneté
jus soli	le droit du sol
foreign, alien	étranger
to flee*	fuir
the brain drain	la fuite des cerveaux
a stowaway	un passager clandestin
a smuggler	un passeur
to cross a border	franchir une frontière
to hide*	se cacher
a lorry, a truck	un camion
a small boat	une embarcation
to capsize	chavirer
to sink*	couler
detention centres	les centres de rétention
a makeshift camp	un camp de fortune
asylum seekers	les demandeurs d'asile
a sweatshop	un atelier clandestin
the underground economy	l'économie souterraine
a residence/work permit	un permis de séjour/travail
to grant political asylum	accorder l'asile politique
to detain	mettre en garde à vue
a detainee	un détenu
racial hatred	la haine raciale

C. *Firms* (les entreprises)

a firm, a company	une entreprise, une société
small and medium-sized firms	les PME
a subsidiary	une filiale
a family business	une entreprise familiale
to set* up a company	créer une entreprise
to run* a company/business	diriger une entreprise/société
a company director	un chef d'entreprise
the managing director	le P-DG
a factory, a plant	une usine
a warehouse	un entrepôt
a workshop	un atelier de production
executives, managers	les cadres
the workforce	la main-d'œuvre
employees	les employés
to close down	fermer (définitivement)
to downsize	réduire les effectifs
a manufacturer	un fabricant
a supplier	un fournisseur
the turnover	le chiffre d'affaires
an application	une candidature
a résumé, a CV	un CV
a redundancy plan	un plan social
to hire, to recruit	embaucher
to fire	licencier
the (trade) unions	les syndicats

D. *Education* (l'éducation)

to go* to university/college	aller à l'université
to enrol at university/college	s'inscrire à l'université
a diploma, a degree	un diplôme
a grade, a mark	une note
attendance	l'assiduité
to attend school	fréquenter l'école
truancy	l'absentéisme
to play truant	sécher les cours
to take* an exam	passer un examen
to pass an exam	réussir un examen
to fail an exam	rater un examen
to drop out	abandonner les études
school dropouts	les décrocheurs
academic/school failure	l'échec scolaire
a primary school	une école primaire
a middle school	un collège
a high school	un lycée
a competitive exam	un concours
gifted, smart	doué
proficient in	fort en
a low-achiever	un élève en difficulté
training	la formation
tuition fees	les frais d'inscription
a debt	une dette
to pay* back/off	rembourser
a scholarship	une bourse (d'étude)
to be educated at	faire ses études à
to be literate and numerate	savoir lire et compter
a coeducational school	une école mixte
a boarding school	un pensionnat
a state school	une école publique
the alumni	les anciens élèves
a teacher	un professeur
a professor	un professeur d'université

E. *The Internet* (Internet)

browsing the net	la navigation sur Internet
a browser	un navigateur
to surf (on) the net	surfer sur le net
a login	un identifiant
a password	un mot de passe
an Internet user	un internaute
a hacker	un pirate
hacking	le piratage
data	des données
a file	un fichier
a link	un lien
censorship	la censure
e-business	le commerce électronique
online shopping	le commerce en ligne
digital age	l'ère du numérique
illegal downloading	le téléchargement illégal
a USB memory stick/Flash Drive	une clé USB

F. *The environment* (l'environnement)

global warming	le réchauffement climatique
the greenhouse effect	l'effet de serre
to be eco-friendly	être respectueux de l'environnement
to preserve	protéger
preservation	la sauvegarde
the Greens, the Ecology/Green Party	les verts
an environmentalist	un écologiste
an eco-freak	un fana d'écologie
to waste	gaspiller
sustainable development	le développement durable
to save	économiser
to dump	déverser
a dump site	un terrain de décharge
to sully	souiller
to threaten	menacer
a major threat	une menace importante
a sewer	un égout
the climate change	le changement climatique
an ecological disaster	une catastrophe écologique
to be broke	être fauché
the rich and the poor	les riches et les pauvres
to make both ends meet	joindre les deux bouts
to be destitute	être sans ressources
the poverty threshold	le seuil de pauvreté
to live below the poverty line	vivre en dessous du seuil de pauvreté
to lack, a lack	manquer de, un manque
to need, a need	avoir besoin de, un besoin
renewable energies	les énergies renouvelables
toxic chemicals	les produits toxiques
disposable	jetable
recycling	le recyclage
to (make) compost	faire du compost
biodegradable packaging	les emballages biodégradables
waste sorting	le tri sélectif

G. *Exclusion and poverty* (l'exclusion et la pauvreté)

unemployment	le chômage
to live on the dole	être inscrit au chômage
a jobseeker	un demandeur d'emploi
the unemployment rate	le taux de chômage
to temp	faire de l'intérim
a temp	un intérimaire
temp work	l'intérim
to be laid off, to be made redundant	être licencié (économique)
to dismiss	licencier (pour faute)
job cuts	les suppressions d'emploi
to axe/shed* jobs	supprimer des emplois
industrial dispute	les conflits sociaux
(to live on) Welfare benefits	(vivre) des aides sociales
to be in dire straits	être dans une situation désespérée
to be ill-paid	être mal payé
the underprivileged	les exclus

H. *Institutions and politics* (institutions et vie politique)

to go* to the polls	aller voter
to run* for	être candidat à
politics	la politique (en général)
politicians	les hommes et femmes politiques
a policy	une politique
a bill	un projet de loi
a law	une loi
a survey, a poll	un sondage
a political party	un parti politique
to collect money, to raise funds	financer une campagne
to cut*/to reduce public spending	diminuer les dépenses publiques
to soften/to strengthen a position	adoucir/durcir une position
to be right-wing/left-wing	être de droite/de gauche
a reshuffle	un remaniement
MPs (Members of Parliament)	les députés
a seat	un siège
a term	un mandat

I. *The media* (les médias)

the press	la presse
a newspaper	un journal
a daily	un quotidien
a tabloid	un tabloïd
the gutter press	la presse à scandale
the front-page	la une
the headlines	les gros titres
to hit* the headlines	faire la une des journaux
an editor	un rédacteur en chef
a publisher	un éditeur
a report	un reportage
a leak	une fuite
to be biased /unbiased	être partial/impartial
censorship	la censure
to gag	bâillonner
to gag the press	museler la presse
the Fourth Estate	le quatrième pouvoir
a topical issue	une question d'actualité
a social issue	un problème de société
the freedom of expression	la liberté d'expression
a quotation (from)	une citation (tirée de)
to give* an account of...	faire un compte rendu de...
a criticism	une critique
to criticize	critiquer

J. *Health* (la santé)

a doctor, a physician	un médecin
a GP (general practitioner)	un généraliste
the health care	les services médicaux
fees	les honoraires
medical costs	les frais médicaux
the health insurance	l'assurance maladie
an insurance company	une compagnie d'assurances
medical treatment	les soins médicaux
pills, medicine, drugs	les médicaments
overmedication	la surmédication
a prescription	une ordonnance
to get* free medical care	être soigné gratuitement
to cap healthcare costs	limiter les dépenses de santé
life expectancy	l'espérance de vie
a health risk	un risque sanitaire
a public health issue	un enjeu de santé publique
junk food	la « malbouffe »
obesity, obeseness	l'obésité

K. *Justice and laws* (la justice et les lois)

courts	les tribunaux
sentences	les peines
a crime, an offence	un délit, une infraction
to indict	mettre en examen, accuser
an indictment	une mise en examen, une accusation
to prosecute, to sue, to take* legal action	poursuivre en justice
to go* to jail	aller en prison
a lawsuit, a trial	un procès
a lawyer, an attorney (US)	un avocat
a prosecutor	un procureur
to charge with	inculper
to convict, to sentence	condamner
to acquit	acquitter
to file a lawsuit	porter plainte
a criminal record	un casier judiciaire
an offender	un délinquant
a thug, a yobbo	un voyou
a juvenile offender	un jeune délinquant
an inquiry, an investigation	une enquête
to investigate	enquêter
bribery	la corruption
a swindler	un escroc
prison overcrowding	la surpopulation des prisons
judicial system	le système judiciaire
a theft	un vol
to witness, a witness	être témoin de, un témoin
to be kept in police custody	être mis en garde à vue
a prisoner, a detainee, an inmate	un prisonnier
to curb crime	éradiquer la criminalité
the death row	le couloir de la mort
a bail	une caution
a scam	une arnaque

L. *Natural disasters* (les catastrophes naturelles)

an earthquake	un tremblement de terre
a tidal wave	un raz de marée
a storm	un orage, une tempête
a hurricane	un ouragan
a tornado, a twister	une tornade
to sweep* away everything in its path	entraîner tout sur son passage
to collapse	s'écrouler
to cause widespread damage	causer des dégâts considérables
heavy/fierce/torrential rain	les pluies fortes/diluviennes
a flood	une inondation
to flood, to swamp	inonder
flood zones	les zones inondables
a dam	un barrage
to drown	(se) noyer, submerger
drought	la sécheresse
a heatwave	une vague de chaleur, une canicule
rubble	les décombres
a mudslide	une coulée de boue
a power outage	une coupure de courant
to rescue	sauver
humanitarian aid	l'aide humanitaire

M. *The economic crisis* (la crise économique)

the slump	la récession
the global economic meltdown	l'effondrement de l'économie mondiale
to cut* jobs	supprimer des emplois
austerity measures	une politique de rigueur
a redundancy plan	un plan social
a stimulus plan	un plan de relance
a downturn	un fléchissement de l'activité
the housing crisis	la crise immobilière
real estate	l'immobilier
a taxpayer	un contribuable
the interest rate	le taux d'intérêt
the small savers	les petits épargnants
to take* out a loan	faire un emprunt
a bankruptcy	une faillite
to boost growth	stimuler la croissance
to make* a profit	réaliser des bénéfices
to rocket	monter en flèche

N. *Religion* (la religion)

a Christian	un chrétien
Jewish, a Jew	juif, un juif
a Muslim	un musulman
the freedom of worship	la liberté de culte
secularism	la laïcité
to practice one's religion	pratiquer sa religion
to don a veil	porter un voile
bigotry	le fanatisme
fundamentalism	l'intégrisme
to radicalize	se radicaliser
faith	la foi
the Arab spring	le printemps arabe
a popular uprising	un soulèvement du peuple
protests, marches, demonstrations	des manifestations
terrorist attacks	des attentats terroristes
the casualties	les victimes

2. Les faux amis

Les faux amis sont des mots anglais dont on pense pouvoir deviner le sens du fait de leur ressemblance avec des mots français, mais dont ce sens diffère cependant. Il faut les connaître.

to abuse	insulter, injurier
to achieve	réaliser
actual	réel
an affair	une aventure amoureuse
an agenda	un programme, un ordre du jour
an alien	un étranger
to apologize	s'excuser
an application	une candidature
an argument	une dispute, un argument
to assume	supposer que
to attend	assister à
a ballot	un scrutin
caution	la prudence
chance	le risque, le hasard
change	la petite monnaie
a character	un personnage
to charge	faire payer
circulation	le tirage d'un journal, la diffusion
a college	une université
to commit to	s'engager, s'impliquer
to complete	finir, achever
a crime	un délit, une infraction
current	actuel
currently	actuellement
a defendant	un inculpé, un accusé
to demand	exiger
to deserve	mériter
to discharge	renvoyer, licencier
dramatic	spectaculaire
economic	qui se rapporte à l'économie
economical	qui permet d'économiser
to enervate	affaiblir

eventually	finalement
an evidence	une preuve
facilities	les équipements, les installations
a fault	un défaut, une anomalie
to fix	réparer
global	mondial, universel
hazard	le danger, le risque
an issue	un problème, un numéro de magazine
a lecture	une conférence, un sermon
a novel	un roman
oil	le pétrole
to pass an exam	réussir un examen
political	politique (adj.)
politics	la politique au sens large
a prejudice	un préjugé
the premises	les locaux
to respond	réagir
a résumé	un CV
to resume	reprendre, continuer
sensible	raisonnable, sensé
a stranger	un inconnu
traffic	la circulation
will	la volonté

3. Les mots à l'orthographe trompeuse

L'orthographe en anglais, comme en français, est un élément qu'il ne faut pas sous-estimer. Les mots qui suivent sont régulièrement « écorchés » dans les copies. Les correcteurs apprécient une orthographe soignée. C'est un élément majeur qui peut faire la différence avec les autres candidats.

an address	une adresse
afraid	effrayé
aggressive	agressif
although	bien que
an apartment	un appartement
authority	l'autorité
baggage	un bagage
a beginning	un début
being	*be + -ing*
comfortable	confortable
a connection	une connexion, une correspondance
cotton	le coton
dance	la danse
defence	la défense
definitely	sans aucun doute
democracy	la démocratie
to denounce	dénoncer
developed, developing	développé, en développement
a development	un développement
dysfunctional	dysfonctionnel, à problèmes
economically	économiquement
an engineer	un ingénieur
an envelope	une enveloppe
the environment	l'environnement
an example	un exemple
an exercise	un exercice
a function	une fonction
(the) future	le futur (nom), futur (adjectif)
a government	un gouvernement
an improvement	une amélioration
a judge	un juge

a language	une langue
literature	la littérature
to lose*, a loser	perdre, un perdant
loose	lâché, desserré
a marriage	un mariage
a means of	un moyen de
a millionaire	un millionnaire
to move	bouger
a movie	un film
necessarily	nécessairement
a negotiation	une négociation
personal	personnel
personally	personnellement
politically	politiquement
a politician	un politicien
the responsibility	la responsabilité
the sense	le sens, la raison
a speech	un discours
successful	qui réussit, brillant
traffic	la circulation
unemployment	le chômage

4. Les verbes prépositionnels et verbes à particules

La langue anglaise est riche en verbes prépositionnels et à particules. Il faut connaître les principaux d'entre eux et les apprendre par cœur. On ne peut pas deviner la préposition, la particule ou l'absence des deux en anglais et il existe, malheureusement, peu de cas de correspondance avec le français.

A. Les prépositions

a. Quelques prépositions courantes

above	au-dessus de
across	à travers, de l'autre côté
along	le long de
among	parmi
around	autour de
at	à
behind	derrière
below	au-dessous de
between	entre
down	en bas de, vers le bas
from	(en provenance) de
in	dans
in front of	en face de
into	dans
near, close to, by	près de
next to	à côté de
off	au large de, éloigné
on	sur, dans (un bus, un train)
opposite	en face de
over	par-dessus, au-dessus
to	à
towards	vers
under	sous
up	en haut de, vers le haut de

b. *In* ou *into* ?

On utilise *in* (dans) quand on localise quelqu'un ou quelque chose.

Exemple : *He's **in** the kitchen.* (Il est dans la cuisine.)

On utilise *into* (dans) pour indiquer que l'on pénètre dans un lieu.

Exemple : *Someone went **into** my bedroom when I wasn't **in**.* (Quelqu'un est entré dans ma chambre alors que je n'y étais pas.)

c. *At* ou *to* ?

On utilise *at* (à) quand il n'y a pas de mouvement.

Exemple : *They're **at** school.* (Ils sont à l'école.)

On utilise *to* (à) quand il y a mouvement, déplacement d'un point vers un autre.

Exemple : *They're going **to** school.* (Ils vont à l'école.)

d. *To* ou *from* ?

On utilise *from* (de) quand on se réfère à la provenance, à l'origine.

Exemple : *She's **from** London.* (Elle est de Londres.)

On utilise *to* (de) quand on se réfère à la direction, à la destination.

Exemple : *I saw him on the train **to** London.* (Je l'ai vu dans le train de [qui allait à] Londres.)

e. Les prépositions de temps

after	après
at	à (+ heure)
before	avant
during	pendant
for	pendant, depuis (voir leçon)
from	à partir de
in	en
on	le (+ jour)
since	depuis (voir leçon, p. 246)
still	encore
until	jusqu'à
within	en, avant

Exemples : *We worked **from** eight **to** twelve.* (Nous avons travaillé de huit heures à midi.)

f. Autres prépositions

about	à propos de
as	en tant que
because of	à cause de
by	par
except for	excepté
for	pour
instead of	au lieu de
like	comme
thanks to	grâce à
with	avec

g. Rejet de la préposition en fin de phrase

Dans les ***wh***-questions et les propositions relatives, la préposition est le plus souvent séparée de son complément et rejetée en fin de phrase.

Exemples : *What are you looking* ***at****?* (Qu'est-ce que tu regardes ?)

Who does she usually go to the cinema ***with****?* (Avec qui va-t-elle au cinéma habituellement ?)

I know the man you're writing ***to****.* (Je connais l'homme à qui tu écris.)

h. Différences d'usage des prépositions entre l'anglais et le français

L'usage des prépositions en anglais et en français est tellement différent qu'il faut se référer au dictionnaire le plus souvent possible et apprendre par cœur ces variations d'usage d'une langue à l'autre, au cas par cas.

Il existe plusieurs configurations, en voici quelques exemples.

Verbes prépositionnels anglais	Verbes simples français
approve of	approuver
comment on	commenter
cut down on	réduire
listen to	écouter
look for	chercher
pay for	payer

Verbes simples anglais	Verbes prépositionnels français
address	s'adresser à
answer	répondre à
discuss	discuter de
enter	entrer dans
need	avoir besoin de
obey	obéir à
phone	téléphoner à
remember	se souvenir de
trust	faire confiance à
use	se servir de

Mots anglais avec prépositions A	Mots français avec prépositions B
Verbes	
consist in/of	consister à
depend on	dépendre de
live on	vivre de
look after	s'occuper de
look like	ressembler à
speak about	parler de
suffer from	souffrir de
think about/of	penser à
Expressions	
at night	la nuit
in the morning/afternoon/evening	le matin/l'après-midi/le soir
in the rain	sous la pluie
in the sun	au soleil
on foot	à pied
Adjectifs	
good/bad at	bon, mauvais en
happy with	heureux de
interested in	intéressé par
nice to	gentil avec
responsible for	responsable de

B. Les verbes prépositionnels et verbes à particules

a. Prépositions et particules adverbiales

Les prépositions et les adverbes sont *a priori* deux catégories grammaticales différentes. Cependant certaines prépositions anglaises peuvent être utilisées comme particules adverbiales.

RAPPEL DU FORMATEUR

Une préposition est suivie d'un complément d'objet (comme son nom l'indique, une **pré**position précède quelque chose), tandis qu'une particule adverbiale n'a pas de complément d'objet.

Exemples : *He stayed* ***in*** *his room all day long.* (Il est resté dans sa chambre toute la journée.) [*In* est une préposition qui introduit le COD *his room.*]

He ***stayed in*** *all day long.* (Il est resté chez lui toute la journée.) [*In* n'a pas de COD ; c'est une particule adverbiale.]

b. Verbes prépositionnels et verbes à particules

En anglais, de très nombreux verbes peuvent être associés à des prépositions ou à des particules adverbiales, et doivent même parfois l'être en fonction du sens.

Verbe prépositionnel	***Look at*** *this painting!* (Regarde ce tableau !)	***Look at*** *it!* (Regarde-le !)	*Who is* ***look****ing* ***at*** *it?* (Qui le regarde ?)
Verbe à particule	***Put on*** *your scarf!* ou ***Put*** *your scarf* ***on****!* (Mets ton écharpe !)	***Put*** *it* ***on****!* (Mets-la !)	*Who must* ***put*** *it* ***on****?* (Qui doit la mettre ?)

Les possibilités de construction diffèrent selon la nature du second mot : préposition ou particule adverbiale.

RAPPEL DU FORMATEUR

Les verbes prépositionnels et les verbes à particule doivent s'apprendre par cœur, comme du vocabulaire.

5. Les principaux verbes irréguliers anglais

Il faut absolument revoir les verbes irréguliers, que vous avez certainement déjà appris lors de vos études secondaires. Il est courant que des candidats conjuguent mal des verbes irréguliers à l'écrit comme à l'oral : ce sont des **fautes particulièrement pénalisantes.**

N'oubliez pas non plus que les verbes irréguliers constituent une grande « banque » de vocabulaire. Il existe **environ 250 verbes irréguliers**, dont une centaine figure ci-dessous. **Certains de ces verbes sont d'un usage très courant** (*eat, drink, buy, go, come, see, sleep, do…*).

Il faut apprendre ces verbes par cœur et savoir les prononcer.

Ils sont, en général, **signalés par un astérisque**, comme c'est le cas dans cet ouvrage.

RAPPEL DU FORMATEUR

Sont appelés verbes irréguliers les verbes qui ne forment pas leur prétérit et leur participe passé comme les autres verbes lexicaux.

Base verbale	Prétérit	Participe passé	
Groupe 1 : les trois formes sont identiques			
bet	***bet***	***bet***	parier
burst	***burst***	***burst***	éclater
cost	***cost***	***cost***	coûter
cut	***cut***	***cut***	couper
hit	***hit***	***hit***	frapper
hurt	***hurt***	***hurt***	blesser, faire mal
let	***let***	***let***	permettre
put	***put***	***put***	mettre
shut	***shut***	***shut***	fermer
spread	***spread***	***spread***	(s')étendre, (se) répandre
Groupe 2 : l'infinitif et le participe passé sont identiques			
become	***became***	***become***	devenir
come	***came***	***come***	venir
run	***ran***	***run***	courir
Groupe 3 : le prétérit et le participe passé sont identiques			
bend	***bent***	***bent***	plier, se pencher
bleed	***bled***	***bled***	saigner
bring	***brought***	***brought***	apporter

build	***built***	***built***	construire
burn	***burnt****	***burnt****	brûler
buy	***bought***	***bought***	acheter
catch	***caught***	***caught***	attraper
dig	***dug***	***dug***	creuser
dream	***dreamt****	***dreamt****	rêver
feed	***fed***	***fed***	(se) nourrir
feel	***felt***	***felt***	sentir
fight	***fought***	***fought***	se battre
find	***found***	***found***	trouver
get	***got***	***got***	obtenir, devenir
hang	***hung*****	***hung*****	suspendre
have	***had***	***had***	avoir, prendre
hear	***heard***	***heard***	entendre
hold	***held***	***held***	tenir
keep	***kept***	***kept***	garder
kneel	***knelt***	***knelt***	être à genoux, s'agenouiller
lay	***laid***	***laid***	poser à plat, mettre
lead	***led***	***led***	mener
learn	***learnt****	***learnt****	apprendre
leave	***left***	***left***	partir
lend	***lent***	***lent***	prêter
light	***lit***	***lit***	allumer, éclairer
lose	***lost***	***lost***	perdre
make	***made***	***made***	faire
mean	***meant***	***meant***	signifier
meet	***met***	***met***	rencontrer
pay	***paid***	***paid***	payer
read	***read [red]***	***read [red]***	lire
say	***said***	***said***	dire
seek	***sought***	***sought***	chercher
sell	***sold***	***sold***	vendre
send	***sent***	***sent***	renvoyer
shine	***shone***	***shone***	briller

* Il existe une forme régulière : *burned*, *dreamed*, *learned*.

** *Hang*, *hanged*, *hanged* (pendre quelqu'un).

shoot	***shot***	***shot***	tirer, viser
sit	***sat***	***sat***	être assis
sleep	***slept***	***slept***	dormir
smell	***smelt***	***smelt***	sentir
spell	***spelt***	***spelt***	épeler
spend	***spent***	***spent***	dépenser, passer du temps
spoil	***spoilt***	***spoilt***	gâcher, gâter
stand	***stood***	***stood***	être debout
stick	***stuck***	***stuck***	coller
sweep	***swept***	***swept***	balayer
teach	***taught***	***taught***	apprendre
tell	***told***	***told***	dire, raconter
think	***thought***	***thought***	penser, croire, réfléchir
understand	***understood***	***understood***	comprendre
win	***won***	***won***	gagner
Groupe 4: toutes les formes sont différentes			
Schéma i – a – u			
begin	***began***	***begun***	commencer
drink	***drank***	***drunk***	boire
ring	***rang***	***rung***	sonner, téléphoner
sing	***sang***	***sung***	chanter
sink	***sank***	***sunk***	couler, s'enfoncer
swim	***swam***	***swum***	nager
Tous les autres schémas			
awake	***awoke***	***awoken***	s'éveiller
be	***was/were***	***been***	être
bear	***bore***	***born***	supporter
bite	***bit***	***bitten***	mordre
blow	***blew***	***blown***	souffler
break	***broke***	***broken***	casser
choose	***chose***	***chosen***	choisir
do	***did***	***done***	faire
draw	***drew***	***drawn***	dessiner
drive	***drove***	***driven***	conduire
eat	***ate***	***eaten***	manger
fall	***fell***	***fallen***	tomber

fly	***flew***	***flown***	voler
forbid	***forbade***	***forbidden***	interdire
forget	***forgot***	***forgotten***	oublier
forgive	***forgave***	***forgiven***	pardonner
freeze	***froze***	***frozen***	geler
give	***gave***	***given***	donner
go	***went***	***gone***	aller
grow	***grew***	***grown***	grandir, faire pousser
hide	***hid***	***hidden***	cacher
know	***knew***	***known***	connaître
lie	***lay***	***lain***	être étendu, s'étendre
ride	***rode***	***ridden***	aller à cheval, bicyclette
rise	***rose***	***risen***	s'élever, se lever
see	***saw***	***seen***	voir
shake	***shook***	***shaken***	secouer
show	***showed***	***shown***	montrer
speak	***spoke***	***spoken***	parler
steal	***stole***	***stolen***	voler
swear	***swore***	***sworn***	jurer
take	***took***	***taken***	prendre
throw	***threw***	***thrown***	jeter, lancer
wake	***woke***	***woken***	réveiller
wear	***wore***	***worn***	porter (sur soi)
write	***wrote***	***written***	écrire

Anglais. Entraînements

SUJET N° 1

Énonce

❶ Could you _____ the name of the street again, please?

A. tell me B. say me

C. tell to me D. say to me

❷ We really _____ stay out too late tonight if we have to get up early tomorrow morning.

A. haven't to B. shouldn't to

C. shouldn't D. shouldn't have to

❸ Given how busy the team is, we can _____ consider employing extra staff.

A. eventually B. finally

C. possibly D. may be

❹ I've been watching the _____ every day since the election.

A. actualities B. informations

C. newspaper D. news

❺ I suggested that she _____ the keys with her neighbour.

A. lets B. leaves

C. let D. leave

❻ The Canadian and American accents aren't as _____ one would think.

A. similar to B. similar than

C. similar as D. similar like

❼ He's a very close friend _____.

A. of me B. of myself

C. to me D. of mine

❽ I look forward to _____ from you soon. Best regards, Jonathan.

A. seeing B. hearing

C. reading D. writing

9 The university is quite _____ the train station.

A. near from
B. next to
C. close to
D. nearby

10 I'd been living in Boston _____ three months _____ I found a job.

A. since / when
B. during / then
C. over / until
D. for / before

11 There _____ far too _____ to absorb in just one lesson.

A. was / much information
B. were / much informations
C. were / many informations
D. was / many information

12 We _____ live in Ireland, so we _____ speaking English.

A. used to / used to
B. are used to / used to
C. are used to / are used to
D. used to / are used to

13 The house was worth several _____ after the renovations.

A. millions euros
B. million euros
C. millions of euros
D. million of euros

14 How _____ is the wait to get an appointment?

A. long
B. much time
C. many times
D. long time

15 Her nutritionist recommended that she _____ drinking green tea instead of coffee.

A. should start
B. must start
C. starts
D. start

16 The students _____ half the units in the book for the maths exam.

A. worked on
B. worked at
C. worked for
D. worked

17 The boss _____ show the new staff around the office.

A. would like that you
B. would like you to
C. would like for you to
D. would like that you to

18 She would have failed her driving test if she _____ a parallel park between two cars.

A. had had to do
B. would have had to do
C. had to do
D. would have done

19 The women's products have been selling well, _____ the men's have been disappointing.

A. despite that
B. whereas
C. nevertheless
D. in spite of

20 Despite the sales period, there are _____ customers than usual.

A. less B. lesser

C. few D. fewer

21 Is that the assistant _____ works with Daniel?

A. which B. who

C. what D. whom

22 Having been rather lazy at school, Jane decided she would _____ once she started university.

A. make an effort B. do an effort

C. make efforts D. do efforts

23 _____ this photograph, we see the king _____ the end of his reign.

A. On / in B. At / to

C. In / at D. To / on

24 I _____ a conference call at _____.

A. am having / 3 o'clock pm B. have / 3 pm

C. will have / fifteen o'clock D. am going to have / fifteen

25 Yesterday, _____ the earnings to our client's UK bank account.

A. I've transferred B. I transferred

C. I was transferring D. I had transferred

Corrigé

1. A.
2. C.
3. C.
4. D.
5. C.
6. C.
7. D.
8. B.
9. C.
10. D.
11. A.
12. D.
13. C.
14. A.
15. A.
16. A.
17. B.
18. A.
19. B.
20. A.
21. B.
22. A.
23. C.
24. B.
25. B.

SUJET N° 2

Énoncé

1 He ___ play tennis every week. He no longer has time.

A. was used to B. used

C. used to D. was used

2 I think most young people ___ to learn English.

A. need B. are needing

C. will needing D. will have needed

3 Youngsters today like computer games so books aren't ___ presents.

A. as fashionable than B. as fashionable as

C. as fashionable D. more fashionable as

4 A friend of ___ called yesterday but ___ didn't leave a message.

A. you / she B. you / her

C. yours / she D. yourself / hers

5 We ___ dinner when the doorbell ___.

A. had / rang B. were having / rang

C. were having / was ringing D. had / has rung

6 You ___ cross the road before looking both ways.

A. must B. mustn't

C. should D. don't have to

7 If you don't want to be late, you ___ take so long getting ready.

A. won't B. don't

C. shouldn't D. couldn't

8 The classroom is empty, there ___ left.

A. is no one B. are nobody

C. isn't someone D. aren't anyone

9 I am looking forward to ___ you again.

A. seeing B. my seeing

C. see D. can see

⑩ ___ she likes English, she prefers Spanish.

A. However B. Although

C. But D. When

⑪ ___ outside the cinema, a car crashed into another one.

A. As we were waiting B. When we waited

C. As soon as we waited D. Until we waited

⑫ I'm sorry, but I don't understand what you ___. Can you say it again, please?

A. tell B. know

C. mean D. talk

⑬ He went to America ___ three months ___ winter.

A. during / the B. for / during

C. for / last D. last / during

⑭ I don't think the weather ___ better next week.

A. won't be B. will be

C. be D. is

⑮. I haven't heard from Susan for ages. I wonder ___.

A. what she like B. how is she

C. how she is D. how does she

⑯ I always leave early for class ___ there is a lot of traffic.

A. spite B. despite

C. in case D. in spite of

⑰ We ___ go out during the week because we get so much homework.

A. almost ever B. hardly never

C. hardly ever D. ever

⑱ That chair ___ comfortable. Can I try it?

A. looks B. looks like

C. is like D. like

⑲ Your neighbor in class is the person who sits ___ you?

A. next B. next to

C. close D. beside to

⑳ These questions are all difficult, some ___ others.

A. as many as B. so much as

C. many more than D. much more than

21 If the weather remains good we ____ to the park to play on the swings.

A. might have gone
B. will might go
C. may go
D. go

22 ____ many people own microwave ovens not all of them understand how they work.

A. Despite of
B. In spite of
C. Even though
D. Nonetheless

23 Everyone left the lecture hall after ____ to the speech.

A. to listen
B. to have been listening
C. to have listened
D. listening

24 Excuse me, waiter. Can you bring me the ____, please?

A. note
B. money
C. bill
D. account

25 Choosing friends for some students is easy ____ others find it very difficult.

A. so that
B. in which
C. whereas
D. that can

Corrigé

❶ **C.** *Used to* renvoie à un passé totalement révolu et correspond à « avant, autrefois... ». On compare avec le présent, la situation aujourd'hui.

❷ **A.** *To need* (avoir besoin de) ne s'utilise pas au présent en *be + -ing*.

❸ **C.** Attention, il faut changer la fin de la phrase pour que la bonne réponse soit *as fashionable as they used to be. As fashionable as* équivaut à un comparatif d'égalité « aussi à la mode qu'autrefois ».

❹ **C.** Attention, « un de mes amis » : *a friend of* ***mine***; « un ami de Sophie » : *a friend of* ***Sophie's***, etc.

❺ **B.** Nous dînions quand la sonnette retentit.

❻ **B.** *Must* pour exprimer l'obligation.

❼ **C.** *Shouldn't* pour exprimer le conseil « tu ne devrais pas ».

❽ **A.** Seule possibilité ou *there isn't anybody left.*

❾ **A.** *Look forward to* (être très impatient de) est suivi d'une base verbale en *-ing*.

❿ **B.** *Although* : bien que.

⓫ **A.** *Idem* question 5.

⓬ **C.** *What you mean* : ce que tu veux dire.

⓭ **C.** *Last* nous oblige à utiliser le prétérit *went* malgré *for three months* qui pourrait entraîner un *present perfect*.

⓮ **B.** *Will* avec *next year.*

⓯ **C.** Je me demande comment elle va. Attention à l'ordre des mots *how she is* au discours indirect.

⓰ **C.** *In case* : au cas où.

⓱ **B.** *Hardly* signifie « presque pas, à peine », mot à sens négatif.

⓲ **A.** Attention, ne pas confondre *to look* + adjectif (sembler, paraître) et *to look at* (regarder).

⓳ **B.** *Next to something/somebody* : à côté de quelque chose/quelqu'un.

⓴ **D.** *Much* est obligatoire avec *difficult*, alors que *many* est impossible (s'utilise devant les noms dénombrables au pluriel seulement).

㉑ **C.** *May* exprime la possibilité.

㉒ **C.** *Even though* : bien que.

㉓ **D.** S'il y a un verbe après une préposition, *after listening*, il est nécessairement en *-ing*.

㉔ **C.** *The bill* : la note, l'addition.

㉕ **C.** *Whereas* : tandis que.

SUJET N° 3

Énoncé

1 Would you mind ___ a few questions for our survey?

A. to answer
B. answer
C. answering
D. answered

2 What have we ___? Let me listen to that again.

A. hear
B. here
C. ear
D. heir

3 He ___ wearing a suit and tie to go to work in the office.

A. used to
B. is use to
C. has used to
D. is used to

4 ___ the huge crowd of people, I managed to see the Prime Minister as he ___ 10 Downing Street.

A. In spite / left
B. Although / was leaving
C. Despite / was leaving
D. Regardless / left

5 If we ordered the new machine today, ___ install it next Monday?

A. would you able to
B. would you be able to
C. will you able to
D. will you be able to

6 The Taj Mahal is ___ monuments in the world.

A. one of the most romantic
B. the most romantic
C. the one most romantic
D. the more romantic

7 Choisir la bonne traduction : « Il n'existe pas de solution à ton problème. »

A. It doesn't exist any solution to your problem.
B. It exists no solution to your problem.
C. There isn't any solutions to your problem.
D. There's no solution to your problem.

8 Susan ___ her shopping every weekend ___ her local supermarket.

A. is doing / in
B. has done / at
C. do / in
D. does / at

9. The manager decided to ____ the contract with the subcontractor.

A. break out
B. break off
C. break of
D. break through

10. If people watched ____ violence on TV, there would be ____ crimes.

A. fewer / less
B. less / fewer
C. less / less
D. fêter / fewer

11. I have just met the two new students. ____ both very nice.

A. They're
B. There're
C. Their
D. There

12. She said she ____ never come back again ____ was very surprising.

A. will / who
B. would / which
C. has / that
D. would / what

13. The new project cost the company ____.

A. twenty-two millions euros
B. twenty-two million of euros
C. twenty-two millions of euros
D. twenty-two million euros

14. Jane and her family ____ from London to Paris ____.

A. were moving / since five years
B. moved / five years ago
C. have moved / five years ago
D. are moved / for five years

15. Choisir la bonne traduction : « Combien de temps faut-il pour aller de Paris à Londres ? »

A. How many times it takes to go from Paris to London?
B. How much time it takes to go from Paris to London?
C. How long does it take to go from Paris to London?
D. How long it takes to go from Paris to London?

16. You mustn't forget ____ a present. It's Elisabeth's birthday tomorrow.

A. buy
B. buying
C. to buy
D. to buying

17. Choisir la bonne traduction : « Paul n'est pas allé au cinéma depuis un mois. »

A. Paul hasn't gone at the cinema since a month.
B. Paul hasn't gone at the cinema for a month.
C. Paul hasn't been to the cinema for a month.
D. Paul hasn't been to the cinema since a month.

18. It's high time politicians ____ that today people don't believe all ____ they say.

A. realised / what
B. realise / what
C. are realising / that
D. realised / that

19 The new manager would like ___ how this software works.

A. his assistant to show him
B. that his assistant shows him
C. his assistant shows him
D. that his assistant will show him

20 Finding new sources of water will be a challenge populations ___ in the future.

A. who I has to meet
B. whom I have to meet
C. what I will have to meet
D. which I will have to meet

21 After the accident, Barbara ___.

A. was to make her car repaired
B. had to make her car repaired
C. had to have her car repaired
D. had to made her car repaired

22 I appreciate your comments, as I think that constructive ___ is always positive.

A. critic
B. criticism
C. critical
D. criticize

23 The goods ___ delivered ___ two weeks, if you don't want to pay penalty fees.

A. must been / by
B. must to be / until
C. must have been / at
D. must be / within

24 You lied to me when you ___ on time.

A. say you arrived
B. said you had arrived
C. have said you arrived
D. said you have arrived

25 If the police ___ just a few minutes earlier, they ___ the bank robbers.

A. arrived / catch
B. arrives / would catch
C. had arrived / would have caught
D. arrived / will catch

Corrigé

❶ **C.** Base verbale en *-ing* après *would/do you mind.*

❷ **B.** *Here* = ici (*hear* = entendre, *ear* = oreille et *heir* = héritier).

❸ **D.** *Be used to* + *-ing* = avoir l'habitude de.

❹ **C.** *Despite* = malgré (équivalent d'*in spite of*) + prétérit avec *be* + *-ing* (*was leaving*) pour décrire l'action dans le passé.

❺ **B.** Conditionnel avec *would* dans la principale quand la subordonnée est introduite par *if*; *be able to* = pouvoir.

❻ **A.** *One of the most* + adjectif + nom au pluriel (*monuments*): « l'un des monuments les plus romantiques ».

❼ **D.** *There is* = il y a, suivi d'un singulier (*no solution*). Devant *any solutions*, il y aurait *there aren't.*

❽ **D.** Présent simple à la 3e personne du singulier (*does*) pour une action habituelle (*every weekend*).

❾ **B.** *Break off* = rompre, *break out* = se déclarer, *break through* = enfoncer, percer (*break of** n'existe pas).

❿ **B.** *Less* (moins) devant le nom indénombrable *violence* et *fewer* (moins) devant le nom dénombrable pluriel « crimes ».

⓫ **A.** *They're* = ils/elles sont, *their* = adjectif possessif « le/la/les leurs », *there* = adverbe « là-bas », *there is* ou *there are* = il y a (*there're** n'existe pas).

⓬ **B.** On emploie le conditionnel avec *would* après le prétérit *she said* (*idem* en français). *Which* est le pronom de reprise pour « ce qui/que ». *What*, « ce qui/que », se place en début de phrase, il annonce quelque chose.

⓭ **D.** Il n'y a jamais de « s » à *hundred, thousand, million*, etc. s'il y a un chiffre ou un nombre qui le précède. On dit en revanche *millions of...* pour « des millions de... ».

⓮ **B.** *Five years ago* = il y a cinq ans + prétérit simple (*moved*) pour une date passée.

⓯ **C.** On emploie *how long* pour traduire « combien de temps ». On suit ensuite l'ordre habituel des mots dans une question au présent simple : *do/does* + sujet + verbe.

⓰ **C.** L'expression *(not) to forget to do something*, ([ne pas] oublier de faire quelque chose) est suivie de *to* + base verbale.

⓱ **C.** *For a month* exprime une durée (depuis un mois). On a ensuite le *present perfect* de *to go to a place* (aller quelque part).

⑱ **D.** Après l'expression *it's high time*, on a le prétérit simple (*realised*) et le pronom relatif *that* (que). Ici, *what* est impossible (voir question 12).

⑲ **A.** Proposition infinitive obligatoire avec *would like somebody to do something.*

⑳ **D.** Pronom relatif *which* (comme *that*). On ne peut pas employer *what* (voir question 12). On a un futur (*will*) dû à *in the future.*

㉑ **C.** *Had to*, prétérit de *have to* (devoir), et *to have something done* (faire faire quelque chose). Cette structure est différente de *to make somebody do something* (faire faire quelque chose à quelqu'un).

㉒ **B.** *Criticism* = critique (constructive) ; *critical* est l'adjectif, *criticize*, le verbe et *critic* = un critique.

㉓ **D.** *Must* : un modal doit être suivi d'une base verbale, ici *be* ; *within* pour « avant/dans les deux semaines ».

㉔ **B.** Concordance des temps : prétérit de *said* pour « tu m'as menti » (*you lied*) quand tu m'as dit (*you said*) + past perfect avec *had arrived* (concordance des temps identique en français).

㉕ **C.** Concordance des temps identique au français ici aussi : *if + past perfect (had arrived)* suivi du conditionnel passé *would have caught.*

Anglais. Sujets blancs corrigés

SUJET N° 1 : Anglais

DURÉE : 1 HEURE

1 He ________ climb the wall and he escaped.
A. managed
B. could
C. can
D. was able to

2 You should start working now ________ pass those exams in March.
A. if you are to
B. to be to
C. if you are able to
D. should you

3 Most children like eggs, but mine ________.
A. don't
B. not
C. no
D. aren't

4 ________ electoral campaign promises are forgotten, ________.
A. The quickest / the best
B. Quickest / the best
C. Quicker / the better
D. The quicker / the better

5 She will start next week and ________.
A. so will John
B. so John will
C. John will also
D. John also will

6 It is a pity that ________ his two sons has been capable of really understanding him.
A. neither of
B. either of
C. both
D. none of

7 She ________ often pause and accept comments.
A. used to
B. was used to
C. would
D. made

8 ________ nice of you to look after Jane while we are away.
A. Such
B. How
C. What
D. So much

9 Your daughter will see it as clearly as I do, when you ________ her.
A. will tell
B. would tell
C. told
D. tell

⑩ There is nothing like solidarity! It is the only thing worth ________.

A. to know
B. knowing
C. to be known
D. of knowing

⑪ The sale of company shares is expected to begin ________ days.

A. within
B. with
C. in
D. whereas

⑫ It is believed that Devon has also ________ talks with a large media company.

A. help
B. held
C. head
D. hear

⑬ Millions have been paid out in pensions to ________ politicians in recent years.

A. informer
B. former
C. reformed
D. formed

⑭ He was jailed for 6 months for ________ claiming expenses.

A. fraud
B. fraudulence
C. fraudulent
D. fraudulently

⑮ In ________ he realized he had made a mistake.

A. respect
B. circumspect
C. disrespect
D. retrospect

⑯ The change would come ________ effect as soon as possible.

A. to
B. into
C. at
D. by

⑰ The meeting was due to ________ the following day.

A. restart
B. restate
C. resume
D. restore

⑱ The ________ Is now under full investigation by the police.

A. matter
B. material
C. mate
D. mater

⑲ Every effort was made to ________ the young man's identity.

A. lifeguard
B. rearguard
C. safeguard
D. unguard

⑳ It was one of the most ________ situations he had ever encountered.

A. stressful
B. stressfull
C. stressfully
D. stress

㉑ He knew he would have to knuckle down if he ________ to do well in his exam.

A. would have
B. was
C. had
D. is

㉒ ________ the height of his powers he held a string of prestige properties across the globe.

A. Since
B. For
C. At
D. From

23 It was a ________ decision and one he would always regret.

A. rush
B. rusher
C. rare
D. rash

24 The respected lawyer was ________ From driving for one year.

A. banned
B. banning
C. panned
D. panning

25 There was ________ Public reaction to the situation.

A. reverse
B. converse
C. adverse
D. advert

26 Latest news reports suggested that another terrorist attack was ________ likely.

A. hugely
B. highly
C. holy
D. higher

27 Due to their circumstances they were both granted legal ________.

A. aids
B. aide
C. help
D. aid

28 Having travelled for many hours they were ________ the end of their journey.

A. nearby
B. nearly
C. nearing
D. neared

29 There would most definitely be an ________ into the matter.

A. inquisition
B. inquiry
C. inquires
D. inquire

30 ________ company is in talks to sell its 50% stake in the Financial magazine for up to £700m.

A. The
B. A
C. ________
D. Some

31 « Fermez la porte quand vous partirez » se traduit par :

A. You must shut the door when you will leave
B. Shut the door when you will leave
C. Close the door when you leave
D. Close the door when you will leave

32 « We shan't go further into the matter » signifie :

A. Nous n'approfondirons pas plus dans la question
B. Nous ne devons pas aller plus loin dans la boue
C. Nous n'irons pas davantage dans la matière
D. Nous ne développerons pas

33 Dans « He's a clever one », le synonyme de « clever » est :

A. Brilliant
B. Genius
C. Hard-working
D. Smart

34 Dans « The policeman waved the car down », « waved (...) down » signifie :

A. fit tomber en secouant
B. siffla pour s'arrêter
C. stoppa net
D. fit signe de s'arrêter

35 « Tantalizing » signifie :

A. Effrayant
B. Terriblement attirant
C. Destructeur
D. Productif

36 « 22 h 50 » se traduit par :

A. Ten to eleven pm
B. Fifty past ten am
C. Fifty past ten pm
D. Ten to eleven am

37 ________'s been eating my porridge?

A. Who
B. Whose
C. Whoose
D. When

38

A. Two men play music
B. Both men are playing music
C. The two played music
D. Both are at a concert

39

A. They have eaten at the restaurant
B. They ate at the restaurant
C. They are about to eat
D. They will eat

40

A. The dog is going to sleep
B. The dog has slept for some time
C. The dog has been sleeping for some time
D. The dog is about to sleep

Corrigé

1. D
2. A
3. A
4. D
5. A
6. A
7. C
8. B
9. D
10. B
11. A
12. B
13. B
14. D
15. D
16. B
17. C
18. A
19. C
20. A
21. B
22. C
23. D
24. A
25. C
26. B
27. D
28. C
29. B
30. A
31. C
32. A
33. D
34. D
35. B
36. A
37. A
38. B
39. C
40. C

SUJET N° 2 : Anglais

DURÉE : 1 HEURE

Énonce

1 I ________ decided to stop arguing with her.

A. personally
B. personnaly
C. personnally
D. personaly

2 Politicians and ________ are responsible for the environment.

A. gouvernments
B. gouvernements
C. governments
D. governements

3 ________ size do you take?

A. Wich
B. Witch
C. With
D. Which

4 I need your ________ .

A. advise
B. advice
C. advises
D. advices

5 He ________ won the competition.

A. successfuly
B. sucessfully
C. successfully
D. sucessfuly

6 They don't like to ________.

A. lose
B. loose
C. louse
D. louze

7 Covid 19 hurt more badly ________ countries than rich countries.

A. develloping
B. developing
C. developping
D. diveloping

8 She wishes she ________ rich.

A. is
B. was
C. be
D. were

9 I don't want my children to ________ eating junk food.

A. get used to B. used to
C. use to D. is used to

⑩ ________ he missed his train.

A. Without doubt B. Doubtfully
C. No doubts D. No doubt

⑪ We will visit Spain when the frontiers ________ .

A. open B. opens
C. will open D. shall open

⑫ His mother really ________ his behaviour.

A. disapproves B. disapproves of
C. disapproves for D. disapproves at

⑬ Please, behave ________ in front of your teachers.

A. himself B. themselves
C. yourself D. oneself

⑭ You ________ hurry if you don't want to miss the train.

A. 'd better B. 'd rather
C. should better D. should rather

⑮ ________ more cautious, he wouldn't have caused an accident.

A. Were he B. Was he
C. Had he been D. Would he been

⑯ They all disagreed with his decision to quit and ________, he did it.

A. however B. yet
C. nevertheless D. although

⑰ You really have to make ________ your mind now.

A. up B. -
C. on D. for

⑱ Her doctor told her she ________ go on a strict diet.

A. didn't have to B. needn't
C. needs D. needed

⑲ Charles sees Jane and asks: "What are you doing with all these tools?"

I ________ fix the sink.

A. will
B. am going to
C. am to
D. shall

⑳ £487 + £2,890 + £10,000 = £13,377 How do we write that number?

A. Thirteen thousand three hundred and seventy-seven pounds
B. Thirteen thousands three hundreds and seventy-seven pounds
C. Thirteen thousand three hundred seventy-seven pounds
D. Thirteen thousand and three hundred seventy-seven pounds

㉑ 400 times 2 multiplied by 10 divided by 6 from which I subtract 100 and add 5 equals:

A. 2,238.3
B. 1,238.3
C. 2,338.3
D. 1,338.3

㉒ Choose the word that is closest in meaning to the underlined word:

After all these years of medical school, I can't wait to actually start treating patients.

A. really
B. currently
C. usually
D. sometimes

㉓ Choose the word that is closest in meaning to the underlined word:

Carter believed he was making a sound investment, but it turned out he was deceived.

A. disappointed
B. ill-advised
C. fooled
D. mocked

㉔ Same question: No matter what the cost will be, you must choose it with caution.

A. carefully
B. remotely
C. hopefully
D. thankfully

㉕ Same question: They resumed their conversation after the speech.

A. shortened
B. summarized
C. abandoned
D. took up again

㉖ Choisissez la traduction correcte : « Plus tu insistes, moins j'ai envie de te répondre. »

A. The most you insist, the least I feel like answering.
B. More you insist, less I feel like answering.
C. The more you insist, the less I feel like answering.
D. More and more you insist, less and less I feel like answering.

㉗ Same question: « Bien qu'ils habitent le même immeuble, ils ne se sont pas rencontrés. »

A. Though they've been living in the same building, they haven't met.

B. Though they live in the same building, they don't meet.

C. Despite they live in the same building, they don't meet.

D. Despite they've been living in the same building, they haven't met.

28 Same question: Our children's clothes are, more often than not, made in China.

A. Les vêtements de nos enfants sont très souvent faits en Chine.

B. Les vêtements de nos enfants sont parfois faits en Chine.

C. Les vêtements de nos enfants sont habituellement faits en Chine.

D. Les vêtements de nos enfants sont, la plupart du temps, faits en Chine.

29 Same question: The number of visitors has virtually doubled in one year.

A. Le nombre de visiteurs a littéralement doublé en un an.

B. Le nombre de visiteurs a étrangement doublé en un an.

C. Le nombre de visiteurs a presque doublé en un an.

D. Le nombre de visiteurs a virtuellement doublé en un an.

30 What time is it? 

A. It's nine past ten

B. It's ten past nine

C. It's nine to ten

D. It's ten to nine

Read the following statements carefully. They are linked to the notions studied at school. For each question, only one of them is correct. Pay attention to the information, the grammar and vocabulary. The underlined part will help you.

31 A. A hero can be a mythological figure, a person who is admired for his or her achievements, a superhero or maybe a role model or an icon.

B. A hero must be a mythological figure, a person who is admired for his or her achievements, a superhero or maybe a role model or an icon.

C. A hero should be a mythological figure, a person who is admired for his or her achievements, a superhero or maybe a role model or an icon.

D. A hero will be a mythological figure, a person who is admired for his or her achievements, a superhero or maybe a role model or an icon.

32 A. The ideal of progress can be defined as an improvement, a development or a change.

B. The idea of the progress can be defined as an improvement, a development or a change.

C. The progress can be defined as an improvement, a development or a change.

D. The idea of progress can be defined as an improvement, a development or a change.

33 A. The notion of spaces and exchanges deals with the geographical and symbolic areas that all societies occupy and the interactions between mens and differents societies.

B. The notion of spaces and exchanges deals with the geographical and symbolic areas that all societies occupy and the interactions between men and different societies.

C. The notion of spaces and exchanges deal with the geographical and symbolic areas that all societies occupy and the interactions between men and different societies.

D. The notion of spaces and exchanges deals with the geographical and symbolic areas that all societies occupies and the interactions between men and different societies.

34 A. Power can be the ability or capacity to do something or act in a particular way. It can be also the capacity or ability to direct or influence the behaviour of others or the course of events.

B. Power can be the ability or capacity to do something or act in a particular way. It can also be the capacity or ability to direct or influence the behaviour of others or the course of events.

C. Power can be the ability or capacity to do something or act in a particular way. Also, it can be the capacity or ability to direct or influence the behaviour of others or the course of events.

D. Power can be the ability or capacity to do something or act in a particular way. It can although be the capacity or ability to direct or influence the behaviour of others or the course of events.

35 Read the following advertisement and decide which statement is false.
1 bed / furnished / 50.50 sqm
Exclusive offer: move in by 31 Oct and get a month rent free! This high spec one bedroom apartment is on the 7th floor of this brand new building, Landsby. It faces North with a private balcony overlooking Weaver Walk. Images are from show apartment. £1,960/mth.

A. The rent is below £2000 per month.

B. There is furniture in the flat.

C. It is financially interesting to rent it before 1 Nov.

D. The building in Soho has just been built.

36 Choose the key underlined word that makes the following joke "funny".
A good pun is its own reword.

A. good

B. pun

C. own

D. reword

37 1-Think of a number.

2- Multiply it by 3.

3- Add 6.

4- Divide this number by 3.

5- Subtract the number from Step 1 from the answer in Step 4.

A. the answer is 4

B. the answer is 0

C. the answer is 2

D. the answer is 3

38 Which statement is closest in meaning to the initial statement?

In spite of their parents'prediction, they managed to cope with confining.

A. Though their parents disagreed, they succeeded in facing the situation.

B. They faced the critical situation in order to please their parents.

C. Despite their parents' prediction, they remained confined.

D. Despite what their parents predicted, they succeeded in facing confining.

39 Which statement is closest in meaning to the initial statement?

Great minds think alike.

A. Smart people have the same ideas and opinions.

B. Smart people look alike.

C. Smart people have great minds.

D. Smart people like each others.

40 Which statement is closest in meaning to the initial statement?

No good deed goes unpunished.

A. You mustn't punish a good deed.

B. A good action is always punished.

C. There's no punishment for a good action.

D. A good action is never punished.

Corrigé

1 A
2 C
3 D
4 B
5 C
6 A
7 B
8 D
9 A
10 D
11 A
12 B
13 C
14 A
15 C
16 B
17 A
18 B
19 B
20 A
21 B
22 A
23 C
24 A
25 D
26 C
27 A
28 D
29 C
30 C
31 A
32 D
33 B
34 B
35 D
36 D
37 C
38 D
39 A
40 B

SUJET N° 3 : Anglais

DURÉE : 1 HEURE

Énoncé

❶ We wanted to help him ____ he was so impolite, we decided to leave him alone.

A. yet
B. since
C. although
D. as much

❷ If his brother ____ such a long time looking for a parking space, we ____ on time.

A. didn't waste / would have arrived
B. hasn't wasted / would arrive
C. had not wasted / would have arrived
D. didn't waste / will arrive

❸ My family ____ to this trip to the British museum ____ the end of January.

A. have been looking for / since
B. have been waiting for / for
C. are looking forward / at
D. looking forward / for

❹ Choisir la traduction correcte : « Combien de temps ce test dure-t-il ? »

A. How long lasts this test?
B. How many time is this test?
C. How long does this test last?
D. How much time is this test?

❺ That ladder doesn't look very safe, you ____ to have it ____.

A. ought / repair
B. ought / mended
C. should / mended
D. must / repaired

❻ We would have been able to admire the view a lot better if we had gone to that lake ____.

A. at foot
B. by feet
C. on foot
D. on feet

❼ It's high time they ____ a drink. It is really dangerous to run in this heat.

A. stopped to have
B. stopped having
C. stop to have
D. will stop to have

❽ Due to the fact that we had studied the ____ and ____ situation of the country, we knew what to expect when we arrived.

A. economic / political
B. economic / politics
C. economical / political
D. economic / politic

9 David: "Do you think Jack's sister is going to come to Kate's party tomorrow night?"

Tom: ___

A. I wish no
B. I hope not
C. I hope no
D. I hope that not

10 My neighbour ___ Spanish for more than 6 years but he still doesn't feel he is able to converse in the language.

A. has been studying
B. has been studied
C. studies
D. is studying

11 ___ he receives a few extra points from his other teachers, his final results will ___ this single exam.

A. Furthermore / depend on
B. Unless / depend of
C. Unless / depend on
D. Although / depend on

12 You know that your car pollutes a lot! It doesn't look nice and it's expensive to run! You ___ get rid of it.

A. had better
B. would better
C. should better
D. could better

13 If the passers-by ___ the police, the robber ___ to escape with the money.

A. call / won't
B. haven't called / would have
C. have called / wouldn't
D. hadn't called / would have been able

14 Sue: "Where are you going with that box of tools?"

Sam: ___.

A. I'll repair my car
B. I'm going to repair my car
C. I repair my car
D. I'm repair my car

15 I want you to ___ to the meeting tomorrow. I don't trust him.

A. prevent him to come
B. prevent him coming
C. prevent him from coming
D. prevent him of coming

16 As soon as the guests ___ I want you to ___ me or your boss.

A. will arrive / tell
B. arrived / prevent
C. arrive / prevent
D. arrive / warn

17 If ___ people come to the opening night, I think we will be able to say it has been a success.

A. a few
B. few
C. little
D. much

⓲ ___ the children don't spend all their money at once, they should be able to afford to buy some toys in your shop.

A. Provide
B. Since
C. As long as
D. Condition that

⓳ When you come here ___ Thursday, I would like you to ___ your electric guitar.

A. the / take
B. on / take
C. the / bring
D. Ø / bring

⓴ We weren't able to make the new digital camera work ___ all the ___ he had given us.

A. despite / advises
B. in spite / advice
C. despite / advice
D. in spite of / advise

㉑ Choisir la traduction correcte : « Les conditions de vie dans ce pays sont très rudes. »

A. The conditions of life in this country are very rude.
B. The living conditions in this country are very harsh.
C. The conditions of life in this country are very strong.
D. The living conditions in this country are very rude.

㉒ If this businessman hadn't borrowed ___ he wouldn't have so many problems today.

A. so much money to his friends
B. such money to his friends
C. so much money from his friends
D. his friends so much money

㉓ My best student has decided to ___ his ___ exam on Monday although he hasn't revised a lot.

A. take / economics
B. pass / economical
C. pass / economics
D. take / economy

㉔ Trevor: "I don't know which hat to buy. I like ___."
Albert: "Come on, hurry up and ___!"

A. the both / make up your mind
B. both / decide yourself
C. both of them / make up your mind
D. both of them / you decide

㉕ ___ the dog the bus driver tried to avoid it and crashed into a small tree.

A. When seeing
B. On seen
C. When he has seen
D. Upon seeing

㉖ Look at the clock, it is: 

A. nine past eleven
B. nine to eleven
C. five to two
D. five past two

27 Think of a number, multiply it by 3, add 6, divide this number by 3, subtract the number from step 1 from the answer in step 4. The answer is:

A. 3 B. 2
C. 5 D. 4

28 30 times 2 divided by 4 multiplied by 6 which I subtract 5 and then add 2 equals:

A. 80 B. 92
C. 87 D. 63

29 Which statement is closest in meaning to the initial statement?
He was fined on the spot.

A. He felt good.
B. He was immediately condemned
C. He received a fine at the police station
D. He received a fine where he was.

30 Same question:
The student wasn't sentenced for abuse for he was only impolite.

A. The student probably had a sentence less important.
B. The student abused somebody and was more than impolite.
C. The student didn't commit any crime.
D. The student was not abused.

31 Answer the question below:
"How do you do?"

A. "You're welcome" B. "How do you do?"
C. "I do very well" D. "Be my guest!"

32 Find a synonym for the underlined word:
She's a most <u>sensible</u> person. She will know what to do.

A. sensitive B. shy
C. smart D. reasonable

33 Which statement is closest in meaning to the initial statement?
Though he can't bear soccer, he will watch the match.

A. He hates soccer but he will watch the match all the same.
B. He loves soccer and he will watch the match.
C. Because he likes soccer very much, he will watch the match.
D. He will watch the match for he can't stand soccer.

34 Choose a synonym for the underlined word:
He <u>eventually</u> chose to decline the offer.

A. actually B. at last
C. at once D. in the end

㉟ Same question:
They would <u>realise</u> too late that the offer was over.

A. understand
B. be conscious of
C. know
D. achieve

㊱ You will find a grave in

A. a museum
B. a school
C. a churchyard
D. a garden

㊲ Choose the sentence that is closest in meaning to the initial statement:
J'aimerais mieux ne pas recommencer.

A. I'd better not do it again.
B. I'd rather not do it again.
C. I'd better do it not again.
D. I'd rather do it not again.

㊳ Same question
Autrefois, ils vivaient en Inde.

A. They used to live in India.
B. Before, they lived in India.
C. They were living in India.
D. They lived in India.

㊴ Same question:
Plus il insiste pour l'avoir, moins il a de chances de l'obtenir.

A. More he insists to have it, less he is likely to get it.
B. The most he insists to have it, the least he is likely to get it.
C. The more he insists to have it, the less he is likely to get it.
D. More and more he insists to have it, less and less he is likely to get it.

㊵ Which word is similar to achieve?

A. attain
B. attack
C. finish
D. kill

Corrigé

❶ A. *Yet* seul signifie « pourtant ». À ne pas confondre avec *not ... yet* qui signifie « ne ... pas encore ».

❷ C. Concordance des temps avec le *past perfect had not wasted* dans la subordonnée avec *if* et le conditionnel passé *would have arrived* dans la principale. La construction est identique en français.

❸ C. *To look forward to* = être impatient de

❹ C. *How long* = combien de temps ; on suit ensuite l'ordre des mots dans les questions au présent simple : *do/does* + sujet + verbe.

❺ B. *You ought to* (équivalent de *should*, le conseil) = tu devrais ; *have it mended*, forme conjuguée de *to have something done* = faire faire quelque chose

❻ C. *On foot* est une expression toute faite qui signifie « à pied » (voir aussi *by bus* « en bus », *by car* « en voiture »).

❼ A. *It's high time* est suivi du prétérit (*stopped*) ; *(in order) to have* a ici le sens de « dans le but de boire ». La proposition B signifie, au contraire, « il est grand temps qu'ils s'arrêtent de boire ».

❽ A. Adjectifs adéquats pour « économique et politique » ; *economical* existe, mais signifie « qui est bon marché », alors que *economic* = qui a trait à l'économie.

❾ B. Seule possibilité pour traduire « J'espère que non ».

❿ A. Utilisation du *present perfect* en *be + ing* avec *for* ou *since* (depuis). L'événement a commencé dans le passé, mais se poursuit ; on traduirait par un présent en français : mon voisin étudie...

⓫ C. *Unless* = à moins que ; *depend on* = dépendre de

⓬ A. *You had better* = tu ferais mieux de. Les trois autres cas sont impossibles car les modaux *would, should*, etc. sont toujours suivis d'une base verbale.

⓭ D. Même réponse qu'à la question 2.

⓮ B. *Be going to* dans la question entraîne une réponse avec *be going to*.

⓯ C. Verbe prépositionnel : *to prevent somebody from doing something* signifie « empêcher quelqu'un de faire quelque chose ».

⓰ D. On utilise le présent (*arrive*) après les subordonnées introduites par *when, as soon as*, etc. ; *to warn* = prévenir (*to prevent* est un faux ami, voir question 15).

⑰ A. On utilise *a few* (quelques, un peu de) devant *people* (*few* signifiant « peu de... », sous-entendu « pas assez de »). Les réponses C et D sont possibles devant des indénombrables seulement.

⑱ C. *As long as* = tant que. Les réponses A et D n'existent pas et *since* signifie « puisque » ou « depuis ».

⑲ D. *Bring* = apporter et *take* = prendre ; *the* est impossible devant un jour, sauf s'il s'agit d'un jeudi en particulier, bien défini.

⑳ C. *Despite* = *in spite of* (malgré) ; *(the) advice* = les conseils, nom indénombrable (n'existe pas au pluriel).

㉑ B. *Harsh* = dur, rude ; *rude* est un faux ami qui signifie « grossier, mal poli » ; *strong* = fort.

㉒ C. *To borrow something from somebody* = emprunter quelque chose à quelqu'un.

㉓ A. *To take an exam* = passer un examen (attention, *to pass* signifie « réussir ») ; *economics exam* = examen d'économie. Revoir la question 8.

㉔ C. *Both of them* = les deux (*the both** n'existe pas) et *make up one's mind* = se décider.

㉕ D. *Upon seeing the dog* = en voyant le chien (ex. : *upon hearing this...* = en entendant cela...).

㉖ C

㉗ B

㉘ C

㉙ D

㉚ A

㉛ B

㉜ D

㉝ A

㉞ D

㉟ B

㊱ C

㊲ B

㊳ A

㊴ C

㊵ A

SUJET N° 4 : Anglais

DURÉE : 1 HEURE

Énonce

❶ The UK is about to change their ______.

A. governement B. governing

C. government D. gouvernment

❷ Protecting ______ has become a crucial global concern.

A. the environment B. environment

C. the environnement D. environnement

❸ They have participated in the ______ of this project.

A. devellopement B. developing

C. develloping D. development

❹ ______ his mother disapproved of his trip, he left.

A. Although B. Despite

C. In spite of D. Yet

❺ As soon as he ______ 18, he ______ to drive.

A. will be / learns B. is / will learn

C. is / learns D. would be / will learn

❻ Do you know ______ he attended?

A. witch B. which

C. what D. whose

❼ Did you do it ______ or was it an accident?

A. in purpose B. with purpose

C. on purpose D. at purpose

❽ Omega is a word borrowed ______ Greek.

A. from B. to

C. of D. in

❾ I ______ managed to meet him.

A. really B. fully

C. currently D. finally

⑩ What is your ______ at studying philosophy? Become a teacher?

A. reason B. aim

C. case D. worry

⑪ Is she ______ after kids?

A. used to look B. using to look

C. uses to look D. used to looking

⑫ Most countries are becoming more and more ______ societies.

A. consumation B. consumption

C. consuming D. consumed

⑬ - "I have tidied up your room."

- "Thanks."

- "______"

A. For nothing. B. Of nothing.

C. Please. D. You're welcome.

⑭ Where are you going tonight?

A. I'm going to Sandra's. B. I will go to Sandra's.

C. I go to Sandra's. D. I'm going to go to Sandra's.

⑮ ______ asked for permission, you ______ a positive answer.

A. If had you / would have had B. Had you / would have had

C. Had you / would have D. If you had / would have

⑯ ______ can be defined as the ability or capacity to do something or act in a particular way.

A. Powers B. The powers

C. Power D. The power

⑰ The notion of spaces and exchanges is about ______ between men and societies.

A. geography and the interactions

B. geography and interactions

C. the geography and the interactions

D. the geography and interactions

⑱ Progress ______ technology is developing every day.

A. with B. within

C. into D. in

⑲ The notion at work ______ myths and heroes. A complex notion about gods and heroes.

A. deal with B. deals with

C. deals of D. deals

⑳ Say if this sentence is right or wrong:

People do not have the same needs. Indeed, they have different needs.

㉑ This business is no longer ______ .

A. economical
B. an economy
C. economics
D. economic

㉒ Choose one correct sentence to go with the photograph below.

A. They have been playing football since one hour.
B. They have played football for one hour.
C. They are playing football since twelve.
D. They have been playing football for an hour.

㉓ Choose the key underlined word that makes the following statement "funny".

The doctor to the patient: "You are very sick."

The patient to the doctor: "Can I get a second opinion?"

The doctor again: "Yes, you are very ugly too..."

A. sick
B. opinion
C. again
D. ugly

㉔ Read the ad below and choose which statement is false:

Big unfurnished room in lovely, bright, airy, secure furnished flat in Central London.

A. The host rents his apartment in London.
B. A room is rented in a beautiful apartment.
C. The place is safe and well-located.
D. The flat is furnished but the room isn't.

㉕ Someone asks you what time it is: 

A. It's eight past ten.
B. It's ten to eight.
C. It's ten eight.
D. It's eight to ten.

㉖ There were some people on a train. 19 people get off the train at the first stop. 17 people get on the train. Now there are 63 people on the train. How many people were there on the train to begin with?

A. 46 B. 67

C. 65 D. 26

㉗ 50 times 3 divided by 2 multiplied by 4 which I subtract 6 and then add 1 equals:

_____

㉘ £300 + £12 + £4,000 =£4,312 How do we write that number?

A. Four thousands three hundreds and twelve

B. Four thousand three hundred twelve

C. Four thousand and three hundred and twelve

D. Four thousand three hundred and twelve

㉙ Which statement is closest in meaning to the initial statement?

Andrew now disowns that statement saying he was low when he made it.

A. Andrew was too young when he made that statement and he regrets it.

B. Andrew denies his statement now because he was depressed when he made it.

C. Andrew says he didn't make that statement when he was low.

D. That statement wasn't Andrew's.

㉚ Which statement is closest in meaning to the initial statement?

She lost her looks as she grew older.

A. She couldn't see when she became old.

B. She lost her glasses.

C. She was no longer beautiful when she became old.

D. She changed as she grew older.

㉛ Which statement is closest in meaning to the initial statement?

If she doesn't respond we'll try a new treatment.

A. If the treatment is not effective, we will try another treatment.

B. If she doesn't answer the phone, we will change the medical care.

C. If she doesn't agree with the treatment, we will change it.

D. We will change the treatment for she doesn't respond to it.

㉜ Which statement is closest in meaning to the initial statement?

There seems to be some confusion over who is actually going to talk.

A. Nobody agrees with whom is going to talk.

B. There is some mixing up over who will talk.

C. Nobody knows who is actually talking.

D. Someone feels embarrassed to talk.

33 Which statement is closest in meaning to the initial statement?

However good he was at the competition, he didn't manage to win it.

A. Though he was good, he wasn't the manager of the competition.

B. He didn't win the competition in spite of his skills.

C. Although he was good, he couldn't be the winner of the competition.

D. He wasn't able to win the competition because he was not good.

34 Choose the word that is closest in meaning to the underlined word.

They currently live in Japan.

A. actually B. probably

C. really D. now

35 Choose the word that is closest in meaning to the underlined word.

They have passed their exam.

A. succeeded B. made

C. attended D. skipped

36 Choose the word that is closest in meaning to the underlined word.

She was abused.

A. committed a crime B. insulted

C. ill-fed D. badly understood

37 Ils vivent aux États-Unis depuis longtemps, mais ils sont revenus en France deux fois l'an dernier.

A. They have been living in the USA for a long time but they came back to France twice last year.

B. They have lived in the USA for a long time but they came back to France twice last year.

C. They are living in the USA for a long time but they came back to France twice last year.

D. They live in the USA for a long time but they came back to France twice last year.

38 Tu ferais mieux de ne pas trop l'écouter.

A. You would not listen to him too much. B. You'd rather not listen to him too much.

C. You'd better not listen to him too much. D. You shall not listen to him too much.

39 Plus j'entends cette chanson, plus je l'aime.

A. More I hear this song, more I like it.

B. The most I hear this song, the most I like it.

C. The most I hear this song, the better I like it.

D. The more I hear this song, the more I like it.

40 They have attended the lessons every other week, yet they have passed the exam.

A. Ils ont suivi les cours une semaine sur deux, néanmoins, ils ont réussi l'examen.

B. Ils ont suivi les cours une seule semaine, néanmoins ils ont réussi l'examen.

C. Ils ont suivi les cours une semaine seulement, néanmoins ils ont passé l'examen.

D. Ils ont suivi les cours une semaine sur deux, néanmoins ils ont passé l'examen.

Corrigé

1. C.
2. A.
3. D.
4. A.
5. B.
6. B.
7. C.
8. A.
9. D.
10. B.
11. D.
12. C.
13. D.
14. A.
15. B.
16. C.
17. A.
18. D.
19. B.
20. right
21. D. economic
22. D.
23. A.
24. A.
25. A.
26. C.
27. 295
28. D.
29. B.
30. C.
31. A.
32. B.
33. C.
34. D.
35. A.
36. B.
37. A.
38. C.
39. D.
40. A.

PARTIE 2

Réussir les **épreuves orales**

- Entretien individuel 313
- Anglais 335

Pour réussir le concours Sésame, il faut psychologiquement être dans une disposition mentale de concours. Cela signifie que vous devez optimiser chacun de vos apprentissages, de vos connaissances, voire de vos lectures, discussions ou loisirs dans l'optique de préparer votre réussite au concours, à l'écrit mais aussi à l'oral !

En effet, même si vous avez réussi les écrits et que vous êtes admissible, rien n'est encore acquis. Pour intégrer une école, il faut se rendre dans les écoles et passer des oraux ou « épreuves d'admissibilité ».

Contrairement aux épreuves écrites, identiques pour toutes les écoles du concours Sésame, les oraux varient d'une école à l'autre.

Vous devez passer les oraux dans les écoles convoitées. Cela signifie souvent beaucoup de déplacements au moment même où vous devez réviser activement le baccalauréat. Choisissez bien les écoles que vous souhaiteriez intégrer pour ne pas perdre de temps inutilement.

Les oraux d'admission des écoles SÉSAME

- Entretien individuel
- Oral de LV1
- Oral de LV2 – uniquement pour certaines écoles

Entretien individuel

1. Planning de révisions 314

2. Méthodologie et conseils 315

3. Questions fréquentes du jury 326

4. Simulations d'entretien 330

Votre préparation à l'oral doit donc prendre deux formes.

Préparer son oral sans en avoir l'air

- Osez vous exprimer en public, même si vous êtes timide.
- Suivez l'actualité, intéressez-vous aux événements culturels tout au long de l'année.
- Pour les oraux de langues, pensez à bien regarder les films en VO, à rechercher un mot que vous ne connaîtriez pas dans une chanson.

Préparer son oral de manière explicite

- Réfléchissez et demandez autour de vous quels sont vos qualités, vos défauts, vos intérêts, vos engagements.
- Entraînez-vous entre amis, avec vos parents, en classe si l'occasion se présente lors d'exposés par exemple.
- En langue, faites-vous des fiches tout au long de l'année pour le vocabulaire, la grammaire. Elles vous serviront aussi pour le baccalauréat.

1. Valoriser son dossier

À l'oral, c'est-à-dire à l'occasion de l'admission, les écoles disposent d'un « **dossier** » vous concernant ; une note est mise en fonction de trois éléments :
- les notes du bac de Français ;
- les notes de première et de terminale ;
- les appréciations sur le candidat.

C'est sur ce dernier point qu'il convient d'insister particulièrement.

En effet, l'un des éléments clés de l'évaluation de votre candidature s'effectue à travers des appréciations externes ; à ce titre, la **Fiche avenir du dispositif Parcoursup** est un élément important que les écoles sont susceptibles d'utiliser ; concrètement, cette fiche joue en réalité quelque peu le rôle du dossier que les admissibles des concours bac + 2 doivent remplir avant leurs entretiens. La Fiche avenir, que vous ne remplissez pas vous-même, doit cependant faire l'objet de toutes vos attentions ; elle révèle en effet des points essentiels sur votre personnalité, principalement au nombre de cinq :
- la méthode de travail ;
- l'autonomie ;
- la capacité à s'investir dans le travail ;
- l'engagement et l'esprit d'initiative (au lycée et lors d'activités extrascolaires) ;
- d'autres éléments importants d'appréciation du profil.

Même si vous ne pouvez pas vous présenter vous-même dans la Fiche avenir, le regard extérieur, « objectif », porté sur vous doit refléter parfaitement bien votre personnalité. Il est donc important que l'équipe pédagogique du lycée (enseignants et proviseur) vous connaisse bien.

Ainsi, comment valoriser ces cinq items ?

1. La méthode de travail

Le post-bac, d'une manière générale, et les écoles de management, de manière plus précise, exigent d'accueillir en leur sein des étudiants disposant d'aptitudes méthodologiques éprouvées, certaines. Ceci peut s'apprécier à plusieurs niveaux :

- la capacité à lire des ouvrages ou des documents d'importance et de nature variées ;

– l'aptitude à synthétiser efficacement des informations contenues dans des documents multiples et différents ;
– la qualité rédactionnelle ;
– l'aptitude à la prise de notes rapide ;
– la qualité de la prise de parole en public…

2. L'autonomie

Elle peut s'apprécier à travers votre parcours de vie ; en quoi êtes-vous capable de vous passer d'un « tuteur » (famille, enseignant, adulte référent…) dans vos prises de décision ? Êtes-vous également capable de gérer des contraintes multiples ? En école de management, les cursus d'études étant construits par les élèves eux-mêmes, essentiellement à partir de la deuxième année de cursus, il est important d'être en mesure de choisir par vous-même. À travers l'autonomie, c'est l'indépendance d'esprit que le jury peut être en mesure de déceler.

3. La capacité à s'investir dans le travail

Le jury dispose déjà des notes de première et de terminale, ainsi que des notes du bac de Français. Cependant, au-delà des notes, il est important de pouvoir exprimer la nature de l'investissement que vous pouvez réaliser dans ce travail. En école de management, vous aurez en permanence de multiples travaux à mener à bien, surtout en groupe, et avec des délais souvent assez réduits ; avoir pu montrer que lors de vos études secondaires vous avez réussi à concilier quantité de travail et qualité du travail est absolument essentiel. Seuls vos enseignants sont en mesure d'en faire état ; à vous à leur montrer cet aspect de votre personnalité.

4. La prise d'initiative

Elle est une qualité proche des précédentes ; mais, plus précisément, on doit pouvoir apprécier les choix que vous avez effectués jusqu'à présent, et surtout la manière dont ils ont été faits : avez-vous pris des risques ? Comment avez-vous « assuré vos arrières » ? Quelle procédure retenez-vous : le « coup de cœur », la réflexion, le conseil, le hasard… ? Quel est votre état d'esprit lorsque l'initiative est lancée ?

5. Les autres éléments importants d'appréciation

Votre personnalité peut transparaître également à travers une multitude d'autres éléments que ceux qui viennent d'être décrits. On peut en mettre sept importants en évidence :

– **la créativité** : elle est incontestablement un atout majeur. Les écoles ne veulent en effet pas avoir des élèves qui se ressemblent tous, « sortis d'un même moule » ; elles attendent de vous que vous apportiez quelque chose à l'école, que vous « produisiez » durant les années de scolarité, que vous fassiez preuve d'inventivité, voire d'originalité par rapport aux schémas établis. N'oubliez pas que l'avenir est grand ouvert pour vous, à votre âge, et que le monde à venir est inconnu ; en conséquence, les façons de penser votre monde actuel ont toutes chances d'être caduques, et il est évident que les clés pour comprendre le futur sont toutes à construire. Une chose est sûre : les clés dont nous disposons actuellement seront très vite inefficaces ; à vous de créer les nouvelles ! Le jury peut juger de votre créativité en vous soumettant, lors de l'entretien, des problèmes auxquels vous n'avez jamais pensé, auquel vous n'êtes pas préparé ; mais il doit également pouvoir apprécier les preuves, passées, de votre créativité dans vos études secondaires. À vous d'exprimer ceci auprès de vos enseignants ;

– **les « valeurs » personnelles** : celles-ci vous sont propres, et sont ce qui vous structure et vous anime ; il faut savoir les identifier, les repérer avec précision, les justifier, communiquer sur elles ; il est impossible d'en dresser une liste, mais cela peut être la franchise, l'honnêteté, le partage, l'ouverture d'esprit, l'ambition, la fidélité (à des personnes, des valeurs, des idées, des héritages…), l'intégrité, le sens des responsabilités… Tous ces éléments doivent avoir été repérés en amont par vos enseignants ;

– **l'ouverture d'esprit** : au sein de l'école déjà, et plus encore dans votre vie professionnelle, vous serez appelé à côtoyer, communiquer, travailler avec d'autres, différents de vous, en termes d'origine géographique, d'origine ethnique, de formation, de culture, de valeurs… Vous devez (apprendre à) composer en permanence, être à l'écoute des autres, accepter l'idée que vous ignorez quelque chose, que vous n'avez pas toujours raison… S'ouvrir à la « différence », à la « diversité » n'est pas toujours facile ! Apportez la preuve, dans le secondaire, que vous êtes sensible à ce point, et que vous y parvenez déjà ;

– **le risque** : ce thème est absolument central, tant dans votre vie personnelle que dans votre vie professionnelle. Il faut en effet prendre conscience du fait que l'on vit dans un monde mouvant, fait de changements, de ruptures, d'inconnu. Dans vos classes de première et de terminale, vous devez tenter d'exprimer cette aptitude au risque ;

– **le partage** : vous allez, par ces concours, intégrer une école au sein de laquelle l'essentiel des activités (pédagogiques, sportives, professionnelles, ludiques) est des activités de groupe, qui s'appuient sur un principe clé, le partage. Ainsi, à tout moment, dans la prise de décision, tout comme dans l'exécution des tâches, vous devez partager les informations, les certitudes, les doutes…, rendre compte à tous les membres du groupe (supérieurs comme homologues hiérarchiques). Ceci exige alors des qualités personnelles de partage, partage des décisions, des honneurs (lorsqu'il y en a), des échecs aussi, des responsabilités enfin (ces qualités ne sont pas incompatibles du tout avec celles d'autonomie dans le travail, ou encore de capacité à déléguer). Vos enseignants, qui sont vos évaluateurs à l'occasion de cette fiche, doivent l'avoir remarqué ;

– **vos centres d'intérêt** : le jury s'intéresse à ce qui vous intéresse, c'est-à-dire à ce que l'on pourrait appeler des « signes particuliers », « identifiants ». Soyez, là aussi, totalement authentique et honnête ; ne vous trouvez pas de passion seulement dans le but d'« épater la galerie », d'impressionner ! Il n'y a aucune hiérarchie des centres d'intérêt, entre ceux qui sont nobles et ceux qui ne le sont pas. N'hésitez pas à communiquer sur ce point auprès de vos enseignants ;

– **vos expériences** : par « expériences », on peut entendre les stages, les « petits boulots » rémunérés ou non, l'engagement dans une institution particulière (association, culte, mouvements de jeunes…). Dans le cadre des concours de niveau bac + 2, la plupart des candidats ont de telles expériences souvent parce qu'elles sont obligatoires dans leurs cursus d'études (BTS, IUT notamment) ; ceci est une chance ! Mais ce n'est pas votre cas. Ainsi, dans la mesure du possible, il faut en avoir fait part à vos enseignants car ceci constitue un atout très important aux yeux des écoles.

Ce dossier est un tout, mais chaque élément apparaît essentiel et peut être travaillé de votre côté, par vous-même, durant vos années au lycée. Préparez-vous donc à remplir l'ensemble de ces conditions et, par là même, à vous valoriser.

2. Adopter la bonne attitude

Les candidats aux oraux sont souvent terrifiés par les questions qui peuvent être posées à l'entretien individuel. Ils se concentrent beaucoup sur le fond et en oublient parfois la forme qui est pourtant essentielle à l'oral. Savoir dire bonjour en regardant la personne dans les yeux, savoir se tenir ou encore écouter les questions et remarques des membres du jury n'est pas toujours intuitif.

Voici donc quelques règles simples mais indispensables pour réussir l'oral.

Les 10 commandements du candidat

1. Soyez enthousiaste.
2. Soyez présentable.
3. Disciplinez vos cheveux.
4. Maîtrisez vos mains et vos pieds.
5. Soignez votre diction et votre langage.
6. Regardez le jury.
7. Montrez-vous confiant sans être arrogant.
8. Soyez toujours poli.
9. Prenez le temps de réfléchir.
10. Argumentez par points.

1. Soyez enthousiaste

- En entrant, dites bonjour en regardant successivement chacune des personnes en face de vous.
- Souriez.
- Tenez-vous droit, la tête haute.

2. Soyez présentable

La tenue vestimentaire a son importance leur d'un oral. Elle envoie immédiatement un signe au jury.
Sans vouloir appuyer les stéréotypes genrés, mais en se fondant sur les pratiques courantes des candidats sachez que :

La chemise et la veste sont de rigueur. Jeans, tee-shirts et baskets sont à éviter. Le port de la cravate n'est pas obligatoire si vous ne vous sentez pas à l'aise avec. « *L'important, c'est que le candidat montre qu'il a fait un effort pour s'habiller. S'il n'est pas à l'aise avec une cravate, mieux vaut qu'il la laisse de côté. Cela ne sera jamais pénalisant* », affirme Jean-François Fiorina, directeur de l'ESC Grenoble. « *Et puis, il ne faut pas hésiter à retirer sa veste si l'on a trop chaud* », ajoute Loïc Dilly, membre du jury de SKEMA et auteur d'un livre sur la prépa HEC.
Misez sur une tenue sobre et élégante : par exemple, un pantalon ou une jupe avec un chemisier (pas de mini-jupe, de short, ni de grand décolleté).
Idem pour le maquillage et les cheveux : sentez-vous à l'aise.

3. Disciplinez vos cheveux

- Ne touchez pas constamment vos cheveux.
- Prévoyez une coiffure adéquate ou du gel.
- Vos yeux doivent être dégagés.

4. Maîtrisez vos mains et vos pieds

- Vos mains et vos pieds ne doivent pas gesticuler dans tous les sens.
- Si vous ne savez pas quoi faire de vos mains, mieux vaut les poser sur la table.
- Ne restez pas les bras croisés.
- Quant aux pieds et aux jambes, si vous avez du mal à les contenir, pensez simplement à poser les deux pieds bien à plat au sol.

5. Soignez votre diction et votre langage

A. La diction

- Ne parlez pas trop vite (l'adrénaline incite souvent à trop parler vite au début !).
- Parlez suffisamment fort pour être entendu par tous les membres du jury.

B. Le langage

- Optez pour un français correct.
- Pas de vocabulaire familier.
- Faites attention à la grammaire. Une phrase est classiquement constituée d'un sujet, d'un verbe et d'un complément. **Exemple :** « L'anglais est essentiel dans le monde des affaires. »

■ Évitez les expressions et mots inutiles qui appauvrissent votre argumentation tels que : « J'avoue », « pas de soucis », « ben voilà », « quoi ».

6. Regardez le jury

■ Vous êtes à l'oral pour convaincre ! Il faut capter l'attention de tous les jurés pour que tous « croient » en vous. Pensez donc à tourner la tête régulièrement et à regarder l'ensemble des membres du jury, même le plus discret d'entre eux.

■ Si vous avez le droit à des notes lors de l'oral (oraux de langue, en particulier), vous pouvez bien sûr osciller entre la lecture de ces dernières et les regards adressés au jury.

7. Montrez-vous confiant sans être arrogant

Ne soyez jamais arrogant et bannissez les expressions du type : « Je ne sais pas si vous savez mais… ».
« *Nous avons trop de candidats qui se la jouent, qui se vantent. J'ai mis des bonnes notes à des étudiants timides mais qui avaient fait des choses très intéressantes, et des mauvaises notes à d'autres qui m'ont donné l'impression d'avoir tout fait et tout vu* », affirme Jean-François Fiorina, directeur de l'ESC Grenoble.

8. Soyez toujours poli

■ Ne coupez pas la parole aux jurés.

■ Ne dites aucun gros mot, mot familier ou verlan.

■ Ne soupirez pas.

■ Évitez de poser des questions au jury, sauf si vous y êtes invité (ne posez pas au jury la question de savoir si votre oral s'est bien passé !).

■ Remerciez le jury en sortant, sans trop en faire pour autant.

9. Prenez le temps de réfléchir

■ N'ayez pas peur des silences : il n'y a rien de pire qu'un candidat qui parle trop et qui s'enlise dans des explications sans fin. Prendre le temps de réfléchir prouve que la question posée par le jury est intéressante et mérite réflexion.

■ N'ayez pas peur de ne pas comprendre une question : si besoin, demandez au jury de répéter ou de préciser.

10. Argumentez par points

- Votre pensée doit ABSOLUMENT être organisée.
- Utilisez des connecteurs logiques.
- N'hésitez pas à utiliser vos mains pour compter les différents points évoqués (ex. : Dans un premier temps – faites « un » avec le pouce – dans un deuxième temps…).

3. Savoir parler de soi

Pour parler de soi, retenez la règle des 4 P :

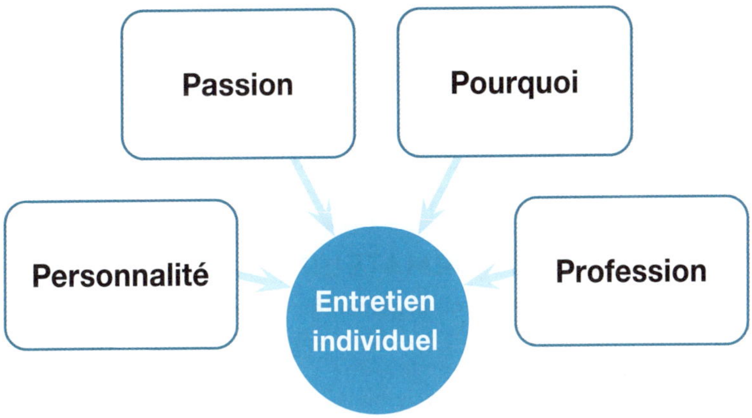

Source : méthode de coaching de préparation aux oraux de Prépa ECOpole.

1. Personnalité

L'objectif est de vous décrire rapidement, en donnant des indications sur :
- votre âge, votre cursus scolaire : filière de votre terminale, options si elles sont originales (cinéma, musique, sport, etc.) ;
- votre ville de domiciliation et/ou de scolarisation ;
- sur le fait que vous ayez des frères et sœurs (si un membre de votre famille a intégré une des écoles que vous présentez, n'hésitez pas à le préciser) ;
- vos trois qualités ;
- votre défaut (et seulement si on vous le demande, un second défaut) : n'hésitez pas à être sincère tout en évitant cependant les défauts qui poseraient problème pour intégrer l'école (ex. : asocial, fainéant, insolent). Vous pouvez également présenter votre défaut avec humour (ex. : « J'ai une tendance à être théâtral, quitte à épuiser les autres parfois, mais comme je suis le dernier d'une fratrie de quatre enfants, je devais trouver un moyen pour m'imposer ! ») (attention, évitez les défauts qui sont de fausses qualités, comme perfectionniste, trop de candidats les évoquent, cela ne vous démarque pas et vous laisse paraître prétentieux).

2. Passion

Vous pourrez évoquer :
– **vos activités extrascolaires** (sport, culture, lectures, etc.) si vous en pratiquez. Il serait souhaitable que vous en ayez. Cela peut être une pratique tout à fait amateur ! N'ayez aucune gêne à évoquer votre passion pour les mangas par exemple (tant que vous justifiez pourquoi). Ou si vous avez appris un instrument par vous-même, sans aller au conservatoire, c'est tout à votre honneur car cela prouve votre persévérance et votre esprit volontaire ;
– **vos vacances et voyages à l'étranger.** Ils peuvent illustrer votre envie de travailler à l'international, notamment ;
– **vos engagements associatifs.** Si vous êtes capitaine d'une équipe de sport, chef scout, responsable de l'espace vert dans votre immeuble, membre de l'association de défenses des fourmis rouges du Limousin, tout convient ! Le principal est de connaître ce dont vous parlez et de montrer de l'enthousiasme pour votre sujet.

CONSEILS DU FORMATEUR

Il est impératif de pouvoir argumenter, étayer tout ce que vous dites :
Vous aimez lire : quels livres ? Quel est le dernier livre que vous avez lu ou aimé ?
Vous aimez le cinéma : quels genres de films ? Quels acteurs ou réalisateurs vous plaisent ?
Quel film vous a marqué ?
Vous avez voyagé dans tel pays : qu'est-ce qui vous a plu ? Qu'est-ce qui vous a surpris ou déplu ?
Qu'est-ce que cela vous a apporté ?

3. Pourquoi

- Pourquoi choisissez-vous d'étudier dans une école de commerce plutôt qu'à la faculté, dans un IUT ou un BTS ou une autre formation ?
- En quoi telle école ou telle autre vous plaît en particulier ? Étudier précisément ses atouts, ses spécificités, ses spécialisations (cf. description des écoles en introduction du livre).
- Quel campus préféreriez-vous intégrer si vous avez le choix parmi plusieurs ?
- Préféreriez-vous un cursus à l'étranger ou un cursus tout en anglais ? Certaines écoles proposent parfois les deux, renseignez-vous.
- Des stages en entreprise pour avoir une formation sur le terrain sont proposés systématiquement dans ces formations : la durée et la localisation (France ou étranger) peuvent être différentes d'une école à l'autre. L'alternance est parfois possible.

■ Réfléchissez au préalable à votre motivation pour ne pas être pris au dépourvu le jour de l'entretien. Des exemples :
- étudier de nouvelles matières pour découvrir le monde du travail ;
- travailler en groupe, de façon moins scolaire qu'au lycée ;
- s'ouvrir à l'international au contact des étudiants étrangers de l'école ;
- s'engager dans une association au sein de l'école car il y a toujours beaucoup d'associations d'élèves et tous sont encouragés à s'y investir : prenez le temps de les découvrir pour savoir dans laquelle vous voudriez vous engager, soit le jour de votre oral en rencontrant des étudiants, soit sur le site de l'école.

4. Profession

■ Est-ce que vous vous voyez dans un métier en particulier (finances, marketing, vente, ressources humaines, etc.), un secteur d'activité (grande consommation, énergie, construction automobile, luxe, etc.) ? Si oui, précisez-le et justifiez-le avec des arguments autres que « mon oncle gagne beaucoup d'argent dans le secteur de… ».

■ Souhaiteriez-vous travailler dans une grande entreprise avec de gros moyens ? Ou plutôt dans une plus petite entreprise avec de la souplesse, une hiérarchie réduite ? Êtes-vous attiré par l'économie sociale et solidaire (de nombreuses écoles, dont HEC, proposent des modules d'enseignement dans ce secteur dorénavant).

■ Ou peut-être rêvez-vous de monter un projet entrepreneurial ?

CONSEILS DU FORMATEUR

Il n'est absolument pas demandé au candidat d'avoir un projet professionnel déjà établi, mais il n'est pas interdit d'avoir des envies, des idées ! N'inventez surtout pas un projet, soyez sincère.

Questions fréquentes du jury

CONSEILS DU FORMATEUR

- La première minute devant le jury est cruciale et vous avez le trac comme tous les candidats. Pensez à sourire en arrivant, à dire bonjour et attendez qu'on vous invite à vous asseoir.
- Vous devez répondre à toutes les questions qui vous seront posées. Si une question vous embarrasse, répondez en vous excusant de ne pas savoir exactement la réponse à la question posée.
- Prenez votre temps pour répondre et pour réfléchir à votre réponse.
- Ne posez pas de questions au jury sauf si celui-ci vous y invite, comme c'est parfois le cas à la fin d'un d'entretien (avez-vous une dernière question à poser au jury ?).
- Ayez en tête tous les conseils de présentation précédents pour les appliquer !

1. Des questions pour tester votre motivation à intégrer l'école

■ **Pourquoi faites-vous le choix d'une formation en école de commerce ?**

- Je suis attiré(e) par le fait de travailler en entreprise (petite ? moyenne ? grande ? multinationale avec des possibilités de travailler à l'étranger ?) ;
- Je voudrais me former pour devenir entrepreneur ;
- Je souhaite quitter les enseignements académiques scolaires des années lycées (histoire-géographie, philosophie, mathématiques...) pour des enseignements plus pragmatiques et concrets ;
- Je suis attiré(e) par une formation encadrée (je pense que le système de l'université ne me conviendra pas) ;
- Les nombreuses possibilités de faire une partie de ma scolarité à l'étranger sont attractives ; mais aussi les stages obligatoires qui rendent la formation complète en vue d'une arrivée réussie sur le marché du travail.

■ **Pourquoi avez-vous choisi *cette* école ?**

Cette question est très fréquente, vous devez impérativement la préparer.

Explorez le site internet de l'école, déplacez-vous pour les journées Portes ouvertes, passez un peu de temps avec les élèves qui vous accueilleront le jour de l'oral.

Il faut que vous ayez pris le temps de connaître de façon précise cette école de commerce en particulier : la spécificité de son projet (exemple : à l'ESDES, le management et les questions d'éthique au travail), ses différents campus, ses cursus à l'international, les spécialisations proposées pour les années d'études en master, les associations étudiantes qui existent et l'une ou l'autre qui vous intéresserait pour vous y engager si vous intégrez l'école en question, etc. Montrez également que vous connaissez quels cours sont dispensés au sein de l'école, ou citez un professeur dont on vous aurait parlé, etc. Montrez que vous ne récitez pas exactement la même chose qu'à l'entretien de la veille pour une autre école à laquelle vous êtes admissible. Des exemples concrets s'imposent pour démontrer votre connaissance et votre motivation !

Pourquoi notre école vous choisirait-elle ? (ou : qu'allez-vous apporter à notre école ?)

Exemple de réponse : je serai un(e) élève très motivé(e) par les études proposées et les manières de travailler (par exemple le fait de travailler souvent en groupe), je serai moteur pour prendre des initiatives, choisir des cours optionnels qui m'attirent. Étayez votre argument d'une illustration concrète prouvant vos dires : « Cette année, j'ai par exemple mené de front la préparation au concours Sésame, les cours au lycée et ma passion pour le handball, avec 6 h 00 d'entraînement par semaine ».

Autre exemple de réponse : je compte m'investir dans les cours mais aussi dans les autres aspects de la vie de l'école, je pense en particulier à telle association étudiante (engagement social dans le soutien scolaire, association sportive, junior entreprise qui propose des petites missions rémunérées pour des entreprises, bureau des sports, etc.). À vous de vous renseigner sur les différentes associations existantes au sein de l'école, soit sur le site interne, soit auprès des élèves qui vous accueilleront le jour de votre oral.

CONSEIL DU FORMATEUR

Ce qu'il faut éviter de dire par manque de sincérité :

Quand vous passez un oral dans une école nettement moins bien classée dans les palmarès, ne dites pas que, si vous êtes admis dans cette école mais aussi à HEC, vous choisirez l'école dans laquelle vous êtes en train de passer l'oral. Ce n'est pas sincère ni crédible ! Il est légitime quand on est pris dans deux écoles de notoriétés différentes d'aller dans la meilleure des deux !

2. Des questions sur vous pour découvrir votre personnalité

Donnez 3 qualités qui sont les vôtres.

Préparez un exemple sur chacune des qualités que vous avancez.

Donnez 3 défauts qui sont les vôtres.

Idem. Ce qu'il faut éviter : donner des défauts qui n'en sont pas de vrais (« je suis perfectionniste »). Soyez sincère en évitant à l'inverse des défauts qui pourraient être nuisibles à votre scolarité, comme le mensonge ou la paresse !

- **Quelles sont les qualités / valeurs que vous ont transmises vos parents ?**

- **Quels sont vos loisirs, vos centres d'intérêt ?**

Soyez sincère, si vous aimez le football, la boxe ou les mangas, dites-le. Ne répondez pas en une seule phrase (« j'aime le football »), mais approfondissez, dites ce qui vous plaît : les entraînements, les compétitions si vous en faites, les compétitions internationales de ce sport si vous les suivez, l'ambiance, etc. Essayez d'analyser ce que cela vous apporte : un bien-être, le plaisir de retrouver des camarades, développer un esprit collectif, de la solidarité, une envie de vous surpasser dans l'effort, etc.

- **Quel est le dernier livre que vous avez lu et aimez ? Ou : quel est votre film préféré, et pourquoi ?**

De façon générale, quand vous allez parler de quelque chose qui vous plaît, il faut avoir réfléchi au « pourquoi cela vous plaît ». On veut vous découvrir non pas uniquement par le titre du film ou de l'artiste que vous dîtes aimer mais par la manière dont vous serez capable d'expliquer vos goûts.

- **Avez-vous voyagé ?**

Si vous avez eu la chance de voyager, il ne suffira pas de lister les pays visités. Il faut que vous soyez capable de dire ce qui vous a plu / déplu / surpris / émerveillé avec des faits précis tirés de vos souvenirs. Si vous n'avez pas eu la chance de voyager, ce n'est absolument pas un handicap. Si c'est le cas, pensez à dire que des livres ou des films vous ont fait voyager d'une autre manière.

- **Qu'est-ce que voyager à l'étranger vous a apporté ?**

- **Aimeriez-vous partir étudier à l'étranger ?**

- **Avez-vous déjà eu un engagement sportif, associatif, culturel ou autre ?**

Engagement sportif : être joueur au sein d'une équipe est un premier niveau d'engagement. Pensez aussi au rôle du capitaine d'équipe, de l'arbitre, qui sont des engagements pertinents à évoquer si vous l'avez été.
Engagement citoyen : conseil de vie lycéenne, délégué de classe, membre d'un comité de jeunes dans votre ville, soutien scolaire à des plus jeunes, scoutisme, etc.
Engagement culturel : club de théâtre, de cinéma, groupe de musique, chorale, etc.

- **Quel stage d'observation en entreprise avez-vous fait en 3e (ou en 2de) ? Qu'est-ce que cela vous a apporté ?**

- **Citez un projet, une prise de responsabilité dont vous êtes fier / fière.**

Une première petite expérience d'organisation d'un week-end ou d'une fête est déjà une prise de responsabilité. N'imaginez pas que l'on attend de vous d'avoir déjà organisé de très grands événements comme le Festival des Vieilles Charrues !

- **Quelle est votre matière préférée en cours ? Pourquoi ?**

- **Si on vous donnait 1 million d'euros, qu'en feriez-vous ?**

3. Des questions d'actualité ou de culture générale

CONSEIL DU FORMATEUR

Dans le mois qui précède vos épreuves orales, il vous faudra absolument bien suivre l'actualité et prendre des notes par écrit - dans un carnet par exemple - pour retenir des points-clés.

■ **Quel est le sujet d'actualité des dernières semaines qui vous a marqué ? Pourquoi ce sujet d'actualité vous a-t-il marqué ?**
Choisissez un sujet que vous maîtrisez correctement et qui ne vous semble pas trop polémique pour éviter un débat politique.

■ **Que pensez-vous du président de la République ?**
Évitez de donner de façon tranchée votre opinion politique, pour ou contre le président (ou envers tout autre homme politique). Il vous faut malgré tout répondre en donnant idéalement un exemple concret qui appuie votre réponse.
La question n'est pas évidente et éminemment politique. Je répondrai simplement que gérer la crise comme il a dû le faire avec ses voisins européens n'était pas facile… Et cela aurait peut-être été pire avec un autre président.

■ **Vous sentez-vous d'abord plutôt français ou plutôt européen ?**

■ **Pensez-vous que l'on en fait trop autour de la question du réchauffement climatique ?**

Parfois, une ou deux questions vous seront posées en anglais.
Et pour finir, on vous demandera souvent :

■ **Avez-vous une dernière question à poser au jury ?**
Soit vous avez repéré parmi les 2 ou 3 membres du jury qui se sont présenté au tout début de votre entretien une personne dont le métier ou la fonction au sein de l'école vous intéresse sur une question précise. Posez lui votre question.
Si vous n'avez pas de question, vous pouvez en conclusion répéter votre motivation pour intégrer cette école en deux phrases courtes.

ATTENTION

Ne demandez jamais au jury comment ils vous ont trouvé lors de l'entretien.

Enfin, le jury vous fera quitter la salle et délibérera sans vous faire de retour. Vous connaîtrez votre note en même temps que tous les autres candidats le jour des résultats finaux.

Bonne chance !

Simulations d'entretien

Voici deux simulations d'entretien.

• Une première où la candidate, Nadia, n'est pas convaincante. Ces réponses sont une occasion pour le jury de déceler des points que la candidate aurait pu (et dû !) éviter.
• La seconde rebondit sur les « mauvaises » réponses pour proposer un discours bien plus convaincant !

1. Les écueils à éviter

Jury :
Bonjour Mademoiselle,
Pourriez-vous nous préciser votre prénom, nom et votre scolarité actuelle ?

Nadia :
Bonjour Madame et Messieurs,
Je m'appelle Nadia Cerceau, j'ai 18 ans et je suis actuellement en terminale générale à Nogent-le-Rotrou dans l'Eure-et-Loir. J'ai choisi l'option Sciences économiques et sociales, j'étais inscrite en section européenne en première mais comme je n'avais pas d'assez bonnes notes, je n'ai pas pu continuer en terminale.

Jury :
Ah bon ? Vous rencontrez donc des difficultés en langues ? Savez-vous que notre école est une école tournée vers l'international ? Nous attendons de vous de maîtriser deux langues dont l'anglais parfaitement, évidemment.

Nadia :
Euh... ben, non, je ne suis pas nulle, mais je ne suis pas très bonne. J'ai genre onze de moyenne. Puis c'est aussi à cause de ma prof d'anglais en première, elle mettait vraiment des mauvaises notes à tout le monde.

Jury :
J'imagine pourtant que « tout le monde » comme vous dites n'a pas été recalé pour continuer l'option section européenne en terminale. Enfin, passons à un autre point. Pourquoi voudriez-vous intégrer notre école ?

Nadia :
Parce qu'elle a l'air vraiment bien. J'aime bien le commerce, j'aimerais travailler dans la publicité ou la communication. Je suis venue aux portes ouvertes et j'ai trouvé que l'ambiance avait l'air vraiment bonne. Et aussi, dans le classement des écoles, vous n'êtes pas mal situé.

Jury :
Pas mal ? Cela ne semble pas vous convenir parfaitement… Postulez-vous aussi pour d'autres écoles qui vous paraissent mieux ?

Nadia :
Non, non. J'aime que la vôtre.

2. Entretien commenté et réponses convaincantes

Jury :
Bonjour Mademoiselle,
Pourriez-vous nous préciser votre prénom, nom et votre scolarité actuelle ?

Nadia :
Bonjour Madame et Messieurs,
Je m'appelle Nadia Cerceau, j'ai 18 ans et je suis actuellement en terminale générale à Nogent-le-Rotrou dans l'Eure-et-Loir. J'ai choisi l'option Sciences économiques et sociales, ~~j'étais inscrite en section européenne en première mais comme je n'avais pas d'assez bonnes notes, je n'ai pas pu continuer en terminale.~~

La dernière remarque est totalement inutile, d'autant plus que cela dessert Nadia. **Ne vous dévalorisez pas lors de l'entretien.** L'option section européenne n'est pas exigée pour rentrer dans l'école. Si vous la suivez, tant mieux, vous pouvez en parler. Sinon, mieux vaut éviter.
Nadia aurait pu expliquer pourquoi elle avait choisi sa spécialité. Cela aurait changé le cours de l'entretien puisque le jury aurait rebondi sur l'entreprise visitée et Nadia aurait été à l'aise et heureuse de partager son expérience.

Exemple : « Je suis heureuse dans ma filière parce qu'elle me permet de mieux comprendre l'actualité. Nous avons eu l'occasion de visiter la dernière entreprise française qui fabrique des brosses à dents. Cela a été l'occasion pour moi de découvrir des ateliers de production, le service marketing, celui des ressources humaines. »

Jury :
Ah bon ? Vous rencontrez donc des difficultés en langues ? Savez-vous que notre école est une école tournée vers l'international ? Nous attendons de vous de maîtriser deux langues dont l'anglais parfaitement, évidemment.

Nadia :
~~Euh… ben, non, je ne suis pas nulle, mais je ne suis pas très bonne. J'ai genre onze de moyenne. Puis c'est aussi à cause de ma prof d'anglais en première, elle mettait vraiment des mauvaises notes à tout le monde.~~

Dans le cas où le jury pointe un défaut ou une faiblesse dans votre candidature, ne soyez pas déstabilisé(e) :

1. **Ne reportez pas la faute sur les autres**, les professeurs notamment. Il est important de se comporter en adulte et d'assumer seul(e) ses actes.
Nadia aurait pu reconnaître qu'elle ne s'est peut-être pas suffisamment investie dans l'apprentissage de l'anglais mais qu'elle a des idées pour le perfectionner.
Exemple : « Je reconnais que je ne me suis peut-être pas assez investie dans l'apprentissage académique de l'anglais. C'est pourquoi j'aimerais travailler dans un restaurant touristique cet été afin de le pratiquer. Je pensais aussi, si j'avais la chance d'intégrer votre école, partir en pays anglophone afin de me confronter à la langue pour progresser. »

2. **Pensez plus largement.** Trop souvent les candidats s'arrêtent à leur vie (et notes !) lycéennes alors qu'ils ont d'autres compétences.
Nadia peut parler d'une langue autre qu'elle connaît déjà ou de celle qu'elle voudrait apprendre.
Exemple : « Ma mère est tunisienne, je comprends un peu l'arabe. Je ne sais pas encore véritablement l'écrire mais j'ai vu que votre école proposait des cours d'arabe ou même des stages dans les pays du Maghreb. Ma familiarité avec cette langue depuis petite devrait m'aider à progresser vite. »

Jury :
J'imagine pourtant que « tout le monde » comme vous dites n'a pas été recalé pour continuer l'option section européenne en terminale. Enfin, passons à un autre point. Pourquoi voudriez-vous intégrer notre école ?

Nadia :
~~Parce qu'elle a l'air vraiment bien~~. J'aime bien le commerce, j'aimerais travailler dans la publicité ou la communication. Je suis venue aux portes ouvertes et j'ai trouvé que l'ambiance avait l'air vraiment bonne. ~~Et aussi, dans le classement des écoles, vous n'êtes pas mal situé.~~

Le jury n'a manifestement pas apprécié que Nadia reporte la faute sur l'enseignant plutôt que d'en assumer la responsabilité. Dans la mesure où le jury décide de passer à autre chose, il ne faut pas s'attarder dessus. Néanmoins, il serait bon que Nadia réponde à la question posée tout en assumant enfin son erreur.
Exemple : « Avant de vous préciser ma motivation pour votre école, je voulais juste présenter mes excuses. Ce n'était effectivement pas très fairplay de reporter mon manque d'investissement en anglais sur mon professeur. J'ai conscience de mon erreur quelque peu puérile. »

Il faut par ailleurs éviter les arguments tout faits, banals que la majorité des candidats vont évoquer. Ciblez une formation, un campus par exemple. Rebondissez sur ce que vous avez déjà expliqué lors de l'entretien.
Exemple : « Si je souhaite vivement intégrer votre école, c'est parce que vous proposez des stages à l'étranger dès la 2e année, et ce serait justement un atout pour moi comme nous l'avons évoqué précédemment. D'autre part, dès la 3e année, vous proposez des formations en alternance, ce qui me permettrait de travailler pour financer mes études et pour acquérir rapidement une expérience professionnelle.

J'ai en effet hâte de mettre en application mes cours dans l'entreprise, comme celle que j'ai visitée cette année avec ma classe de terminale. »

Jury :
Pas mal ? Cela ne semble pas vous convenir parfaitement… Postulez-vous aussi pour d'autres écoles qui vous paraissent mieux ?

Nadia :
~~Non, non. J'aime que la vôtre.~~

Il faut être honnête et ne pas vouloir tromper le jury. La très grande majorité des candidats mise sur plusieurs écoles puisqu'elles recrutent sur concours et que la réussite n'est pas garantie. De plus, Nadia omet la négation dans sa réponse, ce qui n'est pas très élégant.

Exemple : « J'ai postulé pour trois écoles (les nommer). Je sais que votre concurrente jouit peut-être d'une meilleure réputation mais c'est dans la vôtre que je pense le plus m'épanouir. Je me suis tout de suite sentie bien en visitant le campus lors des portes ouvertes. J'espère donc pouvoir l'intégrer ».

Anglais

1. Planning de révisions 336

2. Méthodologie et conseils 337

3. Tout le cours 339

4. Sujets blancs corrigés 345

Planning de révisions

Après quelques mois de travail pour préparer les épreuves écrites, il faut commencer à penser aux épreuves orales.

Vous pouvez, par exemple, alterner la préparation des écrits et des oraux en travaillant une semaine sur deux sur chaque type d'épreuve.

N'oubliez pas de travailler aussi les **comptes-rendus d'articles commentés**.

PÉRIODES	TRAVAIL À FAIRE	NOS OUTILS
1	Les mots de liaison et les conjonctions de subordination	**Tout le cours :** p. 339
2	Vocabulaire : le commerce, les entreprises et la crise économique	**Tout le cours :** pp. 248, 250 et 259
3	Vocabulaire : l'éducation et la religion	**Tout le cours :** pp. 251 et 259
4	Vocabulaire : l'environnement, les catastrophes naturelles et la santé	**Tout le cours :** pp. 253, 258 et 256
5	Vocabulaire : l'immigration, l'exclusion et la pauvreté	**Tout le cours :** pp. 249 et 254
6	Vocabulaire : institutions et vie politique, la justice et les lois	**Tout le cours :** pp. 254 et 257
7	Vocabulaire : Internet, les médias	**Tout le cours :** pp. 252 et 255
8	Entraînement	**Sujet 1 :** p. 345
9	Entraînement	**Sujet 2 :** p. 348
10	Entraînement	**Sujet 3 :** p. 352
11	Entraînement	**Sujet 4 :** p. 357

Méthodologie et conseils

1. Présentation des épreuves

Les modalités des épreuves orales du concours varient selon les écoles.

Les épreuves d'anglais durent **environ 1 heure, dont 30 minutes de préparation,** et sont affectées d'un **coefficient 2 à 4**.

Elles visent à vérifier la capacité des candidats à utiliser leurs connaissances tout en se montrant désireux de communiquer.

Sont évaluées :

- l'expression ;
- la qualité de la langue ;
- l'argumentation ;
- la communication.

2. L'expression orale

Tout au long de l'année, en amont du concours, il est nécessaire de **s'entraîner à parler et à lire à haute voix**.

A. La prononciation et l'accentuation

Pour **travailler la prononciation et l'accentuation** (n'oubliez pas que les **accents toniques** sont primordiaux en anglais et qu'il faut les connaître), vous pouvez vous entraîner à **écouter des émissions et à relire plusieurs fois à haute voix** leurs scripts. Vous pouvez par exemple les télécharger sur le site de la BBC.

Vous pouvez aussi aller sur les sites suivants :

> www.soundsofenglish.org

> www.bbc.co.uk/worldservice/learningenglish

Ce travail vous sera très utile.

Voici les **erreurs de prononciation les plus courantes** :

- ***h*** en début de mots ;
- ***s*** à la 3e personne du singulier des verbes au présent simple et à la fin des noms au pluriel ;
- ***-ed*** en fin de mots ;
- ***-ism*** en fin de mots, comme pour *tourism*, *capitalism*, etc. ;
- ***kn-*** en début de mots, comme pour know (le *k* ne se prononce pas) ;
- les consonnes muettes comme pour psychology (le *p* ne s'entend pas) ou iron (le *r* ne s'entend pas).

Pensez également à l'**intonation** et au **rythme** à l'oral. Il faut **respirer**, **ne pas lire** (vous pouvez néanmoins jeter des coups d'œil à vos notes), **regarder le jury** et **ne pas parler trop vite ni trop bas** de façon à être intelligible.

B. L'organisation des idées

Par ailleurs, pour s'exprimer à l'oral comme à l'écrit, en particulier pour un examen, il faut **organiser ses idées** et les exprimer avec une certaine logique. Pour structurer, argumenter et nuancer, il faut utiliser des **mots de liaison** et des **conjonctions de subordination** appropriés. S'il en existe beaucoup, il est bon d'en connaître un ou deux par catégorie.

Tout le cours

Pour s'exprimer à l'oral comme à l'écrit, en particulier pour un examen, il est nécessaire d'organiser ses idées et de les exprimer avec une certaine logique. Pour structurer, argumenter et nuancer, il faut utiliser des mots de liaison et des conjonctions de subordination appropriés. S'il en existe beaucoup, il est bon d'en connaître un ou deux par catégorie.

1. Les mots de liaison

Introduction

the text/the article is about/deals with/tackles the issue of...	le texte/l'article traite de la question de…
first, firstly, in the first place	tout d'abord
secondly, in the second place	deuxièmement
the interest of the text/the article lies in...	l'intérêt du texte/de l'article réside dans…

Référence, accord, désaccord

a criticism	une critique
as far as I am/he is/we are concerned...	en ce qui me/le/nous concerne…
he is quite right in pointing out that...	il a tout à fait raison de signaler que…
the author's/the journalist's view is too biased/prejudiced	le point de vue de l'auteur/du journaliste est trop partial
I agree with..., I disagree with...	je suis d'accord avec…, je ne suis pas d'accord avec…
I share his opinion/his point of view	je partage son opinion/son point de vue
I wonder if/whether...	je me demande si…
in my opinion..., to my mind...	à mon avis…
it seems to me that...	il me semble que…
the advantages and the drawbacks	les avantages et les inconvénients
the pros and the cons	le pour et le contre
to back, to support	soutenir
to be a proponent/an opponent	être un partisan/un adversaire
to be for.../against...	être pour…/ contre…

to approve of	approuver
to take sides	prendre parti
what I mean is...	ce que je veux dire, c'est que…

Explication

a key issue	un problème clé, une question essentielle
a topic, a subject	un sujet
a topical question	une question d'actualité
actually, indeed	effectivement, vraiment, en fait
all in all	en somme, somme toute
anyway	de toute façon
as regards..., regarding...	en ce qui concerne…, quant à…
currently, nowadays, today	actuellement, aujourd'hui
for example/instance	par exemple
generally speaking	d'une manière générale
it has often been said...	on a souvent dit…
it is generally agreed today that...	tout le monde s'accorde aujourd'hui pour dire que…
it is obvious that...	il est évident que…
oddly/curiously enough	chose curieuse
paradoxically enough	paradoxalement
on the one hand ... on the other hand	d'une part ... d'autre part
owing to	en raison de
thanks to	grâce à
to some extent	d'une certaine manière

Renforcement

besides, moreover	de plus, en outre
compared to	comparé à
in fact, as a matter of fact	d'ailleurs, en fait

Conséquence

so, therefore, consequently, hence	ainsi, donc, en conséquence
that is the reason why...	c'est la raison pour laquelle…
eventually	finalement

Contraste

conversely	en revanche
however, yet, nevertheless	cependant, toutefois
contrary to, unlike	contrairement à
either ... or...	soit ... soit...
neither ... nor...	ni ... ni...

Restriction

despite, in spite of...	en dépit de, malgré

Résumé

in a word, in short	en un mot
to sum up	tout compte fait, pour résumer

Conclusion

as a conclusion, to conclude	en conclusion
to put it in a nutshell	en bref, en résumé
lastly, finally	en fin de compte

2. Conjonctions de subordination

But

to, in order to	pour, afin de
so that	afin que

Cause

as	comme, étant donné que
given that	vu que
since, because	puisque, parce que

Concession, opposition

although, though	bien que
even if, even though	même si
no matter what/how	peu importe ce que/comment
whereas, while	alors que
whoever	qui que ce soit
whatever	quel que soit
wherever	où que ce soit

Condition, hypothèse

if	si
in case	au cas où
provided that	pourvu que, à condition que
unless	à moins que
whether ... or...	que ... ou que...

Conséquence

insofar as	dans la mesure où
to such an extent that	à tel point que
so that	si bien que

Entraînement n° 1 DIFFICULTÉ : XXX / DURÉE : 20-30 MINUTES

Do you think that enforcing quotas is the right approach to achieving equality at work?

Entraînement n° 2 DIFFICULTÉ : XXX / DURÉE : 20-30 MINUTES

What is your personal opinion as regards euthanasia?

Corrigé n° 1

Pensez-vous qu'imposer des quotas constitue une bonne méthode pour atteindre l'égalité homme-femme au travail ?

When it comes to reaching top executive* positions, women still live in the shadow of their male counterparts. Some countries have sought* to remedy this problem by imposing quotas. But is this really helping women to get what they deserve?

Nowadays, women have made significant gains in fields traditionally reserved for men: accounting, law, police, medicine, etc. They are also increasingly present in politics, like Hillary Clinton, for example, who is a Democratic candidate in the next American presidential elections.

However, women are still victims of the glass-ceiling* syndrome, which prevents them from reaching key positions at work, and their salaries are still lower than men's. Indeed, women in the top executive positions usually have to choose between a brilliant career and family life, a choice men do not have to make. Some countries, like Norway, France and Spain, therefore sought to solve the problem by imposing quotas for women in corporate boards*.

Though these quotas have benefited the companies that have implemented* them, they must remain a temporary solution. Indeed, in the long run they stigmatize the groups they are supposed to help and generate what is called "reverse discrimination". This is what happened in the USA when quotas, based on race, were imposed on universities and corporations.

In other words and to conclude, mentalities and practices have to change over time to reach true equality and quotas must be abandoned some day.

Vocabulary	
a top executive	un cadre dirigeant
to seek (sought, sought)	chercher
the glass ceiling	le plafond de verre, au sens figuré, la limite supérieure
a corporate board	un conseil, un comité de dirigeants
to implement	mettre en œuvre, exécuter

Corrigé n° 2

Quelle est votre opinion personnelle concernant l'euthanasie ?

Today, as people live longer, many suffer from sometimes debilitating* diseases* and wish for an early death, raising the thorny* issue* of euthanasia. Several arguments may be put forward in favour of helping people to die, though the question of euthanasia is and will always be a highly controversial issue.

Indeed, more often than not*, people no longer die at home, but in hospital where costly palliative care often has to be given to them to ease the pain. Little by little, doctors have been asked to help ensure a gentle death, causing a gradual drift* towards illegal euthanasia. Both doctors and lawyers distinguish three categories of euthanasia: it can be active, as when a doctor deliberately administers a drug to shorten a patient's life; it can also be passive if the medical treatment is withheld* by doctors. The most frequent type is physician-assisted, when a patient requires his doctor to give him the drug necessary to shorten his life. In all these cases, it is required for a member of the medical profession to provide help.

In my view, it would be a mistake to give a right of life or death to any doctor. How to be sure that his doctor is doing his best to cure him? I consider euthanasia should not be left in the hands of one single person, but should always be a decision made by a group of people, medical and family members together.

Vocabulary	
debilitating	*handicapant*
a disease	*une maladie*
thorny	*épineux*
an issue	*une question, un problème*
more often than not	*le plus souvent*
a drift	*une dérive*
to withhold (withheld, withheld)	*refuser*

SUJET N° 1 : Anglais

DURÉE : 1 HEURE

Texte: Obesity in America Healthier, not healthy

Some good news, but Americans' health is still abysmal

Jan 21st 2014

by C.H. | NEW YORK

[…]

16 top food companies […] announced that the promise they had made of selling 1 trillion fewer calories had been fulfilled.

Indeed the companies surpassed their goal, reducing the number of calories by 6.4 trillion, according to an independent review funded by the Robert Wood Johnson Foundation, a respected health philanthropy. […] Then America's agriculture department published a report showing that Americans are eating slightly more healthily. […] Year after year, the average number of calories eaten by American adults has been dropping steadily.

All this is promising news. The food companies' announcement brought praise from the White House: "We are thrilled," declared Sam Kass, the director of Michelle Obama's "Let's Move!" anti-obesity campaign.

But there are a few clouds darkening this sunny picture. First, the detailed review of food companies pledge, conducted by Barry Popkin of the University of North Carolina, has yet to be published in a peer-reviewed journal. Second, Americans' health is still abysmal.

[…] Whereas over 30 years ago, no state had an obesity rate higher than 15%, with obesity defined as a body-mass index of 30 or higher, 203 pounds for 5'9" man. Now every state has an obesity rate above 20%, and 13 have rates of 30% or higher. Meanwhile rates of extreme obesity, with a BMI of 40 or more, have risen for both adults and children. This matters. Those who are obese are more likely to develop diabetes, heart disease and other chronic ailments.

Worryingly, obesity rates are highest among the poor and uneducated, according to a towering stack of research. In the most recent addition to the pile, researchers from Harvard and INSEAD, writing in the *Proceedings of the National Academy of Sciences*, show that obesity rates declined among teenagers with college-educated parents, from 14% […] to about 7% […] Among teens with parents with only a high-school degree, obesity rates rose from 20% to 25%.

There remains the question of what to do about it. It is easy to cast food companies as villains. Much of what they sell is rubbish. Taxing sugary soda, which has no nutritional value, seems sensible. But food companies, and fast-food companies in particular, are only partly responsible. In a new study published in the *American Journal of Clinical Nutrition*, Dr Popkin shows that unhealthy meals outside fast-food chains play a greater role in boosting obesity rates. The researchers at Harvard and INSEAD found that the main difference between the rich and poorer teens was not how much they ate but how much they exercised.

All this serves as a reminder of an important fact, well known but worth highlighting once more. Millions of Americans are ill thanks to factors that have nothing to do with the health system, from poverty to food marketing to poor urban planning to strapped school athletic programmes. Obamacare helps previously uninsured Americans afford treatment. Improving Americans' health will take much more.

Adapted from *The Economist*, Jan 21st 2014

Proposition de compte-rendu

The text is an article from *the Economist*, written in 2014 on obesity in America. If it starts with good news, food companies have achieved their goal to sell food with diminished calories and America's agriculture department showing that Americans eat a bit more healthily, the article shows that tackling and improving Americans' health is a long and complicated process to be continued.

Indeed, if statistics are instructive: obesity rates continue to grow in the USA, it strikes more the poor and uneducated, the question of what to do remains.

Condemning food companies is not enough, taxing sugary products is a good thing yet researchers have found that obesity among poor teens may really come from the lack of exercise rather than from how much they ate.

Unhealthy meals continue to be a plague.

Despite Michelle Obama's effort to help people to afford treatment, millions of Americans still suffer from obesity whatever their living, working and educational environments are. And figures are still rising.

To conclude, obesity stems from multiple factors that are still to be explored and studied.

Propositions de réponses aux questions orales

Do you think that obesity is a proper American issue?

No, I think obesity is now a global issue even if the USA may have been one of the first countries to reveal the damages of obesity, largely developed there, and to tackle the problem. Rates may be higher there than elsewhere yet, it is a global plague now that must be fought against on a worldwide scale.

People seem to have more reflection and to worry more on their food and weight. That is a sort of consciousness that has emerged at the end of the 20^{Th} century in western countries.

What may explain obesity in your opinion?

I share the opinion of the author of the text, obesity has probably many causes such as genetical, societal and psychological causes. We cannot blame this or that only, there must be a more profound reflection.

Junk food, the lack of activity, the number of calories and the quantity of food are obvious reasons. But isn't there a developing habit of using food and sugar as a consolatory instrument? Aren't people going beyond their natural need to be fed for some soothing effects?

Aren't they calming their anxieties with food? And treating food as an antidepressant rather than a natural need to survive and keep fit?

In some respects, food would be nurture for the mind rather than for the body.

What solutions society may have to curb the rates of obesity?

I think that modern societies seem to be aware that they have to tackle obesity. People are thus better informed on the quality of the food they eat.

Yet, bio food for example is still expensive and unaffordable for many people. Having access to healthy and bio food more easily and for everybody could be a societal aim.

Free treatment against obesity could be another goal too.

Cooking is also said to be a means to avoid calorific prepared meals.

More exercise is also said to be a clue... There are so many things to change, so many bad habits that one may be overwhelmed with so many changes and renounce the effort.

A general change at home and at work is necessary. Some companies enable workers to do sport at work and to have relaxing activities too such as yoga or Pilates; offering good food at the canteen may also help people who work on their computers all day long and don't have the time to cook at home to eat healthily and keep fit.

So you think it is crucial to work on the root causes of that disease?

Absolutely, obesity in my opinion is also and partly a symptom of ill-being, both physically and morally. It also has to do with consumers' behaviour and consumerism. Eating is filling a stomach but isn't it also filling other moral, emotional parts of our body and mind with some pleasure?

Finding one's limits and a balance in this process may prove to be complex and difficult to respect for each of us. Despite those more psychological reasons, society's continuous effort to reduce obesity and improve our food is crucial.

SUJET N° 2 : Anglais

DURÉE : 1 HEURE

Consigne

Rédigez un compte-rendu de l'article puis répondez à l'oral aux questions.

Five things coronavirus can teach us about life and death

The COVID-19 pandemic and the wall-to-wall news coverage that has come with it has changed many of our lives seemingly overnight. In the UK, as in many countries, this news coverage includes a daily death toll. For the first time in many people's lives they are having to face their own mortality and that of their loved ones.

Facing up to this fact can be painful and disabling, but in my work as a professor of death studies I have found it offers an opportunity to rediscover truths about life – both individually and in society.

Below are five positive things death can teach us about life.

1. Your life perspective changes

Shared adversity can foster a sense of community and affinity with others that can be masked in normal times. The challenge is to sustain this after adversity ends. And just as personal encounters with mortality can transform a person's life, a societal encounter with mortality has the potential to transform the life of society.

Disaster, pandemic and war can destabilise everyday social arrangements and assumptions, and catalyse profound social change. Arguably the Black Death helped end feudalism, the Chernobyl disaster helped hasten the collapse of the Soviet Union, and the experience of community solidarity and state intervention during World War II helped fuel the UK's desire to set up a welfare state. This pandemic has potential to change society for the better if we are able to seize this opportunity.

2. It highlights the power of nature

Many like to think they are masters of the physical world, including their own bodies. The deterioration of the body – whether through illness, disability, old age or ultimately death – reveals the limits of this assumption.

On a wider scale, humans are devastating the natural world, causing the extinction of thousands of species at an ever-increasing rate. Now, nature, in the form of a tiny virus that particularly threatens humans, is giving us a taste of our own medicine. The virus – like earthquakes, floods and other natural disasters – is reminding us that humans are also part of the natural world.

3. And the power of connection

New forms of heroism are emerging among frontline health workers, cleaners, delivery drivers, cashiers, refuse collectors and volunteers. From the clapping for carers that neighbourhoods in some countries are doing to the resurgence of neighbourliness and volunteering, the pandemic has created webs of giving and receiving. Distant family members and friends from the past get back in touch. What people do now counts and can provide a meaning to life sadly absent in many nine-to-five jobs.

Sociologist and thinker Michael Young (Lord Young of Dartington) spent his life documenting and fostering social solidarity in Britain – he helped found the welfare state in the 1940s and then wrote a sociological study of family and kinship in East London. In the 1990s, he wrote in a study of people dying of cancer that death, while sundering relationships, can also bring people together:

Death is the common experience which can make all members of the human race feel their common bonds and their common humanity.

My own research confirms this to be true.

The pandemic has highlighted the important things in life for many people. Gary L Hider/Shutterstock

4. This is an opportunity for review

Facing up to mortality prompts us to reevaluate our lives. There are key times in the life course when this is likely to happen. One is the mid-life crisis, another is when entering old age – people look at what they have done so far, and may find themselves content with this, or decide to change, or regret that it seems too late to change.

The pandemic may cause some to review their lives while they still have enough decades left to act on their review. Not only whole societies, but some individuals may decide to live in new ways.

5. Death needs to be talked about

Facing up to mortality also has some simple practical implications. However fit and youthful you are, you should write a will and talk frankly and openly to those closest to you about your thoughts, hopes and fears.

Talk about what treatment you would or would not want if you catch COVID-19 and deteriorate. But be aware that with both health services and families stretched, there is no guarantee your wishes will be carried out – though discussing them first certainly helps.

Death's lesson here, perhaps, is about the limits to our control over our own life.

The Conversation, April 15, 2020.

Questions

1. Do you think as Tony Walter that Covid-19 has changed the life of society?
2. How can you explain a pandemic can have good impact too on people?
3. Don't you think it made inequalities grow too?
4. Do you personally think it has changed your life?

Corrigé

Proposition de compte-rendu

The text I have just worked on deals with the latest and still living enormous worldwide pandemic, Covid-19. It focuses, after months of disease and deaths all over the world, on the way Covid-19 may change and has changed our lives and our relation to life and death.

The author, Tony Walter, Professor Emeritus of Death Studies at the University of Bath in England, depicts, I quote the title, "Five things Covid can teach us about life and death."

What strikes us first as readers is the way the author of the article takes a positive stand regarding the "benefits" of Covid, or the fact that such a plight can teach us things about us and life and death.

Indeed, one of those things it has taught us is that we can help and support each other more than we usually do. This pandemic, as other big disasters in history, has, I quote, "transformed the life of society" and for the better. People have shown and show more solidarity, more unity.

Another point is the awareness people get at seeing they are part of nature, part of a whole and how they can disorganize, disrupt or spoil it. We are all responsible for our environment and we have to protect it.

Covid-19 has also enhanced the importance of NHS and all caretakers, people who work in the shadow at all times and who became our everyday heroes during confinement. It showed how necessary we are all to one another and all part of the same humanity.

Finally, the author develops two other major impacts Covid had on us: the way it forced us to reconsider our lives and enjoy them before old age. In parallel, people, while confronted to disease, old age and death, have to think and talk more openly about the way they imagine the end of their life, the treatments they would accept or not, the will they should write in order to set things clear before dying and tell their families their last wishes.

To conclude, this article brings up the fact that Covid-19, though tragic and devastating, has made people grow and forced them to consider or reconsider their lives. It has changed societies, raised more unity and solidarity and led us to think about our own end of life.

Vocabulaire

to depict : dépeindre

a stand : une position

a plight : une situation critique

to disrupt : perturber, interrompre

to enhance : mettre en avant

a caretaker : un personnel soignant

confinement : le confinement

a will : un testament

Propositions de réponses aux questions orales

❶ Do you think as Tony Walter that Covid-19 has changed the life of society?

Yes, I definitely do. Such a predicament as Covid-19 has inevitably had major consequences on society and on people. Thousands of people died and it can't leave the world as it used to be.

❷ How can you explain a pandemic can have good impact too on people?

I think it reminds people they are equal and as weak in front of diseases, in front of death and consequently it changes the usual balance of inequalities among people.

Whatever powerful and rich you are, you can be a victim and can't deter a pandemic to hit you, so it makes people be part of the same unity, of the same humanity.

You cannot escape or no longer protect yourself with money, success, etc. You need the same care and doctors, the same medicine, the same help from the others. Everyone has to survive.

❸ Don't you think it made inequalities grow too?

Yes, some people, some countries were more armed and protected than others. In the Third World and overpopulated countries, it was way more difficult for people to respect confining and distancing but we saw in France how difficult it was to get masks, how sometimes "lost" politicians were to tell people what to do or not.

It is true that it was undoubtedly easier for a small family living in a big house with a garden to bear confinement than for a big family in a small apartment, but death and disease can hit anybody anywhere.

❹ Do you personally think it has changed your life?

Yes, no doubt my life will never be exactly the same afterward. I will not be as carefree as I used to be. In my opinion, Covid-19 has reminded everyone how precious and fragile life is. I have also grown more aware of the necessity to protect old people and to look after sick ones.

I have also decided since then to dedicate some of my free time to voluntary charities.

Besides, because it led the world to a major economic downturn, we have to unite and cooperate to recover and to save those who have lost everything. This is, in my opinion, the only way to survive and to cope and limit the number of victims of this pandemic.

SUJET N° 3 : Anglais

DURÉE : 1 HEURE

Consigne

Rédigez un compte-rendu de l'article puis répondez à l'oral aux questions.

London can't become home only to the rich

In his magisterial account of 19th-century London, then as now a city of contradictions, Jerry White describes how Clerkenwell became "the greenhouse of invention". Hiram Maxim perfected his machine gun there; Sebastian de Ferranti his dynamos and Guglielmo Marconi his electric telegraph. Clerkenwell's people were cabinet makers, brass workers and glass shade and globe makers. Elsewhere in the city, new industries flourished, as did the docks and retail. Ladies shopped in "the emporium of the world!". "Made in London" was a badge of pride. Today, the fattest profits come not from the fruits of questing minds and hard graft but from the new gold, what American writer Michael Goldfarb, in a scathing essay in today's Observer, calls "the global reserve currency" that is property.

"The property market is no longer about people making long-term investment in owning their shelter," he writes, "but a place for the world's richest people to park their money at an annualised rate of return of around 10%." In 2012, an extraordinary £83 bn-worth of properties were purchased mortgage-free in London with no financing.

What attracts foreign (and domestic) millionaires and billionaires is not just the rate of return but the coalition's tax regime. Britain, for instance, has a base corporate tax rate of 23% (due to drop to 20% in 2015). In Germany, it is 29%. Again, while the majority of London's citizens rightly pay up to 40% or more of their incomes to maintain the hospitals, schools, roads and civic services of the city, the rich are taxed in small change.

The impact of London's property market becoming another global reserve currency where the super rich stash their billions and evade tax will soon be felt in the changing nature of the city's social and cultural ecology. What price to the capital if, increasingly, teachers, artists, students and civil servants can no longer live, work and contribute to an eclectic social mix?

The threat is not just cultural, but economic too. Already some senior business leaders have voiced fears that the capital is likely to lose out to cities such as Berlin in the race to become Europe's major digital hub since London is simply unaffordable for many young enterprising tech workers. Historically, the cultural industries have been major players in the British economy, but they also play a crucial role in helping create a flourishing, diverse city.

That is now under serious threat and there are few, if any, senior political leaders who seem to have an oversight of what is happening. The city needs a strong advocate, one who argues vociferously that the cities that work best are ones that work for everyone. London is no longer that type of city.

The capital needs to address the real cost of its current trajectory on those still struggling to survive in its less affluent boroughs. London is in danger of becoming a "doughnut" city, middle- and lower-income residents exiting because they have little choice, with an immediate impact on the city's rich diversity. The pace of change is alarming. As Stephen Boatright, headteacher of an Earl's Court primary school writes in these pages, in 2011, 63% of children coming into reception were eligible for free school meals; this year, the figure is 23%. The drop is proof that many of London's citizens are becoming involuntary exiles.

Crumbs for Londoners, an excellent report by Darren Johnson, Green party member of the London Assembly, strongly criticises Boris Johnson for his "2020 vision" of the city. According to one estimate, there will be a shortfall of 750,000 houses in England by 2025. Johnson points out that for those on an average income, house prices should be no higher than £140,0000 for a single earner and £170,000 for a couple, with rents at between £79 and £147 per week. Instead, investors' voracious appetite for "off plan" is further stoking a dysfunctional market. Boris's second term in office is quickly becoming a huge disappointment – he needs to do more to protect not just the city's wallet, but also its soul.

Agents are marketing flats in an Elephant and Castle development in south London to overseas buyers in the Asian markets. Prices start at £310,000 for a one-bedroom flat. Seventy per cent of tenants in the Elephant and Castle area are social tenants. Their numbers will eventually be reduced to 8%. Add to that the impact of the coalition's other measures, such as the bedroom tax and the 40% increase in property prices in the last few years, and it's obvious why middle- and lower-income dwellers are being forced out of the city. As the proportion of affordable homes shrinks, a two-hour bus ride to a job that pays less than the living wage will make no financial sense.

Even voices on the right are now saying that the hollowing out of London has to stop. What would make a difference is a mansion tax, levied on properties worth more than £2m, a policy already adopted by Labour; an overhaul of council tax; a tax on those who own properties in the city but say they reside elsewhere and for wealth-dazzled Boris to make clear, as Martin Vander Weyer suggests in the *Observer*, that the rich are welcome but only if they are "ready to be a real citizen of London".

The capital may be the economic, cultural and financial centre of the UK but a solution also has to be found to the drag it has on the underperformance of much of the rest of Britain.

The thinktank IPPR North recently launched the Adonis Growth Review. Lord Adonis is examining the infrastructure, skills, transport and employment patterns of Britain. Ed Cox, the astute director of IPPR North, says Adonis's mission does not have an anti-London bias but a rebalance has to have a high priority. Currently, for instance, it consistently receives twice the amount of government spending per capita than any other region excluding Scotland.

Cox argues that there is international evidence that the fastest growth comes from medium-sized cities, not large conurbations. A new economic understanding in areas such as Manchester and Newcastle values supporting not one sector such as finance, but interlinked hubs of connected industries, offering a range of skills and pooling budgets. As last year's Northern Economic Futures Commission argued, Whitehall must decentralise transport, innovation, skills, welfare, housing and, crucially, fiscal powers and incentives.

Michael Goldfarb's dissection of the capital's ongoing hijacking by the rich concludes thus: "How this story will end doesn't bear thinking about." But think about it we must.

The Guardian, Sunday 20 October 2013.

Questions

1. Do you think that social diversity is necessary to the wellbeing of cities?
2. Would you say that it is a global situation?
3. Can you give other reasons for the importance of social diversity in big cities?
4. What solutions could be possible then?
5. Do you know cities that could be "counter-examples" of this phenomenon?

Corrigé

Proposition de compte-rendu

The article is taken from the British newspaper *The Guardian* and was published in October 2013. It deals with the evolution of the property market* in London. According to the article, housing prices in London have drastically* increased, forcing many middle-class Londoners to move out to the suburbs* in search of affordable* accommodation: "London's citizens are becoming involuntary exiles". It is referred to as the "hollowing out* of London".

Indeed, the city is actually experiencing what is also called the doughnut effect, which means that lower- and middle-income residents are forced to leave the city, impacting London's social and cultural balance. As a result, the city centre tends to be inhabited by rich residents only.

The article explains that this "hollowing out", this doughnut effect of London is due to the fact that London has become more and more attractive to the rich because they can afford to buy expensive properties without paying huge taxes. The property market is a place where they can hide their money, mostly thanks to convenient tax policies; it is "a global reserve currency where the super rich stash* their billions and evade tax". Millionaires and billionaires are attracted for those reasons, as, for instance, in Britain, the corporate tax is lower than in other European countries, and also lower than the income tax.

This situation has social and economic consequences. Indeed, since the city no longer attracts young and qualified workers and is no longer diverse in terms of economic activities, London is losing its economic and social diversity: "The impact of London's property market [...] will soon be felt in the changing nature of the city's social and cultural ecology." The journalist even says that London is going to lose its "soul". This endangers the position of the city in Europe, as the lower and middle classes are pushed towards the suburbs and no longer contribute to the enriching social mix of London.

According to the journalist, those who want to limit the "hollowing out of London" propose a solution: to impose a new tax, called a "mansion tax", on big properties. This would be "a tax on those who own properties in the city but say they reside elsewhere". The government should also support diverse sectors of the economy in London in order to attract more people, and not only millionaires unless* they are ready to be real citizens of London.

Finally, extra houses should be built to address the house shortage*.

To conclude, one can say that this article is a warning on the threat* regarding London's evolution to a city, a "home" for the rich, which may rapidly lose its well-known and historical social and economic diversity.

Vocabulaire

the property market : l'immobilier

drastically : considérablement

the suburbs : la banlieue

affordable : abordable

the hollowing (out) : le « creusement »

to stash [colloquial] : cacher, planquer [familier]

the income tax : l'impôt sur le revenu

unless : à moins que

a shortage : un manque, une pénurie
a threat : une menace
soaring : qui monte en flèche
to deter from : empêcher de
resentment : le ressentiment
unrest : l'agitation, les troubles
to rent : louer
overwhelming : écrasant, énorme

Propositions de réponses aux questions orales

❶ Do you think that social diversity is necessary to the wellbeing of cities?

Yes, I do. Social diversity helps create social and economic stability. In the wake of growing inequalities, people from the lower- and middle-class find it increasingly difficult to live a decent life in city centres because of the soaring* prices of housing, public transports, food, etc. As a consequence, skilled young workers and students, that is to say, potential most dynamic elements, are deterred from* living in big cities, possibly leading them to feel resentment* and frustration.

❷ Would you say that it is a global situation?

Yes, this "hollowing out" or "doughnut" effect is true of Europe's main big cities but also of North America's ones. Throughout the 20th century, cities have evolved into giant urban centers. New York City, Bombay, Berlin, London and even Paris are good illustrations of this phenomenon.

❸ Can you give other reasons for the importance of social diversity in big cities?

Another consequence of the "doughnut" effect is to increase economic disparities between the centers and their peripheries. Promoting urban diversity is a way to limit these economic disparities. The situation of the French suburban towns, which have been the stage of civil unrest* and violence since the beginning of the 2000s, shows that the lack of social diversity can be a threat to a harmonious living. Decent and affordable housing must be maintained by the city governments, in order to avoid tensions.

❹ What solutions could be possible then?

Imposing caps on rents, a limit on renting prices could be a solution to maintain a mix of people in the centers of big cities. People could choose to live in the center or on its periphery depending on their likes and ways of life, not only on economic reasons.

Moreover, decentralization could be a tool to maintain a balance between big cities and smaller ones. The idea is to balance, to limit the overwhelming* cultural power of big urban centers, overshadowing smaller cities. In France, the creation of The Centre Pompidou-Metz is an example of this and a success. It attracts more diverse crowd of people to Metz, tourists and new inhabitants, while stimulating the economy of the city and its region.

❺ Do you know cities that could be "counter-examples" of this phenomenon?

A city like Berlin is a counter-example. Indeed, it has attracted many skilled workers from abroad thanks to affordable housing, thus creating a dynamic and creative economy.

SUJET N° 4 : Anglais

DURÉE : 1 HEURE

Consigne

Rédigez un compte-rendu de l'article puis répondez à l'oral aux questions.

Bulgarian and Romanian migrants "will help economy"

European Commission claims Romanians and Bulgarians moving to Britain will help the economy, and warns David Cameron against plans to restrict migrants' access to benefits.

Romanians and Bulgarians moving to Britain will help the economy, the European Commission claimed on Monday as it warned David Cameron over his plans to restrict European migrants' access to benefits.

The Commission said in a report that immigrants to Britain from European Union countries paid far more in tax than they received in benefits, so were therefore an economic bonus.

Although it acknowledged that mass immigration could cause social and infrastructure problems, it concluded that the overall impact was positive.

The Commission's position is a challenge to the Prime Minister, who is preparing to defy European law by restricting benefits to immigrants from Bulgaria, Romania and other European countries. Restrictions on citizens of the two countries will lapse at the end of the year, meaning they will be free to work in Britain.

The coming change has led some MPs to warn that a large influx of migrants will cause social and economic disruption.

Underlining British doubts about the arrival of Bulgarians and Romanians, a poll this week showed that more than half of voters do not want people from the two Eastern European countries to have full employment rights.

Free movement of labour across members' borders is a fundamental principle of the EU, and the Commission promised to uphold that right in the face of British resistance.

In a report on free movement policies, the Commission argued that allowing people from other nationals to work freely brings economic benefits.

Because migrant workers tend to be young and active, they generally contribute more in taxes than they cost in public services, the Commission said. They also bring useful skills.

"On average, mobile EU citizens are more likely to be in employment than nationals of the host country," the Commission said. "They help the host country's economy to function better because they help to tackle skills shortages and labour market bottlenecks."

The Commission's economic argument is shared by some independent economists, as well as the Treasury.

However, critics of European migration say it brings social problems to host countries, as services struggle to absorb the arrivals, some of whom experience difficulty in fitting into their new communities. Even the Commission, as it made the economic case for free movement, conceded that in some cases, it can create social problems.

"At the same time as free movement brings benefits to Europeans and to the EU economy as a whole, it can create challenges for local communities," the paper said.

The economic crisis also "accentuated a debate in some member states on the impact of free movement on national social systems and on the pressures on local services", it added.

In response to public concern about the arrival of Bulgarians and Romanians, Mr Cameron is preparing to announce limits on their ability to claim benefits. EU nationals have to wait three months before becoming eligible to claim welfare, a time limit that could be double under plans that could be set out as soon as this week.

A Commission spokesman warned that any changes in benefits criteria could be incompatible with EU rules.

"The Commission will assess the compatibility with EU law of any new UK Government measures on access for EU nationals to benefits in the UK as and when the details of such measures are finalised," said the spokesman.

"Once the UK Government has fully clarified any changes it intends to introduce concerning access to benefits, the Commission will seek to ensure that these measures are fully compliant with EU rules on free movement."

Some Conservative MPs want Mr Cameron to go much further than just limiting benefits. More than 30 of the party's MPs have backed a Commons amendment that would extend restrictions on Bulgarians and Romanians until 2018.

Voters also want tighter rules. A poll by Channel Five showed yesterday that 47 per cent said people from the two countries should have no rights to work, settle and claim benefits. Another 18 per cent said they should have more limited rights than other EU nationals. A quarter said they should have the same rights. Bulgaria and Romania have been in the EU since 2007, with their citizens theoretically subject to transitional controls on their right to work in the UK.

Nonetheless, Government figures show that the number of people from the two countries being granted permanent right to reside in the UK is rising fast, even as the numbers from other countries fall.

Some 1,067 Bulgarians were granted residency last year, up from 13 in 2011. For Romanians, the total rose from 24 to 1,110.

The two countries have complained about British political rhetoric about their citizens.

Romania's Foreign Minister, Titus Corlatean told Channel 5 News he did not expect a "flood" of migrants from his country to come to Britain after January 1 and attacked the way the immigration debate had been conducted in the UK.

He called on Mr Cameron to reject "the xenophobic and populistic and once again sometimes racist attitudes which are promoted by some other British politicians".

The Bulgarian ambassador to the UK this week told the *Daily Telegraph* said that he was not aware of any Bulgarian application for a British work permit which had been turned down, raising doubts about the effectiveness of the transitional curbs.

However the Home Office said that approximately 20 per cent of work permit applications from British employers looking to hire Bulgarians were rejected.

Downing Street said the Government was still looking at what more action could be taken on benefits for immigrants.

The Prime Minister's Official Spokesman said: "The Government is taking action. Of course we are looking at what more can be done."

Asked when the Prime Minister's thinking in this area would become clearer, he declined to provide any timescales.

The spokesman was also asked what the Government's stance would be if the next steps contravened EU law. He would only say: "The Government acts within the law."

Asked if David Cameron was concerned about racist tones in the immigration debate, the spokesman pointed to the Prime Minister's previous comments about the need to engage "in this important debate in a measured way".

Bruno Waterfield, *The Telegraph*, 25 November 2013.

Questions

1. Do you think free movement policies bring any benefits?

2. What do people fear mainly, in your opinion?

3. You, then, definitely agree with the European Commission's point of view rather than with Cameron's one?

4. What about Calais?

Corrigé

Proposition de compte-rendu

The article is taken from the British newspaper The Telegraph and was published in November 2013. It deals with plans of the English Prime Minister, David Cameron, regarding European migrants and the way the European Commission has challenged them. Indeed, David Cameron is on the verge of restricting European migrants' access to benefits*. He was warned against it by the European Commission claiming that European migrants, namely Bulgarians and Romanians, will help the economy.

As a matter of fact, Cameron's plans were challenged by the European Commission which reminded the Prime Minister that, on the one hand, European immigration in Britain was on the whole very positive for the country from an economic standpoint*, and, on the other hand, that restricting the social advantages of new immigrants in Britain would be a breach of* European rules.

What's more, The European Commission has concluded that free movement of labour* in the European Union was economically stimulating for many reasons. Indeed, incomers* yield* new wealth through their hard work, but they also bring useful competences to the country. Since they work and pay taxes, they represent a true blessing* for the countries that welcome them: "The Commission said in a report that immigrants to Britain from European Union countries paid far more in tax than they received in benefits, so were therefore an economic bonus".

Yet, the Commission concedes that mass numbers of immigrants may bring specific problems to the host* countries. Indeed, they may wreak* havoc* on local services and upset local communities. Critics of European migration say it can bring social problems, put a strain* on the overall organization of a country and disrupt* sectors like transports, health services or housing.

The article also shows that a substantial number of British people (47%) think Bulgarian and Romanian migrants should have "no rights to work, settle and claim benefits". Thus, a large number of voters want tighter rules on immigration, supporting Cameron's plans of restrictions.

Finally, both Romania and Bulgaria have expressed discontent about the racist undertones of some conservative politicians' plans concerning immigration: "the two countries have complained about British political rhetoric about their citizens". Besides, they also tried to be reassuring in claiming that their citizens would not come in mass numbers to Britain.

In conclusion, we can say that this article shows Britain's division over the issue of European immigration, opposing the European Commission's arguments that migrants are a bonus to the economy and Cameron's wish to restrict their benefits.

Vocabulaire

benefits : des allocations, des aides

a standpoint : un point de vue

a breach of : un non-respect de, une infraction

labour : le travail

an incomer : un arrivant

to yield : rapporter, produire

a blessing : une bénédiction

host : d'accueil

to wreak : causer, entraîner

havoc : des dégâts

a strain : une tension, une pression

to disrupt : perturber

to be relieved : être soulagé

a meltdown : un effondrement

a boon : une aubaine, une bénédiction

a bane : un fléau, un poison

to hamper : gêner, entraver

a plight : une situation très difficile

Propositions de réponses aux questions orales

❶ Do you think free movement policies bring any benefits?

To my mind, it is a great thing that any European citizen can look for a job in a foreign country, and work there without asking for a permit. Of course, this right also implies that European foreigners can benefit from social and tax advantages in their host country.

In my opinion, most immigrants are young and active, they can bring different skills too. In addition, they do not take the same jobs as regular citizens, meaning that they do not "steal jobs", as some claim. Shortages in some sectors could be relieved* by immigration. For example, nurses have been in demand for years in many European countries. Besides, it has been proven that foreign workers contribute a lot more than they receive and "cost" in "benefits".

❷ What do people fear mainly, in your opinion?

Since the financial and economic crisis of 2009, many countries have been criticizing free movement policies and European immigration. One of people's main fear, in my opinion, is unemployment. People fear they might be "stolen" from possible jobs by migrants; moreover, they may think immigrants cost too much to a nation to host. Finally, because of the economic meltdown* and growing inequalities, which impoverish the middle and working classes, people express more irrational fears such as racist or xenophobic feelings.

❸ You, then, definitely agree with the European Commission's point of view rather than with Cameron's one?

Yes, I do. Foreign workers and free movement policies are definitely a boon* rather than a bane*. The European Union forms a single market where no restrictions and taxes are imposed on the movements of European citizens and products and it must stay so. The United Kingdom suffers from skill shortages in IT, health and education, which could hamper* the country's recovery effort. One mustn't yield to irrational and primitive fears. Foreign immigration boosts the economy.

❹ What about Calais?

Calais is an extreme situation; what migrants and local people live there, is a real tragedy and solutions must be found; yet, you cannot draw general conclusions from that plight*. Immigration is a hot button issue for Europe and the USA and one mustn't forget that studies have revealed that immigration has represented and still represents a substantial economic stimulus.

Récapitulatif des épreuves et des coefficients de chaque programme

Tableau des épreuves & des coefficients

	BAC + 4 VISÉ							
	BBA in Global Management SKEMA Business School	**BBA International** La Rochelle Business School	**CESEM** NEOMA Business School	**ESSEC Global BBA** ESSEC Business School	**Global BBA** emlyon business school	**Global BBA** NEOMA Business School	**International BBA** KEDGE Business School	**International BBA** SCBS - South Champagne Business School
LVA								
Anglais	◆	◆	◆	◆	◆	◆	◆	◆
Allemand	◆	◆	◆	◆	◆		◆	◆
Arabe	◆		◆					
Chinois	◆		◆					
Espagnol	◆	◆	◆	◆	◆		◆	◆
Hébreu			◆					
Italien	◆		◆					
Japonais			◆					
Néerlandais			◆					
Portugais	◆		◆					
Russe	◆		◆					
LVB								
Anglais	◆	◆	◆	◆	◆		◆	◆
Allemand	◆	◆	◆	◆	◆	◆	◆	◆
Arabe	◆	◆	◆	◆	◆	◆	◆	◆
Chinois	◆	◆	◆	◆	◆	◆	◆	◆
Espagnol	◆	◆	◆	◆	◆	◆	◆	◆
Hébreu		◆	◆			◆		◆
Italien	◆	◆	◆	◆	◆	◆	◆	◆
Japonais		◆	◆			◆		◆
Néerlandais		◆	◆			◆		◆
Portugais	◆	◆	◆		◆	◆		◆
Russe	◆	◆	◆	◆	◆	◆	◆	◆
COEFFICIENTS ÉPREUVES ÉCRITES								
LVA	4	5	12	2	2	8 (2)	4	4
LVB	2	2	3	2	2	2*	4	2
Logique générale	4	2	2	3	4	2	3	2
Aptitudes numériques	2	2	2	5	4	2	3	2
Aptitudes verbales	2	2	2	3	4	2	2	2
Analyse documentaire	4	6	2	4	5	4	4	4
Enjeux contemporains	4	3	2	2	4	2	4	2
NOTE DE DOSSIER								
Note de dossier (cf. p. 9)	6	1	8*	10	4*	5*	6*	5*
COEFFICIENTS ÉPREUVES ORALES								
Entretien individuel	12	12	6	7 (1)	10	12	10	18
Créativité en groupe	-	-	-	-	-	-	-	-
LVA	4* (4)	5	6	2 (4)	5 (4)	8 (4)	6	4
LVB	-	-	3	-	-	-	-	-
TOTAL	40	40	40	40	40	40	40	40

* Seuls les points au-dessus de 10/20 sont pris en compte.

(1) Note éliminatoire si inférieure ou égale à 4/20
(2) Note éliminatoire si inférieure ou égale à 6/20
(3) Note éliminatoire si inférieure ou égale à 5/20
(4) Anglais uniquement

BAC + 5 VISÉ

	EBP International KEDGE Business School	**Programme Grande École** EBS Paris - European Business School	**Programme Grande École** EDC Paris Business School	**Programme Grande École** EMLV - Pôle Léonard de Vinci	**Programme Grande École** EM Normandie	**Programme Grande École** ESCE International Business School *Sciences Politiques Internationales*		**Programme Grande École** IPAG Business School *American track + cursus MIT*			**Programme Grande École** Paris School of Business	**TEMA** NEOMA Business School
LVA						PGE	SPI	PGE	AT	MIT		
Anglais	◆	◆	◆	◆	◆	◆	◆	◆	◆	◆	◆	◆
Allemand	◆				◆	◆	◆					
Arabe												
Chinois												
Espagnol	◆				◆	◆	◆					
Hébreu												
Italien												
Japonais												
Néerlandais												
Portugais												
Russe												
LVB												
Anglais	◆				◆	◆	◆					
Allemand	◆	◆	◆	◆	◆	◆	◆	◆	◆	◆	◆	◆
Arabe		◆	◆	◆	◆	◆	◆	◆	◆	◆	◆	◆
Chinois	◆	◆	◆	◆	◆	◆	◆	◆	◆	◆	◆	◆
Espagnol	◆	◆	◆	◆	◆	◆	◆	◆	◆	◆	◆	◆
Hébreu		◆		◆		◆	◆	◆	◆	◆	◆	◆
Italien	◆	◆	◆	◆	◆	◆	◆	◆	◆	◆	◆	◆
Japonais		◆		◆		◆	◆	◆	◆	◆	◆	◆
Néerlandais		◆		◆	◆	◆	◆	◆	◆	◆	◆	◆
Portugais		◆		◆	◆	◆	◆	◆	◆	◆	◆	◆
Russe		◆		◆	◆	◆	◆	◆	◆	◆	◆	◆
COEFFICIENTS ÉPREUVES ÉCRITES												
LVA	4	3	5	5	5	9	8	8	10	8	4	4
LVB	4	2*	3*	2	2	4	3	4	4*	4*	2	1*
Logique générale	3	4	3	3	2	1	1	5	5	7	2	2
Aptitudes numériques	3	3	3	2	2	1	1	1	1	2	2	1
Aptitudes verbales	2	3	2	2	2	2	2	1	1	2	2	1
Analyse documentaire	4	4	4	4	5	4	5	4	4	4	4	4
Enjeux contemporains	4	3	3	2	2	4	5	3	3	3	4	4
NOTE DE DOSSIER												
Note de dossier (cf. p. 9)	6*	3*	7*	5*	3*	4*	4*	5*	5*	5*	10*	1*
COEFFICIENTS ÉPREUVES ORALES												
Entretien individuel	8	20	20 (3)	15	15	15	15	8	8	8	16	10
Créativité en groupe	-	-	-	-	-	-	-	-	-	-	4	10
LVA	8	-	-	5 (4)	5	-	-	6 (4)	8 (4)	6 (4)	-	4 (4)
LVB	-	-	-	-	-	-	-	-	-	-	-	-
TOTAL	40	40	40	40	40	40		40	40	40	40	40

* Seuls les points au-dessus de 10/20 sont pris en compte.

(1) Note éliminatoire si inférieure ou égale à 4/20
(2) Note éliminatoire si inférieure ou égale à 6/20
(3) Note éliminatoire si inférieure ou égale à 5/20
(4) Anglais uniquement

Achevé d'imprimer en septembre 2021 en France par la SEPEC
Dépôt légal : octobre 2021
N° d'éditeur : MAGSI20200138
N° d'imprimeur : 09467210905

IMPRIM'VERT®

PEFC™ 10-31-1470 / Certifié PEFC / Ce produit est issu de forêts gérées durablement et de sources contrôlées. / pefc-france.org